略奪される企業価値

「株主価値最大化」がイノベーションを衰退させる

ウィリアム・ラゾニック
ヤン＝ソプ・シン 著
中野剛志 解説
鈴木正徳 訳

PREDATORY VALUE EXTRACTION

HOW THE LOOTING OF THE BUSINESS CORPORATION BECAME THE U.S. NORM AND HOW SUSTAINABLE PROSPERITY CAN BE RESTORED

WILLIAM LAZONICK AND JANG-SUP SHIN

東洋経済新報社

目次

第6章 価値抽出のアウトサイダー 211

＊本文中の〔 〕は訳者注を示す。

序文

本書の共同執筆作業がスタートしたのは、米国のアクティビスト・ヘッジファンド、エリオット・アソシエイツが韓国で最も成功している企業グループ、サムスングループを攻撃した２０１５年であった。当時ラゾニックは、『ハーバード・ビジネス・レビュー』誌の論文“Profits Without Prosperity”（繁栄なき利益）で、自社株買いが米国企業からの略奪に利用されていることをすでに暴露しており、こうした価値抽出プロセスにおけるヘッジファンドの役割についての研究に取り組んでいた。シンは、『ＫＥＲＩ　インサイト』誌に掲載された“The Reality of 'Actions' by Activist Hedge Funds and Public Policies on *Chaebols*（アクティビスト・ヘッジファンドの「行動」実態と韓国財閥に対する公共政策）”など、サムスンとエリオットの戦いに関する論文を数本執筆しており、ヘッジファンド・アクティビズムについて詳しく研究したいと考えていた。２０１５年8月、フォード財団の資金援助を受けて京都で開催された「イノベーションと発展のための金融機関」をテーマとした研究会で、われわれは、ヘッジファンド・アクティビズムの台頭と米国におけるその制度的支援、そして、それが経済成長や所得分配に与える影響を説明するプロジェクトに共同で取り組むことを決めた。

その共同研究の成果を、「略奪的価値抽出（predatory value extraction）」というテーマでまとめたのが本書である。略奪的価値抽出とは、強大な力を有する金融関係者が、価値創造プロセスに対する自らの貢献度をはるかに上回る価値を企業から抽出するプロセスを言う。価値抽出を理解するためには、企業の価値創造プロセスについて首尾一貫した分析を行うことが極めて重要である。この分析を行うにあたっては、ラゾニックの「革新的企業の理論（Theory of Innovative Enterprise）」を用い、「戦略的管理（strategic control）」「組織的統合（organizational integration）」「資金調達コミットメント（financial commitment）」という3つの社会的条件に着目する。本書では、価値抽出のインサイダーとしての企業経営者、イネーブラー（enabler）[*1]としての機関投資家、アウトサイダーとしてのヘッジファンド・アクティビストという強力な組み合わせが、いかにして企業の資源配分に対する戦略的管理をもたらしているか、そして、それが米国企業の合法的な略奪にほかならないことを明らかにする。

本書の執筆にあたり、ラゾニックはシンガポールを、シンは米国を、互いに2度ずつ訪れ、韓国でも1度会ったが、その間も頻繁にEメールで連絡をとり合った。これは双方にとって刺激的な知的共同作業であった。ラゾニックが共同設立者であり会長を務める非営利組織、産学研究ネットワーク（theAIRnet）の研究者たちには大変感謝している。マット・ホプキンズにはヘッジファンドを入念に調査してもらい、ケン・ジェイコブソンには本書のテーマに関する知識と非凡な原稿整理能力を組み合わせて複雑なものを明快なものに修正してもらい、ムスタファ・アーデム・サキンスにはデータに関する専門知識を提供してもらい、エムレ・ギョメチには有益な研究補助をしてもらった。米国経済全体の不安定さや不平等を理解するためには米国企業の金融化《ファイナンシャライゼーション》の分析が重要であるという認

＊1　他者の成功や目的達成を後押しし、可能にする者のこと。

識を示してくれた、新経済思考研究所（INET）の主任研究員トム・ファーガソンにも感謝している。
また、シンガポール国立大学のシンのリサーチ・アシスタントであるディヴィア・サンパス、ルイス・リム・ベイロン、スージー・シン、ショーン・ウォン・ジュンキットの各氏にも大いに助けられた。

ラゾニックは、産学研究ネットワークを通じて新経済思考研究所から、リュブリャナ大学を通じてEUの「ホライズン2020研究・イノベーションプログラム」（助成金承認No.649186「イノベーションが促進する持続可能かつ包括的な成長」）から、韓国経済研究院（KERI）から、そしてマサチューセッツ大学ローウエル校を通じてフォード財団の「イノベーションと発展のための金融機関」に関するプロジェクトから、資金援助を受けた。シンは、シンガポール国立大学（C-122-000-031-001）、そして「韓国研究のための研究室プログラム」（AKS-2018-LAB-1250001）からの資金援助に感謝している。

ラゾニックは、本書を産学研究ネットワークの素晴らしい研究者チームに捧げる。シンは、この長旅を全面的に支え、自宅を仕事場とすることを我慢してくれた妻のケイト・リムに捧げる。

第１章

価値創造と価値抽出の不均衡の拡大

本書は、1980年代に登場し、ビジネススクールや企業の役員室での戦略的思考を支配するようになった「株主価値最大化（maximizing shareholder value, MSV）」として知られる企業の資源配分のイデオロギーが、米国において、持続的繁栄の社会的基盤を弱体化させ、雇用の不安定、所得の不平等、生産性の伸び悩みを生じさせたことを説明するものである。米国の持続的繁栄に何が起こったのかを説明するにあたり、われわれは米国経済における価値創造（value creation）と価値抽出（value extraction）の不均衡の拡大に着目する。この不均衡の中心にあるのが、米国の大企業の価値創造と価値抽出の関係を決定する企業統治《コーポレートガバナンス》制度である。米国ではこの不均衡が極端になり、略奪的価値抽出が経済活動の中心となっており、米国経済全体を価値抽出型経済と形容するのがふさわしい状態になっている。

価値創造とは、生産性向上の本質である、高品質で低コストの財やサービスを生み出すプロセスである。価値抽出とは、創造された価値の分け前を抜き出すプロセスである。経済主体の価値創造への貢献度と価値抽出の力のバランスをとることが、安定的かつ公平な経済成長の基礎となる。特定の経済主体が、価値創造プロセスへの貢献度をはるかに上回る価値を抽出する力を持つようになると、不均衡が生じる。本書は、この不均衡がいかに極端になり、それが経済的、政治的、社会的に悲惨な結果をもたらしたかを明らかにするものである。

1-1 「内部留保と再投資」から「削減と分配」へ

1970年代後半以降、米国の最富裕家計層は、米国の労働者階級の貢献によって創造された価値を抽出する能力を強化してきた。米国の最富裕層の価値抽出能力のこうした変化は、図1-1に示したとおり、労働生産性と実質賃金の伸び率の差が広がり続け、賃金の伸びが生産性の伸びにますます後れをとるという形で表れている。第2次世界大戦後の数十年間、賃金の伸び率が生産性の伸び率に追随できた主な理由は、当時の米国経済を支配していた大企業の「内部留保と再投資（retain-and-reinvest）」[*2]の資源配分体制と「終身雇用（career-with-one-company）」の慣行にあった。同様に、1970年代後半以降、生産性の伸びと賃金の伸びの差が広がった主な原因は、終身雇用の根底にあった「内部留保と再投資」の体制を放棄し、有期雇用の関係を特徴とする「削減と分配（downsize-and-distribute）」[*3]の資源配分体制に移行したことにあった。[(1)]

＊2　retainには「（従業員を）雇い続ける、抱えておく」という意味があり、本書で言う「内部留保と再投資」の留保の対象には利益のみならず従業員も含まれる。

＊3　downsizeは、人員や研究開発投資などの削減を意味するが、その中心となるのは労働力（従業員）の削減である。

図1-1　米国における生産性と賃金の不均衡の拡大（1948〜2017年）

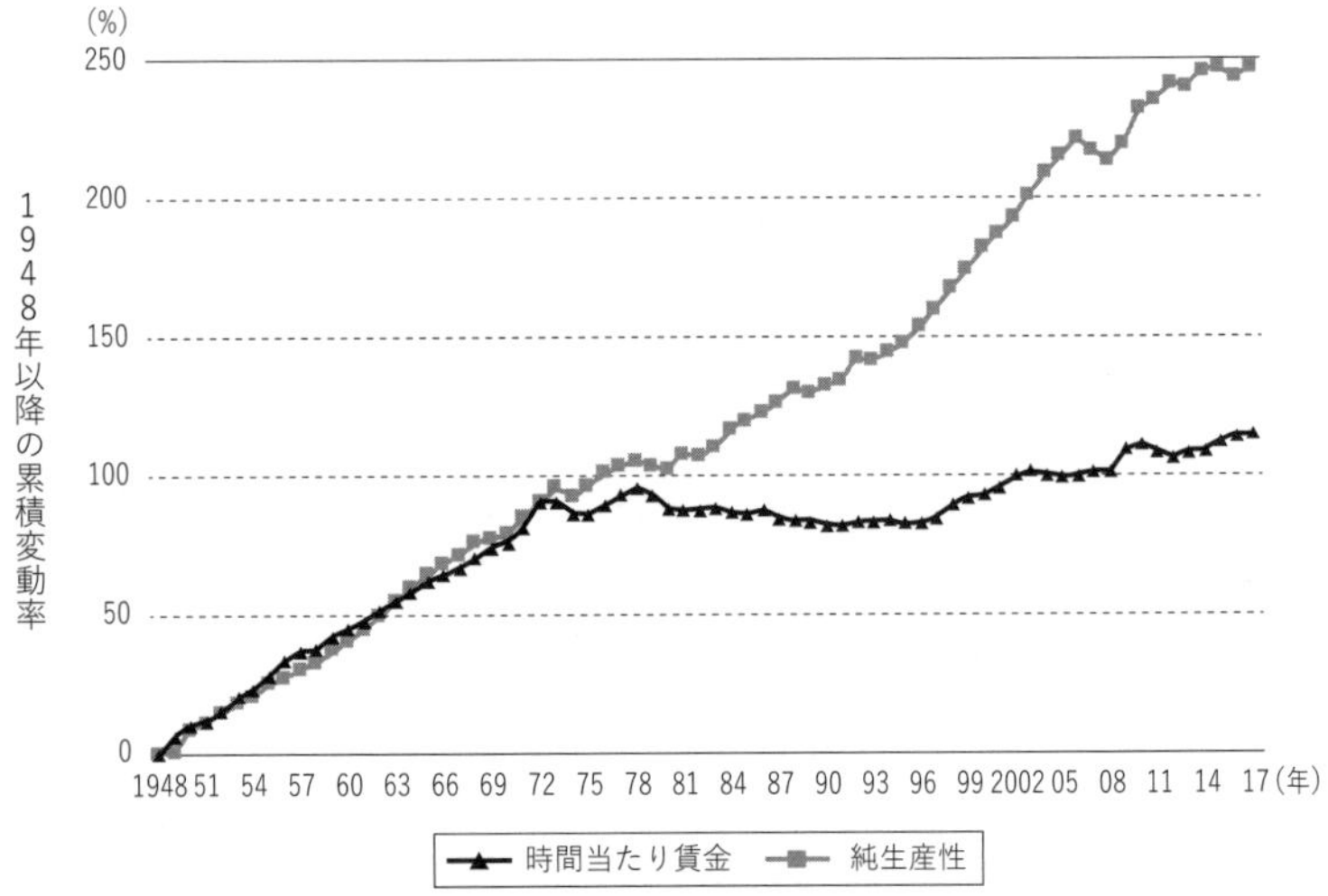

（出所）Economic Policy Institute（https://www.epi.org/productivity-pay-gap/）.

「内部留保と再投資」の体制の下では、経営幹部が企業の資源配分を決定し、人材と利益を社内に留保（retain）することで、競争力のある（高品質で低コストの）製品を生み出す生産能力への再投資を可能にしていた。(2)「内部留保と再投資」の社会的基盤は、数十年にわたる安定的雇用、社内昇進の機会、実質賃金の増加、健康保険への加入、そして長いキャリアの最後には確定給付型年金が提供される雇用関係であった。「内部留保と再投資」の体制は、終身雇用の規範と相まって、ホワイトカラーとブルーカラー双方の労働者が、増加していく中流階級に加わることを可能にした。これとは極めて対照的に、「削減と分配」の体制の下では、企業は労働力を削減し、それまで留保していた資金を配当や自社株買いの形で株主に分配する傾向がある。

こうした自社株買いの大部分は、当該企業

の株価を操作してつり上げることを目的に、公開市場での株式買戻しとして行われてきた。自社株買いの規模は極めて大きなものである。2008年から17年までの10年間で、S&P500種指数を構成する企業は、4兆ドルの自社株買いを実施したが、これは純利益の53パーセントに相当した。それとは別に、純利益の41パーセントが、配当（その名が示すとおり、当該企業の株式の保有に対して株主に収益を提供する伝統的な方法）として支払われた。これに対して、自社株買いの利益は、公開市場での株式買戻しとして行われる自社株買いの活動をうまく利用して株式をタイミングよく売却するのに最も有利な立場にある株式の売り手にもたらされる。こうした特権的な株式の売り手には、特にストックオプション（stock option）の行使やストックアワード（stock award）[*4]の権利確定のタイミングを計れる企業内部の経営幹部だけでなく、株価に影響を与え、企業の株式をタイミングよく売買することで利益を得ることを生業《なりわい》とする外部のヘッジファンド・マネージャーや投資銀行家《インベストメント・バンカー》が含まれる。

自社株買いは、労働者に多大な犠牲を強いる。自社株買いに費やされた企業の資金は、企業の利益を生み出すのに貢献した幅広い従業員の雇用安定や所得向上に利用できたはずである。ところが実際には、自社株買いが、圧倒的な情報量と影響力を有するこうした株式の売り手の利益を増やすことで、賃金の伸びと生産性の伸びの差を広げ、米国の所得分配における最上位層に所得を集中させる一因と

＊4 「一定の条件を満たすことで自社株式を無償で取得できる」株式型報酬のこと。最も基本的な条件は一定期間の経過だが、経営者クラスの場合、それに加えて、一定の業績目標の達成が権利確定の条件とされるのが一般的である。

図1-2　米国における上位0.1パーセントの所得シェアとその構成要素（1916～2011年）

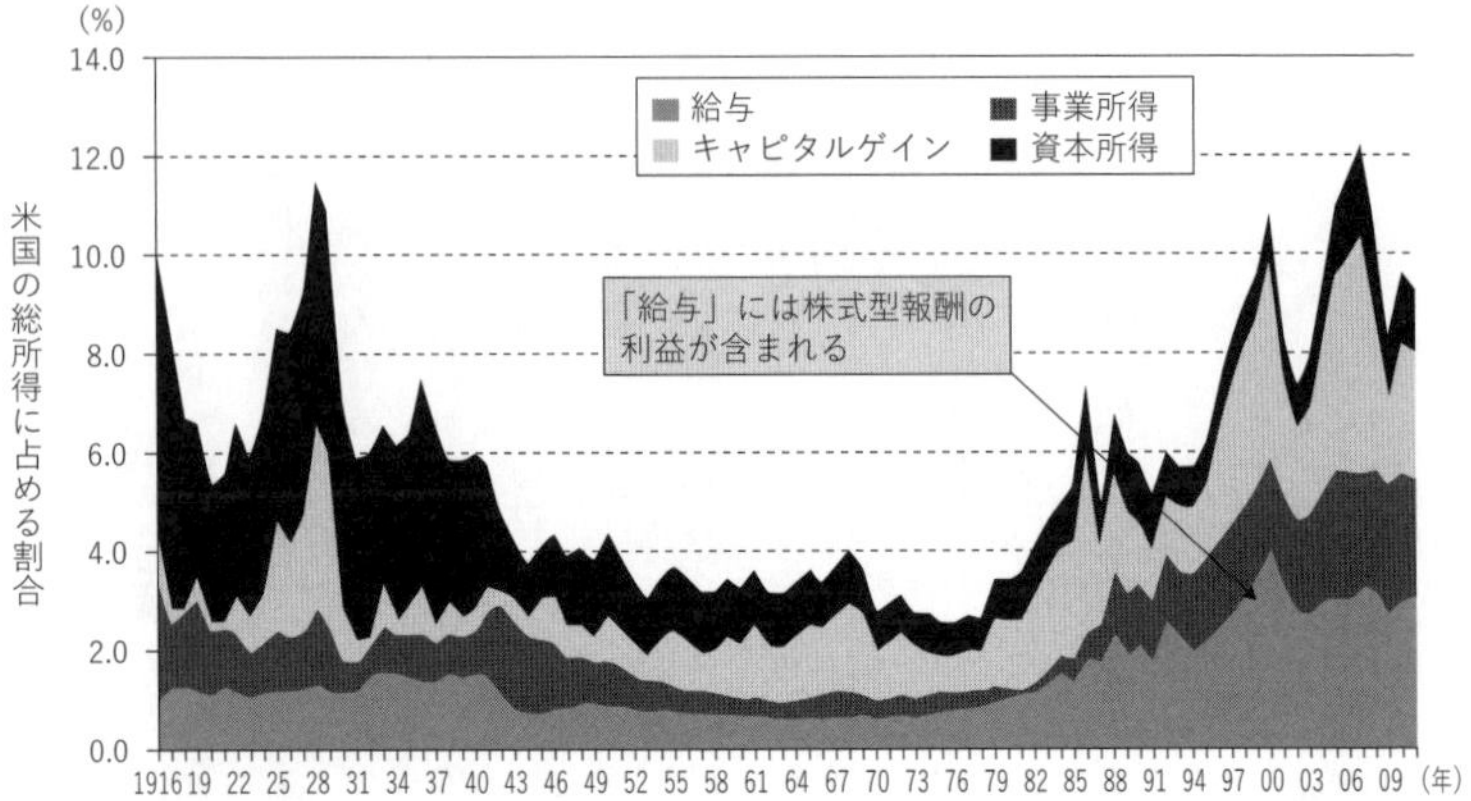

（注）ここで公開されている米国のデータベースのデータでは、2011年までしかこのような構成要素の区分がなされていない。「給与」の区分には、ストックオプションの行使やストックアワードの権利確定に伴う実現利益による報酬が含まれている。

（出所）The World Wealth and Income Database（https://wid.world/country/usa: United States, top 0.1% income composition).

なっているのである。図1－2は、1916年から2011年までの、米国における上位0・1パーセントの家計の所得シェアを示したものである。見てのとおり、1980年代半ば以降、最富裕家計層の所得の最大の構成要素は「給与」であるが、株式市場ブームのピークであった2000年と2007年には、それに加えてキャピタルゲインが急増している。このデータでは、株式市場ブームを反映して給与も急増したことが示されているが、ここには通常の税率で課税される株式型報酬（stock-based pay）がかなり含まれている。これは、研究者がデータを収集した個人所得税申告書では株式型報酬が区別されていないからである。この上位0・1パーセントには、企業経営者、ヘッジファンド・マネージャー、投資銀行家が多く含まれる。

第2次世界大戦後の数十年間、米国の経済

活動は現在と同様に、大企業が支配してきた。（最新の完全なデータが入手可能な）２０１２年の時点で、米国の従業員数５０００人以上の企業１９０６社の平均従業員数は2万３６６人で、全企業の従業員数の34パーセント、給与総額の38パーセント、営業収入の44パーセントを占めていた[3]。米国経済が提供する雇用機会の量と質は、これらの大企業においても、大企業やその従業員が取引する何百万もの中小企業においても、こうした比較的少数の大企業の投資戦略、組織構造、金融行動に大きく依存している。米国のコーポレートガバナンス制度は、主要な資源配分の決定権を、取締役会の支持を受けた経営幹部の手に委ねている。大企業の桁外れな規模と経済活動における重要性からすれば、米国の大企業の経営幹部による資源配分の決定は、安定した高賃金の雇用の機会を得られるか否かを含め、経済全体の運営およびパフォーマンスに多大な影響を及ぼすことになる。

第2次世界大戦後の数十年間のこうした雇用機会は、終身雇用の規範を反映したものであった。そこでは、米国の大企業の従業員が企業の生産性向上を共有することで、安定した雇用と実質所得の増加がもたらされた。ブルーカラー労働者にとって、終身雇用の規範は、労働組合代表制と「先に雇われた者ほど、後から解雇される」先任権（seniority）[*5]の原則に根ざしたものであった。第2次世界大戦後、大量生産産業の労働組合のおかげで、高校卒業あるいは多くの場合それ以下の学歴しかないブルーカラー労働者が、生涯雇用という実際的な保証を手に入れ、退職後も含めて何十年にもわたって

＊5　昇進、一時解雇、再雇用などに際して、勤続年数の長い従業員ほど優先的に扱う制度のこと。主に米国で発達した制度で、通常は労働協約で定められる。

中流階級の生活水準を支えることが可能な賃金と福利厚生を享受できた。1950年代、このような職は圧倒的に白人男性が占めていたが、自動車、電気機器、鉄鋼などの産業においては、アフリカ系アメリカ人がこうした中流階級の職に就けるようになった[4]。

ホワイトカラーの専門職、技術職、管理職では、大学進学率が高まった白人男性がいっそう優位になった。また、こうしたホワイトカラーの従業員は、(「管理」職にはほとんど存在しない)労働組合代表制がなくても、終身雇用を期待できた。企業は、組織に対して献身的なホワイトカラーの男性従業員の訓練に投資した場合、昇進の可能性および典型的には勤続30年後の確定給付型年金を約束することによって、その従業員をつなぎ留めておこうとした。『フォーチュン』誌の編集者ウィリアム・H・ホワイトは、1956年のベストセラー書で、この種の白人男性アメリカ人を(同書のタイトルでもある)「組織のなかの人間《オーガニゼーション・マン》」と呼んだ[5]。

本書の基本的な主張は、米国経済において過去40年間で生じた最富裕家計層の所得の爆発的増加と中流階級の雇用機会の侵食との間には切り離せない関係がある、というものである。1980年代初頭以降、米国の産業企業における雇用関係は、「合理化」「市場化」「グローバル化」の3つに要約される大きな構造的変化を遂げ、これにより既存の中流階級の雇用が喪失した[6]。1980年代初頭以降、工場閉鎖を中心とした合理化によって、(その多くが高賃金の労働組合員である)高卒のブルーカラー労働者の雇用が失われた。1990年代初頭以降、雇用規範としての終身雇用の終焉を中心とした市場化は、(その多くが大卒である)中高年ホワイトカラー労働者の雇用の安定を脅かした。2000年代初頭以降の、低賃金国への雇用の移転を中心としたグローバル化は、学歴や職歴を問わず、米国のすべての労働者を解雇の脅威にさらしている。雇用の喪失をさらに悪化させ、新たな生涯雇用の機会に対する企業の投資を制限してきたのが、配当支払いの増加に加えて大量の自社株買いによって顕在化した企業の金融化である(7)。その過程で、大企業における価値創造と価値抽出のバランスが崩れ、米国経済における大企業の重要性から、この不均衡が米国経済全体に影響を及ぼしている、というのがわれわれの主張である。

米国の中流階級の衰退は、経済的、社会的、政治的にさまざまな問題を引き起こしており、「雇用創出」だけで改善できるものではない。中流階級の生活を送るためには、30年から40年の現役期間中に相応の所得を得て、退職後も平均20年ほどは尊厳ある生活水準を維持できるだけの蓄えを残しておく必要がある。また、こうした所得は、家庭による次世代の労働力への投資を支えるものでなければならない。というのも、将来の労働者は、グローバル競争の激化に伴いますます知識集約型になる経済において高い生産性を維持するために、より多くの、より優れた教育を必要とすることになるからである。米国のような高賃金経済では特に、中流階級の生活水準は、集団的・累積的な学習の結果として、それに見合う高水準の生産性を生み出せる職業に何十年にもわたって従事することによって支えられなければならない。技術的条件、市場条件、競争条件の絶え間ない変化の中で、新たな中流階級は、より高品質で低コストの財やサービスに具現化され、勤務している企業が製品市場において競争力を高めることになる学習経験を、生涯にわたって提供してくれる職に就かなければならないのである。一国のレベルでは、広範な中流階級が出現し持続するためには、労働力のかなりの割合（米国ではおそらく1億人）が「革新的企業」と呼ばれる企業に雇用される必要がある。「革新的企業」とは、自社の労働者の中流階級の所得を支えることが可能な、より高品質で低コストの製品を生み出す能力を有する企業組織を言う。

1-2 革新的企業と株主価値

残念なことに、安定的かつ公平な成長を達成するための経済政策を立案しようとしている学者を含め、大多数の経済学者は、企業の中でイノベーションがどのように起こり、それが経済の成長と分配にどのように影響を与えるのか、ほとんど理解していない。博士号を持つ経済学者のほとんどは、理想的な経済とは、直面する技術的条件や市場条件を変えようとすることなく互いに競争し合う非常に小さな企業によって特徴づけられると学び、そして教えている。彼らは、1つの産業において多数の非常に小さな企業が、差別化されていない製品（すなわち、コモディティ）を販売することで競争し、製品の消費者価格が利幅ゼロとなる水準にまで低下していく経済を称賛している。彼らは、このような経済状態を「完全競争」と名づけ、現実的ではないとしても、完全競争が行われている経済こそが経済効率の理想であると暗に示している。

問題は、こうした「完全競争」下の企業は生産性が極めて低いため、非常に数が多く、非常に規模が小さいことである。(8) もしこのいわゆる経済効率の理想が実際に広まっていれば、われわれはみな、貧困にあえいでいるだろう。生産性向上は、同業他社との差別化を図るべく、成功すればライバル企業よりも高品質な製品の開発を可能にするような集団的・累積的学習プロセスに投資する企業を原動力とするものである。こうしたより高品質な製品は、革新的企業が市場で大きなシェアを獲得することを可能にする。これによって、より高品質な製品の開発に要する高額な固定費用が大量に販売される生産物に分散される。その結果、規模の経済が働き、こうした製品を製造・販売するための単位費用が引き下げられるのである。われわれは、より高品質な製品をより低い単位費用で生み出すことで、自社を同業のライバル企業と差別化できる企業を革新的企業と呼ぶ。こうした革新的企業は、経済に生産性向上をもたらす。革新的企業は、集団的・累積的な学習を可能にする従業員への投資のおかげで収益性が非常に高く、その高収益を利用することで、安定的かつ公平な雇用機会をもって従業員に報いることができる。このような革新的企業は、新古典派経済学の教科書では経済効率の理想とされている、ナンセンスな「完全競争」とは相反するものだが、安定的かつ公平な経済成長、すなわちわれわれが「持続的繁栄」と呼ぶものを実現するための基盤を生み出しているのである。

第2章で詳述する「革新的企業の理論」は、経済が安定的かつ公平な経済成長を実現するために備えていなければならないミクロ的基礎の理解に不可欠なものである。また、この理論は、こうしたミクロ的基礎がどのようにして侵食され得るのか理解するためにも不可欠である。「革新的企業の理論」は、20世紀の米国において、さまざまな産業で比較的少数の企業が、「内部留保と再投資」の資源配分体制によって、1社当たり数万人、場合によっては数十万人を雇用し、圧倒的な製品市場シェアを獲得するまでに成長できたことを説明する。企業は利益を留保し、それを生産能力、何よりもまず集団的・累積的な学習に再投資した。1980年代に入ると、企業は終身雇用を通じて社員を学習プロセスに統合した。「内部留保と再投資」の体制の下で、企業はイノベーションの利益を、雇用のさらなる安定、所得の向上、福利厚生の充実という形で従業員と共有した。一般株主は、革新的な製品に基づく安定した配当所得と株価の上昇により、「内部留保と再投資」の利益を享受した。

１９７０年代から80年代にかけて、従来の経済分析を支えている、「生産性が低い企業」を経済効率の理想とするナンセンスな理論に基づいて、「内部留保と再投資」から「削減と分配」への移行を正当化するための経済イデオロギーが生まれた。これは、優れた経済パフォーマンスを達成するために、企業は「株主価値最大化」のために経営されるべきだと考えるものである。革新的企業の理論を持たない「株主価値最大化」のイデオロギーは、これらの企業を「市場の不完全性」だと考えている。つまり、これらの企業は、最も効率的な用途に再分配できるように「吐き出さ」なければならない労働力や資金といった資源を、「内部留保と再投資」を行うことで退蔵している、というのである。したがって、「削減と分配」の論理は、企業の労働力を削減し、余剰資金を株主に分配すれば、労働市場や金融市場がこれらの資源をより効率的に配分するだろう、というものである。問題は、「株主価値最大化」イデオロギーを信奉する経済学者には、こうしたより効率的な用途がどのように生まれるのかについての理論がないことである。つまり、非常に不合理なことに、経済の運営とパフォーマンスに関する彼らの見解は、極めて生産性が低い企業を理想とする理論に根ざしており、革新的企業の理論の構築を放棄している。その結果、本書で明らかにするとおり、「株主価値最大化」の支持者は、価値創造の理論を説くと主張しながら、実際には価値抽出の理論を広めているのである。

1-3 価値抽出のインサイダー、イネーブラー、アウトサイダー
——本書の構成

本書は、インサイダーとしての企業経営者、イネーブラーとしての機関投資家、そしてアウトサイダーとしてのヘッジファンド・アクティビストが、意図的か否かはともかく、それぞれの価値創造への貢献度にそぐわない水準の価値抽出を正当化するイデオロギーとして「株主価値最大化」を受け入れてきたことを明らかにする。米国経済においては、産業企業からの全般的な略奪とも言うべきものを通じて、配当や自社株買いといった形態の株主への資金分配を中心とする偏った価値抽出活動が行われ、これが雇用の安定性、所得の公平性、生産性の向上に壊滅的な影響を及ぼしてきた。われわれは、この価値創造と価値抽出の間の不均衡の歴史的変遷を明らかにする。この不均衡の原因が分かれば、価値創造と価値抽出の均衡をとり戻すために必要な経済的、政治的、社会的プロセスをどのように開始するかについて、実行可能な考え方を打ち出すことができる。

第2章では、価値創造と価値抽出の関係の変化を理解するための理論的視点、すなわち「革新的企業の理論」を提示する。「革新的企業の理論」は、安定的かつ公平な経済成長の達成に企業が中心的な役割を果たしていると措定し、マクロ経済の成果を決定する主要なミクロレベルの要因である価値創造と価値抽出のプロセスを理解するための分析的枠組みを提供する。具体的に言えば、「革新的企業の理論」は、革新的企業の3つの社会的条件、すなわち戦略的管理、組織的統合、資金調達コミッ

トメントの動的な相互作用を分析し、企業の価値創造能力（より高品質な製品をより低い単位費用で生み出す能力）と、企業が価値創造プロセス参加者間における分配の両方を決定する。「革新的企業の理論」は、（価値創造プロセスの分析を欠き、価値抽出を、企業組織内の社会的関係を通じてではなく、労働、金融、製品の各市場における需要と供給を通じて行われるプロセスだと捉える）市場に基づく一般的な企業理論に代わる、厳密かつ適切な理論を提供する。

市場に基づく一般的な企業理論で最も支配的なものは、エージェンシー理論である。この理論では、企業経営を「エージェンシー問題」の温床だと捉えている。なぜなら、企業のいわゆるプリンシパル（代理関係における本人）である株主が、そのエージェント（代理人）として行動する経営者に経営を委任しなければならないからである。エージェンシー問題とは、企業の資源配分の決定権を握っているこうした経営者が、その権限を、彼らを雇っているはずのプリンシパルすなわち株主の利益ではなく、自身の個人的利益のために利用する可能性がある、というものである。エージェンシー理論研究者の見解によれば、エージェンシー問題の解決策は、経営者に株式型報酬を与えることによって、彼らが自身の利益と株主の利益を一致させるような報奨制度を構築することである。

第2章の「革新的企業の理論」の説明は、第3章で展開する「株主価値最大化」への根本的な批判の土台となるものである。第3章では、企業は一般株主の利益のために経営されるべきだとエージェンシー理論研究者が主張しているにもかかわらず、当の株主は一般的に価値創造プロセスに参加する意思も能力もない価値抽出者であることを論じる。また、「株主価値最大化」は、エージェンシー理論によって武装された価値抽出のイデオロギーであり、価値創造の理論が欠如していることを示す。

それゆえ、「株主価値最大化」は持続的繁栄の実現に大きなダメージを与えてきたのである。この30年間、「株主価値最大化」はコーポレートガバナンスの支配的なイデオロギーであった。マイケル・ジェンセンのイデオロギーに満ちた言葉を借りれば、経済効率のために企業は「フリー」キャッシュフローを「吐き出す」べきである、[9]というエージェンシー理論のスローガンを正当化することで、「株主価値最大化」は不安定な雇用、不公平な所得、生産性の低下を招いてきたのである。

第4章「価値抽出のインサイダー」では、米国企業の経営幹部が、価値創造に専心する産業界のリーダーから価値抽出に熱中する金融エンジニアへと、全般的に変貌を遂げたことに焦点を当てる。1980年代、米国の大企業の経営幹部は、株式型報酬によって動機付けられ、「株主価値最大化」イデオロギーによって正当化されたことで、長い間標準的だった資源配分の慣行に背を向けるようになった。つまり、多くの経営者が、利益を留保してそれを将来のために再投資することをやめて、コスト削減を重視し、利益を配当だけでなく自社株買いの形で株主に還元するようになったのである。

「内部留保と再投資」の体制の下では、企業は生産能力（すなわち、従業員を訓練し抱えておくこと、安定した雇用と所得の増加という形で従業員と利益を共有することを含むプロセス）の向上と拡大を目指す。これに対して、「削減と分配」の体制の下では、企業は労働力の規模、賃金、能力を削減する一方で、利益を配当や自社株買いとして株主に現金で分配する。削減は、従業員の賃金・福利厚生の削減もしくは解雇、資産の売却、それまで社内で行っていた業務の外注化（アウトソーシング）、生産その他の基本機能の海外移転（オフショアリング）によって達成され得る。企業によっては、手元資金の食い潰し、借入れ、資産処分、長年勤めてきた従業員の解雇により資金を調達して、純利益額を上回る株主への分配を何年、何十年と続けてきたケースもある。さらに、税引後利益ひいては株主への分配を増やすために、経営者が「株主価値最大化」の名の下に、自身が支配する企業に課税逃れ、価格つり上げ、納入業者《サプライヤー》やフランチャイズ加盟者からの搾取、販売先からの詐取を行わせる可能性もある。

第5章「価値抽出のイネーブラー」では、「削減と分配」の体制が象徴する概ね合法的な米国企業の略奪に大きな役割を果たしてきた、政府機関や経済主体に焦点を当てる。これらのイネーブラーには、特に1982年に規則10b-18を導入し、1992年には委任状勧誘規則を改正して、株主同士のみならず株主と経営陣の間の「自由なコミュニケーションとエンゲージメント」[*6]も可能にした、米国証券取引委員会（SEC）が含まれる。もう1人の重要なイネーブラーは、1984年に米国労働省（DOL）年金・福祉給付プログラム局長に就任した実業家ロバート・モンクスである。モンクスは労働省を1年で辞めた後、機関投資家に議決権行使の助言を行う、インスティテューショナル・シェアホルダー・サービシーズ（ISS）を設立した。物言う一般株主の熱心な支持者であったモンクスは、1980年代後半、議決権代理行使（proxy voting）を年金基金《ペンション・ファンド》の受託者責任（fiduciary duty）にまで引き上げた草分けになった。また、カリフォルニア州職員退職年金基金（CalPERS《カルパース》）やカリフォルニア州教職員退職年金基金（CalSTRS《カルスターズ》）に代表される公的年金基金も、1985年に機関投資家評議会（Council of Institutional Investors, CII）を設立し、議決権代理行使、取締役の選任、機関投資家の経営陣とのエンゲージメントに関する規則の改正を通じて機関投資家の集団的な影響力を強化するようロビー活動を展開し、株主行動主義（shareholder activism）の先駆けとなった。

こうした株主行動主義の取り組みには、致命的な欠陥があった。つまり、企業は「株主価値最大化」のために経営されるべきだというイデオロギーを受け入れていたのである。機関投資家は、高額な経営者報酬を批判したが、それを企業の株価実績と結び付けることは批判しなかった。機関投資家は、現職の経営陣の悪弊を激しく非難したが、優れた経営実務の指針となり得る価値創造プロセスの理論は提供しなかった。グリーンメール（企業乗っ取り屋《コーポレート・レーダー》が所有する株式をプレミアム価格で買い戻すこと）には反対したが、持続的な価値創造とバランスのとれた価値抽出のための統治機構《ガバナンス・メカニズム》を構築するのではなく、むしろ企業乗っ取り屋と手を組んで産業企業を略奪した。また、公開市場での大規模な自社株買いを問題視しないばかりか、むしろそれを煽った。さらに、個別企業に注目せずに指標《インデックス》に連動させることで低手数料構造を実現しているインデックスファンドが次第に主流になるにつれて、機関投資家は、議決権代理行使やエンゲージメントへの関心を失い、それらの能力を低下させていった。機関投資家は、増え続ける議決権を背景に自分たちが「是正する」ものだと考えている経営者の利益相反よりも、いっそう深刻な利益相反を抱えている。ヘッジファンド・アクティビストや議決権行使助言会社は、議決権代理行使の適性を欠いており、それには利益相反があるにもかかわらず、企業の資源配分に過度の影響力を行使してきたのである。

　第6章「価値抽出のアウトサイダー」では、議決権代理行使やエンゲージメントの規則改正を巧みに利用して価値抽出能力を強化し、その能力をさらに強化するための私的な「軍資金」を築こうとする、物言う株主という特に攻撃的な人種の正体を暴き出す。1980年代から90年代にかけて、こう

＊6　エンゲージメントとは、機関投資家等が投資先企業（の経営者）に対して行う「対話」のことを言う。

した極めて行動的な株主は、カール・C・アイカーンに代表される略奪者として、「企業乗っ取り屋」と呼ばれた。2000年代から2010年代にかけても、現在「ヘッジファンド・アクティビスト」と呼ばれるこうした略奪的な種族の代表的存在がアイカーンだった。その間、1980年代および90年代の金融規制の変更を追い風にして、アイカーンをはじめとする物言う株主（ウィリアム・アックマン、デビッド・アインホーン、ダニエル・ローブ、ネルソン・ペルツ、ポール・シンガーなどが有名である）が、価値抽出を通じた軍資金の蓄積によって資金力を築いた。われわれはヘッジファンド・アクティビズムの進化と現状を考察する。こうした現象の起源と拡大を説明した後、特に、最も代表的な企業乗っ取り屋から最も「成功した」ヘッジファンド・アクティビストの1人へと転身した、カール・アイカーンについて詳しく検証する。

「株主価値最大化」は、略奪的価値抽出を正当化するイデオロギーとして数十年にわたり害悪を及ぼしてきたが、その間、学界の有力な「株主価値最大化」提唱者の顔ぶれも変わっていった。1980年代から90年代にかけて、学界で最も有力な「株主価値最大化」の支持者《チアリーダー》は、超保守的なロチェスター大学のビジネススクールを経て、1985年にハーバード・ビジネススクールに採用された、シカゴ学派の経済学者マイケル・C・ジェンセンだった。[10] ジェンセンの見解については、第3章で批判を加えている。2000年代から2010年代にかけて、学界でアクティビストによる攻撃の最も有力な代理人の役割を担ったのは、ハーバード大学で法学と経済学の博士号を取得したハーバード大学ロースクール教授、ルシアン・ベブチャックだった。第7章では、エージェンシー理論を用いて米国企業の略奪を経済効率を高めるものだと正当化することに対して、イノベーション理論を用いて一般的な理論的批判と選択的な実証的批判の両方を行う。まず、ベブチャックとジェシー・フリードの著書『業績連動型報酬の虚実――アメリカの役員報酬とコーポレート・ガバナンス』（Bebchuk and Fried［2004］）に焦点を当て、米国式の株式型報酬は「株主価値」を損なうことを証明するという著者の目的は達成できていないと論じる一方で、イノベーション理論の視点から、株主価値は企業業績の尺度としては妥当でないと主張する。次いで、ベブチャック、アロン・ブラブ、ウェイ・ジャンの論文“The Long-Term Effects of Hedge-Fund Activism（ヘッジファンド・アクティビズムの長期的な影響）”（Bebchuk, Brav, and Jiang［2015］）に注目する。この論文は、株主権の行使によって企業業績、総資産利益率（ROA）、株式投資収益率が5年もの期間にわたって改善することを経験的に証明できる、と主張するものである。われわれの分析は、彼らの研究結果に重大な疑問を投げかける。彼らのデータセットに含まれる企業の半数は5年以内に「消えて」おり、その理由については何も説明されていない。残った企業についても、企業業績の改善とされているものは、より高品質な製品をより低い単位費用で生み出すことによる生産性向上、つまり革新的企業が通常、従業員と共有する利益ではなく、労働者を犠牲にして利益を増やすコスト削減によってもたらされた可能性が非常に高い。最後に、フリードとチャールズ・C・Y・ワンの論文“Short-Termism and Capital Flows（短期主義と資本フロー）”（Fried and Wang［2017］）を、順を追って批判する。この論文は、配当や自社株買いといった形の大規模な株主への分配は、イノベーションへの投資や賃金上昇を犠牲にして行われてきたという、ラゾニックの論文“Profits Without Prosperity（繁栄なき利益）”（Lazonick［2014d］）の中心的な主張に異を唱えている。フリードとワン（Fried and Wang［2017］）は、いくつかの内部留保以外の資金源泉（債務発行、株式発行）および集団的・累積的学習プロセスへの投資以外の資金使途（報酬、研究開発、企業買収、ベンチャー投資）が、イノベーションと高賃金をもたらすと主張している。われわれは、フリードとワンが資金フロー（彼らは誤って「資本フロー」と呼んでいる）の経済的影響について実体のない主張を行っていることを明らかにする。第7章の結論として、われわれは、経済の運営とパフォーマンスを分析するためには、イノベーション理論がエージェンシー理論に取って代わる必要があると主張する。エージェンシー理論研究者は、1980年代以降、米国で所得が最富裕家計層に極端に集中し、中流階級の雇用機会が失われている理由について、説明しないどころか、検討すらしていないのである。

より一般的には、エージェンシー理論研究者によって広められた「株主価値最大化」イデオロギーが、企業業績や経済パフォーマンス低迷の一因であったというのが、われわれの主張である。経済パフォーマンスを支え、あるいは損なうコーポレートガバナンスの役割を理解する上で重要なのは、企業の生産能力の開発と利用に携わる「利害関係者《ステークホルダー》」にとっての価値創造と価値抽出の関係である。革新的企業は、エージェンシー問題を解決する。革新的企業は、真の価値創造者に動機と報酬を与えることで、技能、努力、資金を動員でき、それらが高品質・低コストの製品を生み出すことで、（安定的かつ公平な経済成長の観点から定義される）経済パフォーマンスの改善を可能にするのである。

最終章の第8章では、米国経済を持続的繁栄への道に引き戻せるように、米国のコーポレートガバナンス体制を変革することを提案する。この最終章では、略奪的価値抽出と戦い、持続的繁栄を取り戻すための基本的な指針を提示する。価値創造型経済を構築するための基礎には、次の5つの大きな項目がある。

・ＳＥＣ規則10ｂ-18を廃止し、公開市場での自社株買いを禁止する。
・経営者報酬を再設計して、価値抽出ではなく、価値創造に動機と報酬を与えるようにする。
・企業の取締役会を再構成して、労働者、納税者、貯蓄者としての家計、および創業者としての家計の代表者が含まれるようにし、略奪的価値抽出者を排除する。
・法人税制を改革して、利益を納税者としての家計に還元し、次世代の革新的な製品のためのインフラや知識に対する政府支出を賄うようにする。
・企業利益と生産能力を再配置して、集団的・累積的キャリアを支えることで、社会経済的な流動性の向上を広く可能にする。

第２章

価値創造組織としての企業

経済全体の成長にとって大企業が重要なことからすれば、大企業の価値創造と価値抽出のバランスは、マクロ経済における生産と分配のバランスに大きな影響を与える。革新的企業は、イノベーションの利益をそれに貢献した人々と共有する過程で価値創造と価値抽出のバランスをとる傾向があり、それゆえ持続的繁栄の基礎となる。本章では、「革新的企業の理論」の主要な概念を説明し、それがなぜ、そしてどのようにして安定的かつ公平な経済成長を支えられるのかを示す。次に、米国の歴史を振り返ることで、政府による物的インフラや知識基盤への投資が、どのようにしてイノベーションを支えるのかを示す。その後、企業戦略と政府の政策の相互作用、すなわち革新的企業と発展志向型国家（developmental state）の相互作用が、どのようにして価値創造と価値抽出のバランスを構築することができるかを示す。これにより、略奪的価値抽出者が、どのようにして革新的企業の社会的条件を破壊し、他人が創造しその顧客も享受してきたイノベーションの利益を自らの手中に収めるのかを検討できるようになる。

2-1 シュンペーターの挑戦

1911年、当時28歳だったヨーゼフ・シュンペーターは『経済発展の理論』を発表し、資本主義は、イノベーションが絶えず市場交換の一般均衡を破壊する経済システムとして概念化されなければならないと論じた。実際、シュンペーターは、イノベーションが「経済発展の根本現象」であると主張し、その約30年後には、著書『資本主義、社会主義、民主主義』の中で、大きく成長する企業が「経済進歩の最も強力なエンジン」であると認識していた。

われわれが受け入れなければならないのは、この戦略が個々のケースや個々の時点で見れば厳しい制限を受けるように見えるにもかかわらず、かなりの程度まではこの戦略によって、「大規模企業」が「経済」進歩、とりわけ総生産量の長期的拡大の最も強力なエンジンになった、ということである。その意味では、完全競争は不可能なだけでなく、劣っており、理想的な効率性のモデルとして設定される資格はない(1)。

現在入手可能な企業の成長に関する研究は、シュンペーターがこれを記した1942年当時参照可能だったものよりもはるかに豊富である。こうした研究活動の第一線にいるのは、膨大な研究成果を『組織は戦略に従う』(1962年)、『経営者の時代――アメリカ産業における近代企業の成立』(1977年)、『スケール・アンド・スコープ――経営力発展の国際比較』(1990年)という3冊の名著(2)にまとめ上げたアルフレッド・D・チャンドラー・ジュニア(1918〜2007年)の研究に刺激を受けた経営史家たちである。大企業の進化に関する経営史研究によれば、最も生産性の高い企業が、より低価格で販売できる生産物をより低コストで大量に生産する能力を有することで、競争する産業で大きな市場シェアを獲得できたことは、ほとんど疑いの余地がない。

シュンペーターの経済学者としての大きな強みの1つは、歴史と理論を統合する必要性を認識していたことであり、ここでは、大企業の台頭と優位性に関する実証研究が単なる事実の列挙にならないようにしたことである。(3) それどころか、経済学者は、こうした研究を行うことで、大企業の優位性の高まりを理解するための企業成長の理論構築という、シュンペーターが言うところの「歴史的経験」を得られるのである。この点における先駆的な著作が、1959年に出版されたエディス・ペンローズの『企業成長の理論』である。(4) その中でペンローズは、大企業を、既存事業で培われた能力、とりわけ人的資産の活用方法を変えることによる新規事業への進出に絶えず目を向けつつ、組織的学習への投資で成長する企業として描いている。ペンローズの著書の3年後に出版された『組織は戦略に従う』でチャンドラーが示しているように、1920年代から50年代にかけて米国企業は、ペンローズの理論的主張に沿う形で、複数事業部制を導入することによって成長した。

しかし、「完全競争は不可能なだけでなく、劣っており、理想的な効率性のモデルとして設定される資格はない」というシュンペーターの警告にもかかわらず、また、その後のペンローズやチャンドラーの画期的な知的成果、およびそれが多くの経済学者や歴史学者に与えた影響（われわれの主張では、その両方）にもかかわらず、完全競争が産業組織の理想的な状態だとする新古典派の考え方は、依然として従来の経済学者の教科書や思考の中に浸透している。毎年、何万人もの博士号を有する経済学者が、何百万人もの経済学部の学生に「完全競争」は経済効率の理想だと教えている。つまり、従来の新古典派経済学者には、大企業の台頭も、大企業が現代経済の優れた運営やパフォーマンスをもたらす潜在的可能性も、大企業が現代経済の優れた運営やパフォーマンスにとって実際に重要であることも理解できなかったのである。

2-2 非論理的な新古典派の最適化型企業の理論

新古典派の企業理論は、市場における完全競争を理想的なものと見なし、企業における戦略、組織、資金調達を取るに足らないものと見なしている(5)。理想的な企業とは、技術や市場の制約の下で限界費用と限界収入を一致させ、利潤が最大となるように最適化する企業（以後、「最適化型企業」と呼称する）である。「企業家（entrepreneurs）」は、こうした制約を克服するための戦略を立てないと前提されている。その代わり、技術や市場の外生的な変化の結果として特定の産業に利潤機会が発生すると、それに反応し、その産業で生産を行うべく資源を配分すると想定されている。ある産業に投資した場合、その後の企業経営は、利潤を最大化する生産量の選択における「限界代替」の実施、つまり経済学者が「制約条件付き最適化」と呼ぶものに過ぎなくなってしまう。後述するとおり、新古典派のこうした「最適な」結果の達成に不可欠なのは、実は生産の内部組織に対するコントロールを失うことなのである。生産資源を、収益を生み出す製品に変えるための資金調達は問題とならない。なぜなら、新古典派の理論は、企業はいつでも市場実勢金利で資金を借りることができ、生産物をすべて販売して資金調達コストを賄うことができる、と想定しているからである。

新古典派の企業理論には、革新的企業を理解する能力を制限する3つの重要な仮定がある。これらの仮定が、よく知られているU字型の費用曲線《コストカーブ》（平均費用は、企業が生産を拡大するにつれて減少するが、その後ある時点で増加に転じることを示す）をもたらす。第1に、新古典派理論は、ある産業から別の産業へ資源を再配分するきっかけとなる不均衡状態を作り出す上で企業家は何の役割も果たさないと仮定している。事実上、企業家は自らの行動によって不均衡状態を作り出す主体ではなく、不均衡状態を利用する裁定取引者《アービトラージャー》だとしているのである。新古典派が考える企業家は、不均衡状態が外生的に発生すると平均を超える利潤が得られるようになるため、自身が参入したいと思う産業を選択してそこに資源を配分するだけである。企業家がこの特定の産業に資源を再配分することで不均衡状態は解消され、すべての産業で均衡状態が持続する限り、企業家がある産業から別の産業に資源を移す動機はなくなる。

第2に、新古典派理論は、企業家が特定の産業ではなく別の産業で競争するのに特別な専門知識を必要としないと仮定している。起業家に必要なのは、競争を行う産業の選択に際して、利潤最大化の原則に従うことだけである。そこで重要な前提となるのが、「固定費用（fixed costs）」と「可変費用（variable costs）」の区別である。固定費用は、既存の技術と支配的な要素価格によって外生的に決定されるものであり、企業家は、企業の投資戦略の一環として企業の固定費用の水準を選択することも、それに具現化される特定の生産能力を選択することもない。企業家は、固定費用を所与として、利潤が最大化される生産量を達成するために、所与の技術的条件と市場条件に基づく支配的な要素価格での、補完的な可変投入物の量を決定するだけである。その結果、単位生産当たりの可変費用が単位生産当たりの固定費用に加えられて総単位費用となり、平均費用曲線は異なる水準の生産量に対応する総単位費用を示すことになる。生産量が増加しても〔単位生産当たりの〕可変費用が一定だとすれば、固定費用がより多くの単位生産に分散されるため、平均費用曲線は連続的に下向きに傾斜することになる（ただし、傾きはゆるやかになっていく）。

第3に、新古典派理論は、ここで重大な仮定を置いて、平均費用曲線の方向を変えて上向きに傾斜させ、どんな入門者向け経済学教科書にも載っているU字型の費用曲線を導き出す。その仮定とは、企業の固定生産要素に可変生産要素が追加されると、両生産要素を合わせた平均生産性が低下するというものである。新古典派理論の研究者は、U字型の費用曲線を導き出すにあたり、生産の拡大に伴って生産性が低下する理由に関して、いずれも労働を重要な可変生産要素として扱う2つの命題を提示している。1つ目の命題は、固定生産要素に可変生産要素が追加されるにつれて、次第に工場内が混み合ってくるため、労働者が絶えずぶつかり合うなどして、各可変生産要素の生産性が低下すると主張するものである。もう1つの命題は、生産過程に労働者が追加されるにつれて、生産活動をまとめる役割を担う固定生産要素としての企業家が管理・監督を行わなければならない労働者の数が増えるため、「制御不能」に陥るというものである。平均可変費用の増加が平均固定費用の減少を上回ると、平均総費用（平均固定費用と平均可変費用の合計）を示す線が上向きになり、U字型の費用曲線が描かれる。このような仮定の下では、企業の最適生産量は、限界費用（MC）曲線と、その企業の生産物に対する需要を表す限界収入（MR）曲線の交点となる（図2-1）。新古典派の経済効率の理想

図2-1　考えられる最善の世界としての完全競争？

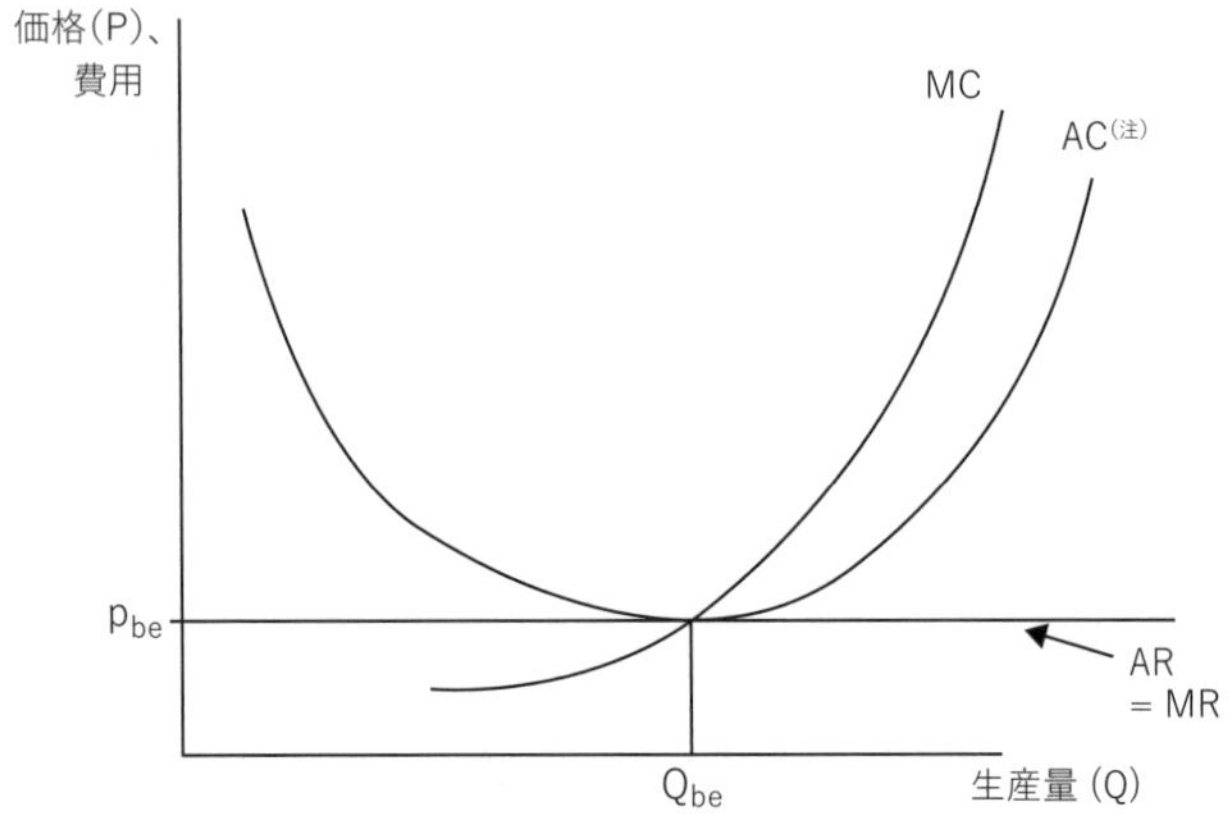

（注）AC：平均総費用＝平均固定費用＋平均可変費用。

である「完全競争」の条件下では、企業は競争している産業の規模に比べて非常に小さいため、製品価格に影響を与えることなく、利潤を最大化する生産量をすべて販売することができ、それゆえ平均収入（AR）は限界収入（MR）と等しくなる。また、同じような小さな企業がその産業に自由に参入できることから、図2-1に示すとおり、製品価格は平均費用（AC）曲線の最小点（そこでは、AR＝MR＝MCとなる）まで下がり、各企業の最適利潤はゼロとなる。

この費用曲線の形成において、組織（この場合、経営者としての企業家と彼が雇用する労働者の関係）は、新古典派の企業理論の核心であり、企業の成長に制約を課すものである。新古典派経済学者は、こうした最適化型企業を完全競争の基礎とするにあたり、費用逓増が非常に低い生産水準で始まるため、企業は産業の規模に比べて非常に小さく、それゆえ生産水準に関する企業の決定は、その企業が製品を販売できる価格に影響を与えない、と単純に仮定している。費用逓増が、なぜこのような低い生産水準から企業を苦しめることになるのかは説明されていない。[6] 企業家は、こうした費用逓増という条件を受動的に受け入れ、その制約の下で最適化する、と仮定されているだけなのである。

したがって、「完全競争」は、非常に小さい同じような企業が非常に多く存在し、産業全体の生産量に占める各企業のシェアが小さい経済状態となる。企業は、非常に小さいため、実勢市場価格に全く影響を与えることなく、売りたい製品をすべてその価格で販売できる。シュンペーターと同様に、なぜこのような産業構造が理想的な経済効率をもたらすのかと疑問に思う人もいるだろう。そもそも、完全競争下にあるこうした無数の同じような企業は、非常に生産性が低いため非常に規模が小さく、各企業は非常に低い生産水準で平均総単位費用の逓増（経済学者が「収穫逓減」とも呼ぶもの）を経験するためその成長は制限される、と仮定されている。しかし、新古典派経済学者は、このような極めて生産性が低い企業がまとまって、どういうわけか「理想的な効率モデル」になると主張しているのである。これは非論理的な結論のように聞こえるかもしれないが、それは非論理的な結論だからである。それでも、経済において経済効率のために資源配分を行うべきは、企業ではなく市場である、というのが新古典派経済理論の基本である。

このような非論理的な結論に至った理由を見つけるのは、難しいことではない。新古典派経済学者は、完全競争が考え得る最も効率的な経済状態であると主張するために、「大企業」の業績を評価するための分析的基礎として「独占モデル」を打ち出した。実際、独占モデルは、第2次世界大戦後の数十年間、完全競争という「理想」に根ざした新古典派の考え方である、「構造（structure）―行動

図2-2　独占の理論？

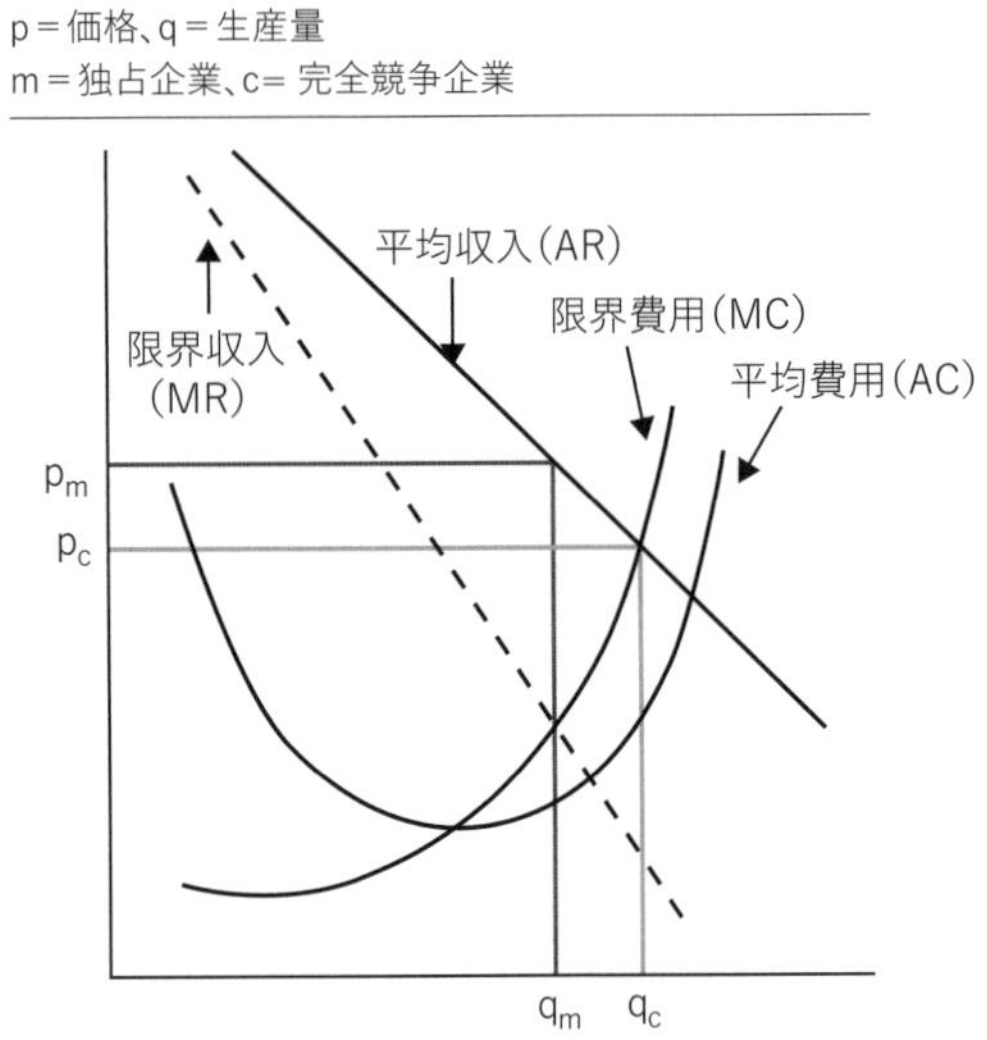

(conduct)―成果(performance)」産業組織論「SCPパラダイム」の理論的基礎となった。[7]独占モデルによれば、その産業を支配する企業は、完全競争下にある場合と比べて、製品の価格を引き上げ、生産量を抑制する。このような2つの異なる産業組織構造の比較を妥当だと認めるならば、経済効率の点では、完全競争が明らかに独占を上回ることになる(図2-2)。

しかし、制約条件付き最適化の下で完全競争と独占を比較することには、根本的な誤りがある。問題は、制約条件付き最適化モデルの内部論理それ自体にあるのではない。むしろ問題は、独占モデルを制約条件付き最適化競争モデルの論理に当てはめることにある。技術的条件や市場条件が市場を完全競争に導くなら、どうすれば1つの企業(あるいは少数の企業)がある産業を支配するようになると言うのだろうか？

独占の出現を説明するためには、経済学者は、独占企業が何らかの方法でその産業の競合他社との差別化を行ったと想定しなければならない。しかし、新古典派の比較検討では、独占企業も完全競争企業も、所与の技術および生産要素市場の条件から生じる同じ費用構造の下で最適化すると主張されている。[8] 実際、一方の企業〔完全競争企業〕は、（図2-1で示したような完全に弾力的な〔したがって、水平な〕需要曲線に従って）あたかもすべての生産物を一定の価格で販売できるかのごとく利潤を最大化する生産量を決定でき、他方の企業〔独占企業〕は、非常に大きいため（右下がりの需要曲線に従って）価格を下げない限り生産物の販売量を増やすことができないという仮定を除いては、企業の構造や経営の点で完全競争企業と独占企業を区別するものは一切ないのである！　だとすれば、このような状況で、いったいどうやって独占が出現すると言うのだろうか？

繰り返しになるが、新古典派モデルによれば、独占の状況下では、完全競争の理想の状態にある場合よりも製品の価格は高く、生産量は少なくなる。問題は、新古典派の独占の理論には根本的な論理の誤りがあるため、この比較は妥当ではないことである。つまり、新古典派の独占の理論では、独占企業は完全競争企業と同じ費用構造の下で利潤を最大化すると仮定しているのである！　しかし、仮にそうだとすれば、独占企業はどうやって独占企業になれるのか？　実際には、U字型の費用曲線の導出を考えると、新古典派経済理論では最も生産性の低い企業が最も効率的な経済の基礎だと仮定している。[9] これをばかげていると感じるならば、それが新古典派経済学と呼ばれるものである。

2-3 「革新的企業の理論」と価値創造の社会的条件

新古典派の非論理性ゆえに経済学的思考が自らに課したこの難問を解決するのが、「革新的企業の理論」である。この理論では、企業は従来よりも高品質で低単位費用の製品を生み出して、費用構造を転換することで大きく成長する、と認識する。革新的企業は、競合他社よりも高品質な製品を開発するために、集団的・累積的学習プロセスに投資する。そして、それに成功すれば、まさに買い手がその製品を高品質だと見なすために、革新的企業はその製品市場でより大きなシェアを得られるようになる。この市場シェアにより、生産の固定費用をより多くの販売単位に分散させ、より高品質な製品を開発するための高い固定費用を低い単位費用に変換するのである。(10) このようなイノベーション・プロセスの結果、革新的企業は、いわゆる完全競争の下で操業する生産性の低い企業を駆逐する。シュンペーターが正しくも主張したとおり、完全競争は本当に劣ったものであり、「理想的な効率性のモデルとして設定される資格はない」のである。

何が企業を革新的にするのか? 企業は、生産資源を財やサービスに変換し、それを販売して収益を上げようとする。したがって、企業の理論は少なくとも、こうした生産的変換がどのように行われ、収益がどのようにして得られるかを説明しなければならない。そのような説明は、企業が取り組む3つの一般的な活動、つまり戦略、組織、資金調達に焦点を当てなければならない。そして、革新的企業がこれら3つの一般的な活動をどのように行わなければならないかは、不確実、集団的、累積的というイノベーション・プロセスの特徴から直接導き出される。

●イノベーションは、不確実である。なぜなら、技術変革や市場アクセスのための投資が行われる時点では、その投資収益は確率的にさえ分からないからである。それゆえ、企業は戦略を必要とする。

●イノベーションは、集団的である。なぜなら、従来よりも高品質で低コストの製品を生み出すには、企業は、責任の階層や職務上の能力が異なる多くの人々の技能や努力を、イノベーションの根幹をなす組織的学習プロセスに統合しなければならないからである。それゆえ、企業は組織を必要とする。

●イノベーションは、累積的である。なぜなら、今日の集団的学習が明日の集団的学習の土台となるからであり、また、こうした組織的学習プロセスは、より高品質で低コストの製品の販売を通じて実際に投資収益が生み出されるようになるまで、長期にわたって維持されなければならないからである。それゆえ、企業は資金調達を必要とする。

われわれは、企業が従来よりも高品質で低単位費用の製品を生み出すことを可能にする、3つの「革新的企業の社会的条件」を明らかにする。これらの社会的条件とは、戦略的管理、組織的統合、資金調達コミットメントである。

●戦略的管理　イノベーションは、生産資源の開発と利用に対する戦略的な資源配分を必要とする。戦略をイノベーションに変えるための社会的条件が、戦略的管理である。これは、イノベーション・プロセスに内在する技術、市場、競争の不確実性に立ち向かうために、意思決定者に企業の資源を配分する権限を与える一連の関係を言う。イノベーションを実現するためには、戦略的意思決定を行う立場にある者が、革新的な投資戦略に資源を配分する能力と動機を有していなければならない。その能力は、彼らが戦略的管理を行っている組織の現在の革新的な能力を、新規の、典型的には補完的な能力への投資によって、どのように強化し得るかについての知識に依存する。動機は、彼らの個人的利害と、彼らが統率している企業組織の競争上の優位性の獲得・維持という目的が合致しているかどうかに依存する。

●組織的統合　革新的な戦略の実行には、組織を必要とする。組織をイノベーションに変えるための社会的条件が、組織的統合である。これは、責任の階層や職務上の能力が異なる人々が、各自の技能と努力を戦略的目標に振り向ける動機を生み出す一連の関係を言う。組織的統合の必要性は、イノベーション・プロセスが複雑なことと、革新的な投資の高い固定費用を低い単位費用に変換するために、投資の高水準での利用を確保することが必要不可欠であることから生じる。仕事のやりがい、昇進、給与、福利厚生、参加型経営といった報酬方式は、個人を組織に統合するための重要な手段である。しかし、単に従業員を引きつけ抱えておくことで労働市場を管理する報酬方式では、イノベーションを生み出すことはできない。報酬方式は、イノベーションの根幹をなす学習プロセスを管理する報酬制度の一部にもなっていなければならないのである。具体的には、報酬制度は、個々の従業員が集団的学習に取り組む動機となるものでなければならない。

●資金調達コミットメント　また、こうした集団的学習は長期にわたって蓄積されるため、学習する組織を維持するための資金源泉の持続的確保が必要である。資金調達をイノベーションに変えるための社会的条件が、資金調達コミットメントである。これは、投資収益を生むまで累積的なイノベーション・プロセスを維持するための資金配分を保証する一連の関係を言う。イノベーション・プロセスに必然的に内在する不確実性にもかかわらず、しばしば「忍耐強い」資本と呼ばれるものが、集団的学習から生じる能力を長期にわたって蓄積できるようにする。内部収益に対する戦略的管理は資金調達コミットメントの重要な形態だが、このような「内部資本」はしばしば、（さまざまな場面で、多かれ少なかれイノベーション・プロセスの維持に関わる）社債発行、銀行借入、株式発行などの外部資金源泉によって補完されなければならない。

「革新的企業の社会的条件」の考え方は、どうすれば、そしてどんな条件の下であれば、戦略的管理の実行によって、企業が集団的プロセスを用い、きわだった競争上の成功の基礎となり得る累積的経路に沿った成長を目指すことを確実にできるか、を問うものである。[11] 知識集約型産業における能力の蓄積と変革にとって最も重要なのは、企業がイノベーション戦略を遂行するために投資する技能基盤である。

企業の職務上・階層上の分業は常に、企業の技能基盤を決定づける。[12] 戦略的管理を行う者は、集団的・累積的な学習を生み出す取り組みにおいて、どのような種類の従業員（例えば、ホワイトカラーとブルーカラー）を組織的学習プロセスに統合するか、従業員がそのキャリアを通じてその企業の職務上・階層上の分業の中をどのように移動し昇進するかを含め、技能基盤をどのように構築するか選択できる。しかし、それと同時に、技能基盤の組織化とその統合は、企業が競争することを選択した産業の活動に必要な固有の学習条件と、企業が雇用したいと思う人材が利用可能な、代替的な雇用機会によって制約される。革新的企業では、戦略的管理を行う者が、自社の既存の技能基盤の競争上の強みと弱み、ひいては技術的な機会や競争上の課題への革新的な対応に必要となる技能基盤の変化を、認識できなければならない。また、こうした戦略的意思決定者は、従来よりも高品質で低コストの製品を生み出せるまで技能基盤の生産能力への投資を維持するために、確保した資金を動員できなければならない。

「革新的企業の理論」では、固定費用に内在する不確実性が分析の中心となるのに対して、新古典派の最適化型企業の理論では、固定費用は所与のものであり、したがって確実なものである。革新的企業が行う投資は、投資収益が生み出される前、あるいはそれどころか投資収益率が分かる前に、企業が技術を変革し市場にアクセスするために、時間をかけて開発・利用されなければならない。問題は、既存の技術的条件や市場条件によってもたらされる現行の投資収益率が将来も継続するか否かではない。投資収益率は、革新的企業が最終的に獲得する市場の範囲に依存し、その範囲はそもそも不確実であるため、イノベーションへの投資が行われる時点では投資収益率は存在すらしていないのである。

しかし、イノベーションへの投資は、予想収益率に関する不確実性が存在するとしても行われなければならない。特定の産業に顕著な特徴は、その産業特有の技術、市場、競争相手から生じる。その結果、革新的な戦略に資源を配分する経営者は、その戦略の最終的な成功に関する技術、市場、競争の不確実性に直面するのである。[13] したがって、その経営者の企業が負担する固定費用の額は、企業の外部要因によって決まるのではなく、その企業の革新的な戦略を反映したものとなる。この「固定費用」戦略を決定するのは、それと不可分な技術でも、固定生産要素としての「企業家」でもない。

新古典派の最適化型企業の理論では、企業家はその費用逓増の状況を受動的に受け入れ、その制約の下で最適化するという制約的な前提がある。これとは極めて対照的に、革新的企業の理論では、費用逓増の経験が、企業の戦略的意思決定者に〔追加投資を行わない〕初期投資戦略の限界を理解させる。戦略的意思決定者は、その情報に基づいて、費用逓増の原因となっている可変生産要素の管理という戦略的目的のために追加的な新規投資を行う高固定費用戦略を採用する。この戦略は、当初は単位費用が増加するため、最適化型企業の利潤最大化戦略よりも効率性に劣るように見える。しかし、成功すれば、U字型の費用曲線が「まっすぐに伸びる」ことになる。つまり、図2-3が示すように、費用を逓増させる可変生産要素の開発と利用を内部化することで、単位費用を下げることになるのである。

イノベーション戦略がもたらす固定費用の水準は、従来のもの、あるいは競合他社によって開発される可能性があるものよりも高品質の工程や製品を開発するために企業が投資しなければならない生産資源の質と量に対する、企業の戦略的意思決定者の判断にある程度左右される。革新的企業が競合他社に対する持続的な優位性を手に入れ、その産業で支配的な立場に立つ可能性を生み出すのは、企

図2-3　イノベーション戦略と費用曲線の再形成

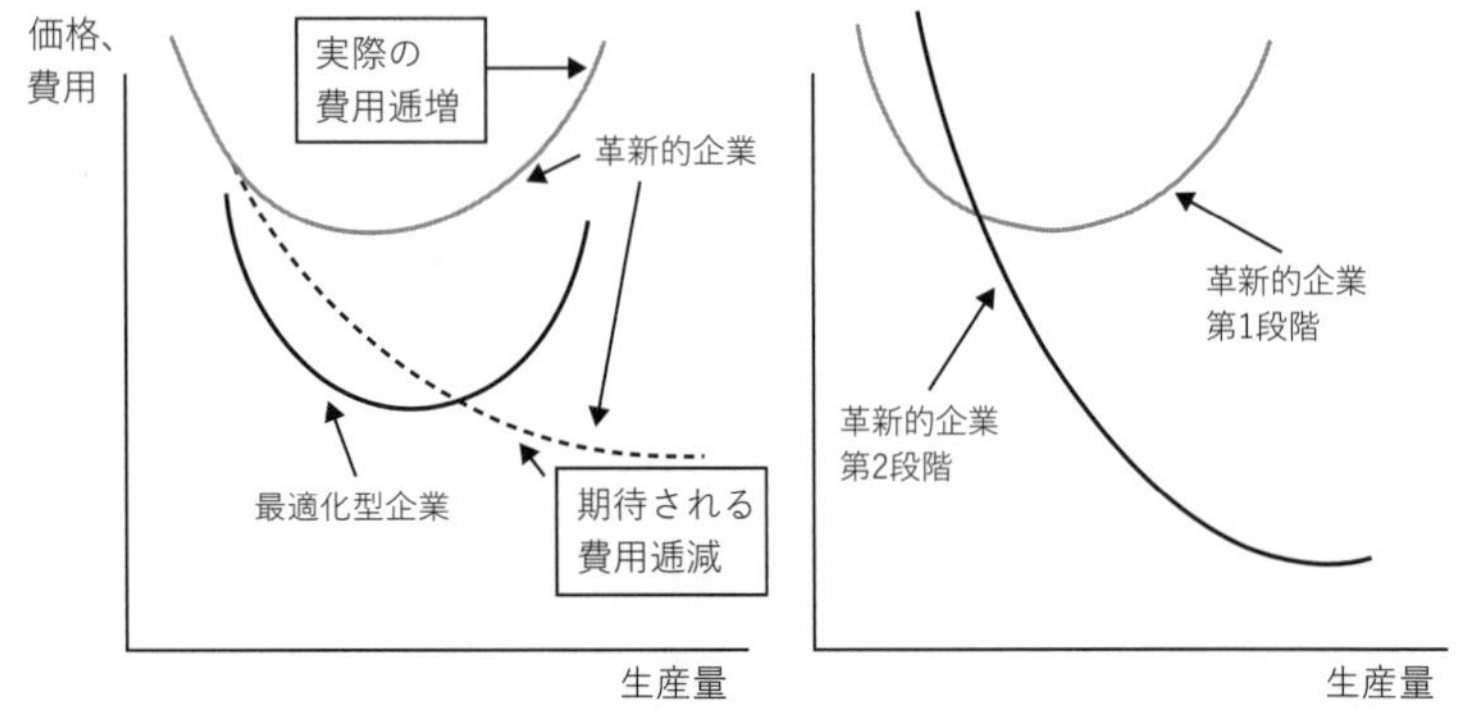

革新的企業は、革新的な戦略を通じて、最適化型企業を凌駕することを見込む。しかし、最初の段階では、革新的企業の戦略は高単位費用をもたらすだけで、競争上不利な立場のままである。

革新的企業は、費用を逓増させる可変生産要素を内部化することでさらに高い固定費用を負担するが、投資によってU字型の費用曲線が「まっすぐに伸びる」ことになる。

業内部のこうした生産資源の開発である。

生産資源の開発は、成功すれば、従来よりも優れた生産能力によって製品、工程、人々に具現化される。しかし、最終的に企業が優れた生産能力を開発することを可能にする革新的な戦略は、革新的企業を競争上不利な立場に置く可能性がある。なぜなら、こうした戦略には、所与の制約の下で最適化することを選択するライバル企業が負担するよりも高い固定費用を必要とする傾向があるためである。イノベーション・プロセスに不可欠な要素として、革新的企業は、高い固定費用を低い単位費用に変え、それによって競争上不利な立場を有利な立場に変えるのに十分な、自社製品のための市場にアクセスしなければならない。

こうした高い固定費用は、革新的な投資戦略の規模と期間の両方から生じる。イノベーション・プロセスが、最適化型企業よりも幅広くかつ深く統合された活動において生産資源を同時に開発する必要があるとすれば、革新的な戦略には、技術や市場を所与の制約と捉える最適化型企業よりも高い固定費用が伴うことになる。しかし、ある時点における革新的な投資戦略の規模に加えて、そして一般的にはそれとは独立に、生産資源を開発して、収益を生み出すのに十分な高品質・低コストの製品を生み出すまでには長い時間を要するため、高い固定費用が生じる。物的資本への投資水準が革新的な戦略の固定費用を増加させる傾向にあるとすれば、人々の組織がイノベーション・プロセスの中心的な特徴である集団的・累積的（つまり、組織的）学習に取り組むのに必要な投資期間も、同様の傾向にある。

革新的な戦略の高い固定費用により、企業は開発した生産資源の高水準の利用を達成する必要が生じる。革新的企業は、生産過程で利用する可変投入物の量が増えるにつれて、可変投入物の生産性維持の問題のために費用逓増を経験する可能性がある。しかし、革新的企業は、最適化型企業のように費用逓増を所与の制約と捉えるのではなく、高水準の生産量における高品質の生産資源の入手方法を変革しようとするだろう。そのために、革新的企業は、可変投入物としての利用が費用逓増の原因となっていた生産資源の開発に投資するのである。

生産資源の開発は、革新的な戦略の固定費用を増加させる。これまで、こうした生産資源は、生産量拡大のため投入物の追加が必要になった際に、市場の実勢要素価格で追加的に購入可能な可変生産要素として利用されていた。今では、イノベーション戦略の結果として、こうした特定の生産資源の開発は企業の活動に統合されている。可変費用の逓増による企業拡大の制約を克服するために固定費用を増加させた革新的企業は、高い固定費用を低い単位費用に変えるために、生産物の販売拡大をいっそう強く迫られることになる。

革新的企業は、その製品に対価を支払う意思と能力がある買い手に製品を販売して初めて、その地位を確立する。したがって、イノベーション・プロセスの力学《ダイナミクス》は、製品コストだけでなく、製品需要の進化にも左右される。実際には、この2つは相互依存の関係にある。なぜなら、低い単位費用の実現は、企業がアクセスする市場の範囲に依存し、企業がアクセスできる市場の範囲は、企業が開発する製品の品質に依存するからである。財やサービスに対する潜在需要は常に存在するが、これは買い手の所得と欲求の両方に依存する。それでも、革新的企業はこれらの市場にアクセスしなければならない。これは一般的に、販売部門、流通・サービス施設、広告、およびブランド構築に相当規模の持続的な投資を必要とするプロセスである。

革新的な投資戦略の固定費用を増加させるこうした投資が必要なのは、潜在的な買い手に、その製品が彼らの特定の欲求やニーズを満たす可能性がある他の財やサービスよりも実際に高品質であることを知らせ、納得させなければならないからである。実際には、革新的企業は、どうすれば自社製品をより高品質な製品にできるか、販売努力を通じて実際の買い手や潜在的な買い手から学ぶことが多い。市場アクセスのために行われるこうした投資は、買い手が一定の価格で需要する製品の量を増やすことによって、その企業の製品の需要曲線をシフトさせることができる。買い手がその企業の製品を競合他社の製品よりも高品質だと考えるようになると、この需要はある程度「その企業専用」になる。つまり、買い手は、今や「カスタマー」や「クライアント」と呼ばれるようになり、その企業のブランドに対してプレミアム価格を喜んで支払うようになるのだ。また、市場アクセスのための投資は、買い手がその企業の製品をより高品質だと認識することで、そうでない場合よりも価格上昇に応じて需要量を減らそうとしないように、その製品の需要の価格弾力性を形成することができる。

では、革新的企業の理論において、生産量と価格は何によって決まるのか。その答えは単純ではない。なぜなら、革新的企業の価格戦略と投資は、市場の需要に影響を与えるものであり、イノベーション・プロセスそれ自体にとって内生的だからである。[14] 革新的企業は、自社がアクセスできる市場の範囲拡大に強い関心を抱くだろう。市場シェアの拡大は、単位費用を低下させるだけでなく、革新的企業の学習経験を増やし、さらに、買い手が革新的企業の製品を購入し続ける顧客になるため、ライバル企業が買い手に接近するのを防ぐのに、現在のみならず将来的にも役立つ。[15] 革新的企業にとって、生産量と価格は、競争戦略、すなわち競合他社との差別化を図るために技術変革や市場アクセスを必要とする戦略によって決定される変数なのである。

技術変革や市場アクセスには、戦略だけでなく、組織や資金調達も必要である。革新的企業が生み出す収益は、その成功を持続させるために極めて重要なものとなり得る。収益を生み出している場合、革新的企業は多くの方法で配分できる資金源泉があることになる。イノベーションから得られる利益が十分であれば、企業収益による自己金融の可能性が生じる。その企業は、金融部門との関係や資金の必要性に応じて、この金融状況を利用して有利な条件で社債発行や銀行借入が行えるかもしれない。資金源泉は、革新的企業の新規投資を賄うだけでなく、その企業が学習組織を維持することを可能にする。その企業は、革新的な事業から得た利益を用いて、技術変革や市場アクセスにおける従業員の技能や努力に報いることができる。

革新的企業の利益を従業員と共有する結果、その企業の賃金は労働市場で決定されるものよりも高くなる可能性がある。しかし、イノベーション・プロセスから生じる供給・需要曲線の変化の程度によっては、その高い賃金ゆえに利益が増える可能性がある。革新的企業が従業員と共有した企業利益は、革新的な投資戦略の実行にあたり従業員の協力を得るための極めて重要な誘因となったかもしれない。革新的企業の高賃金は、競争上の優位性を生み出す「動的能力」に不可欠なものかもしれないのである。(16)

2-4 革新的企業とその社会的制度

企業が社会的な構築物であり、より大きな（典型的には、国の）制度的環境に埋め込まれていることを認めるならば、革新的企業の理論自体が産業部門、企業、経済制度の関係のモデルの中に埋め込まれていなければならないことを認識する必要がある。こうした関係が、技術を変革し、市場にアクセスすることで従来よりも高品質・低コストの製品を生み出すプロセスを、支えることができるのである。図2-4は、革新的企業の社会的条件を形成する産業部門、企業、経済制度の相互関係の考え方を図式で示したものである。

イノベーションは、開発される技術やアクセスする市場の点で、産業部門ごとに異なる（図2-4の左下の部分）。最適化型企業の理論では、企業は技術や市場を所与のものと捉えており、これらによっ

図2-4　革新的企業の社会的条件

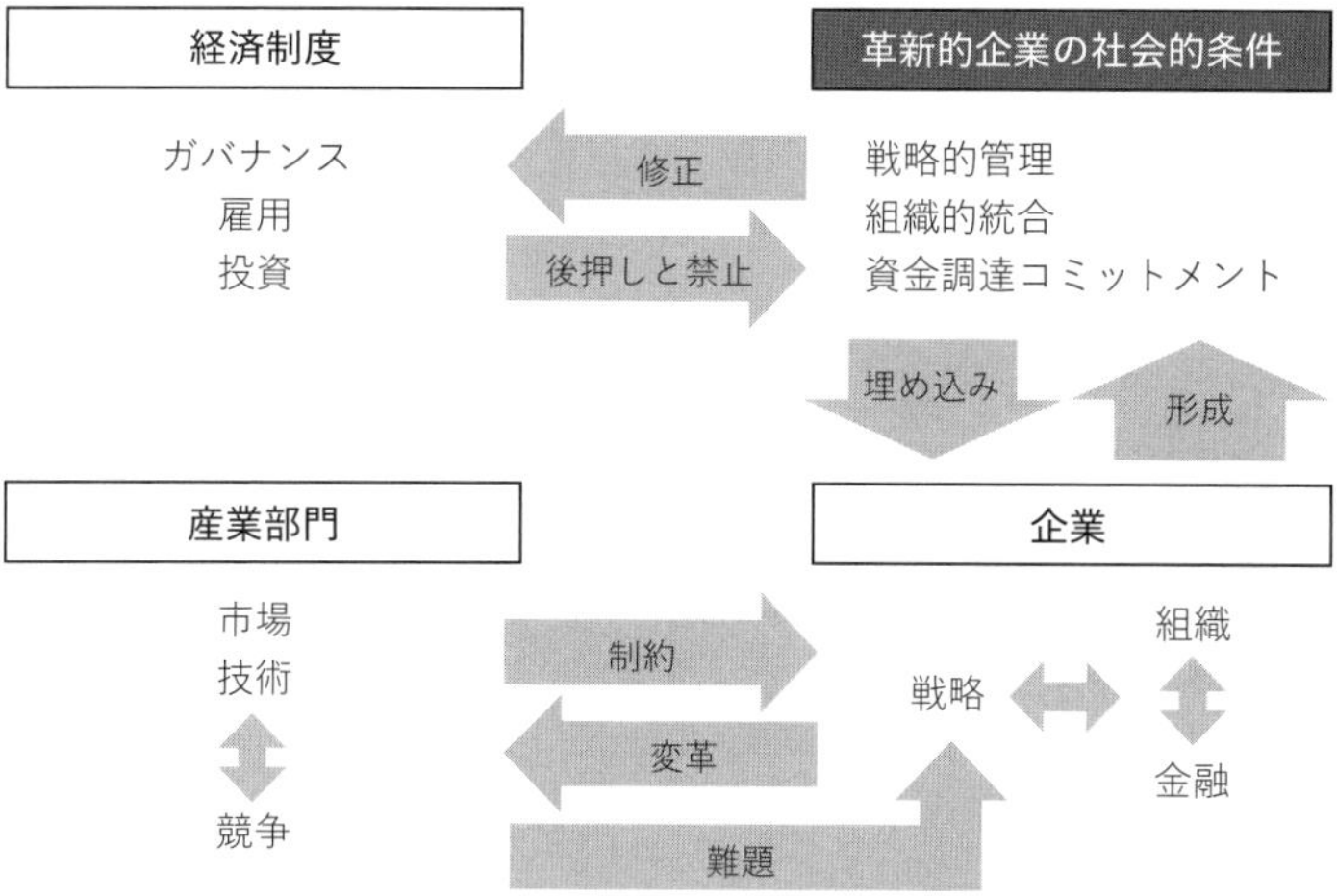

て企業の「戦略」は、その産業における他のすべての企業の戦略と同じになるように制約される。これに対して、革新的企業の理論では、企業戦略は技術を変革し、市場にアクセスしようとする。その際、戦略は、技術の不確実性（革新的な投資戦略が、より高品質な製品や工程の開発に失敗する可能性）と市場の不確実性（こうした製品や工程の開発の高い固定費用を低い単位費用に変えるのに十分な範囲の市場へのアクセスに、失敗する可能性）に直面する。しかし、革新的企業は、図2-4の下部に示したように、競争の不確実性（技術変革や市場アクセスに成功して、従来よりも高品質・低コストの製品を開発したとしても、競合他社がさらに良質で安価な製品を開発する可能性）にも立ち向かわなければならない。

新たな競争の発生は、革新的企業に難題を突きつける。革新的企業は、革新的な対応を模索することもできるし、あるいは（例えば、従業員から賃金や労働に関する譲歩を、債権者から債務減免を、国から減税措置やその他の助成金を得ることで）すでに実行した投資に基づいて適応しようとすることもできる。適応的な対応を選択する企業は、革新的企業から最適化型企業へと事実上移行する。企業の対応を決定するのは戦略的管理を行う者の能力と動機だけではない。組織に統合可能な技能と努力、そして競争上の難題に直面した際にイノベーション・プロセスを維持するために動員可能な資金の確保も極めて重要である。

ある国でイノベーションが一定期間継続して成功した場合、その国の革新的企業に特徴的な種類の戦略的管理、組織的統合、資金調達コミットメントが、その国に特有の革新的企業の社会的条件を構成することになる。しかし、なぜ革新的企業の社会的条件は国内の企業間、とりわけ異なる産業の企業間で同じような特徴を示すのだろうか。また、ある特定の産業において、革新的企業の社会的条件が国ごとに異なるのはなぜだろうか。

この2つの質問に対する答えは、歴史的に、国によって制度が異なるということである。こうした制度は常に企業の活動を後押しまたは禁止するものであり、時間の経過とともに、それらの制度に特有の要素が、企業が機能する方法に埋め込まれていく。革新的企業の社会的条件に与える影響の点で特に重要なのが、ガバナンス、雇用、投資に関する経済制度である。一国の革新的企業の戦略的、組織的、金融的な活動は、歴史的な過程を通じて、これらの経済制度の特徴を形成していく。一方で、こうした制度は、「社会機構」（経済活動に適用され、その国の企業の社会的関係にも適用される、当該国のルールや規範）の一部として、企業とは独立に存在し、存続するものでもある。

ガバナンス制度は、社会が生産資源の配分の権利と責任をさまざまな集団にどのように割り当てるか、生産資源の開発と利用にどのような制限を加えるかを決定する。雇用制度は、社会が現在および将来の労働者の能力をどのように開発するか、および雇用水準、労働条件、報酬をどのように発展させるかを決定する。投資制度は、社会がその生産能力の開発を維持するのに十分な資金源泉を継続的に利用できるようにする方法を決定する。これらの経済制度は、企業の戦略的、組織的、金融的な活動を後押しまたは禁止するものであり、それゆえある時点におけるある企業内の社会的関係を特徴づける革新的企業の条件に影響を与えるものである。こうした企業は、イノベーションに成功した場合、革新的企業の条件を再形成する可能性がある。例えば、企業の戦略的意思決定者が集団で行動し、企業の新たなニーズに合わせてこれらの制度を修正するための措置を講じるかもしれない。

したがって、こうした高度に図式化された考え方は、産業部門によって技術的条件、市場条件、競争条件が異なることを認識しつつも、革新的企業の社会的条件の進化における組織と制度の動的な歴史的関係を想定している。この図式以上のものを得るには、「革新的企業の理論」と、さまざまな時代と場所における革新的企業の条件の進化に関する比較研究、すなわち比較政治経済学の実践を統合する必要がある。より高品質・低コストの製品を生み出すことを可能にする特定の社会的条件を取り出して革新的企業を研究したのでは、企業はそもそもどのようにして革新的になるのか、そしてその革新的な能力がどのようにして陳腐化するのか、についての理解を放棄することになる。比較歴史分析が、過去から学ぶことを可能にし、進行中の研究のための作業仮説を提供する。また、こうした手法は、革新的企業を基礎として、安定的かつ公平な経済成長を実現できる社会制度を形成するために、経済と社会の接点において政治の動きがどのように作用し得るかの分析を可能にする。

政府の経済政策の目的は、安定的かつ公平な経済成長を支えることでなければならない。[17] 雇用機会によって、労働力の構成員が集団的・累積的学習プロセスに継続的に参加できれば、成長は安定的になる。成長プロセスに貢献した人々がそれに見合う利益を受け取っていれば、成長は公平になる。成長から得られる利益の公平な分配は、従業員、納入業者、販売業者、投資家との関係を通じて、企業レベルで行われるべきである。租税政策は、イノベーションや成長を生み出すために企業が利用する政府助成金のみならず、インフラや知識への政府投資に対しても、政府が企業部門から公平な利益を確保するように立案されるべきである。

われわれは、こうした革新的企業の社会的条件の観点から、広く「発展志向型国家」と呼ばれるものの働きを理解することができる。発展志向型国家の概念は、1980年代初頭に、日本が国際的な産業界のリーダーの地位に立ったことを説明するため学術的に用いられるようになり、[18] その後、それに追随する東アジア諸国、とりわけ韓国と台湾の成長の成功の説明として引き合いに出されるようになった。[19] この文献〔Johnson（1982）〕の一般的な前提は、比較の観点から、米国における国家の役割は規制指向型であって、発展志向型ではないというものである。しかし、歴史的な記録は、企業が革新的な投資戦略を実行するのに必要となる物的なインフラや人的な知識に対する政府投資の観点で、米国は歴史上最も強力な発展志向型国家であったという見方を強く裏付けている。[20] 国民経済の持続的繁栄を促進するには、一般的に国家が発展志向型であることが求められる。

米国政府による物的なインフラや人的な知識への投資の歴史を振り返る前に、それ以外に米国政府が産業発展を支えた、関税、特許、法律という3つのより間接的な方法について簡単に見ておこう。

ドイツの経済学者フリードリッヒ・リストは、それまでの60年間の産業革命によって英国の国富が飛躍的に増大していた1841年に『政治経済学の国民的体系』を出版し、世界のすべての国が国際自由貿易体制に移行した方が良いという英国の主張に反論した。リストは、「偉業の頂点に到達したとき、自分が登ってきたはしごを外して、他の誰かが後から登ってくる手段を奪うというのは、よくある悪賢い手口である」と述べている。[21] リストは、アメリカ合衆国建国の父であり、1790年に『製造業に関する報告書』を発表したアレグザンダー・ハミルトンや、1823年の著書『*Elements of Political Economy*（政治経済学原論）』で産業発展を支えるための関税を提唱した米国の経済学者ダニエル・レイモンドから着想を得て、関税による保護を支持する「幼稚産業保護」論を打ち出した。[22] 関税は政府の収入を生み出すためにも用いられたが、この主張によって正当化された関税による保護は、19世紀米国の産業発展の基礎となった。米国が関税による保護を重要な政策手段として利用しなくなったのは、第2次世界大戦後、米国主導で国際経済秩序が再構築される中で「関税及び貿易に関する一般協定（GATT）」が締結されてからのことである。

幼稚産業保護論は、途上国の製造業が先進国の既存の競合他社と同水準の生産性を達成するには時間がかかり、こうした「成長」プロセスを可能にするために、途上国は国内産業が国内市場に特権的にアクセスできるようにしなければならないと想定するものである。この点において、本章で説明した「革新的企業の理論」が大いに関係する。革新的企業は、革新的な投資戦略の高い固定費用により、低水準の生産量では既存の競合他社と比べて競争上不利な立場に置かれる。革新的企業が技術を変革し、市場にアクセスして、こうした高い固定費用を低い単位費用で高品質な製品に変えるには時間がかかる。これは途上国の未熟な産業にとっても同じである。実際、保護された市場の恩恵を受けつつ学習に取り組む国内製造業は、単に世界のトップ企業の生産方法を模倣するにとどまらず、学習が進めばグローバル市場における明確な競争上の優位性をもたらし得る「その国に固有のイノベーション」に取り組むようになるかもしれない。[23] また、関税による保護によって、ある産業の企業がイノベーションに投資することなく国内の買い手により高い価格を設定できるようになる場合もあるが、実際にそうなのかを分析するには革新的企業の理論が必要である。

関税による保護が産業全体に適用されるのに対し、特許による保護は特定の発明者、もしくは、より一般的には特許を購入して利用する企業に適用される。特許による保護の経済的論理は、企業が革新的なアイディアを高品質・低コストの製品に変えるための時間を、特許がなかった場合よりも多く与える、というものである。つまり、特許による保護は、特許権者だけでなく社会にも経済的便益をもたらすという点で、暗黙のうちに革新的企業の理論を前提としている。1790年に最初の特許法が連邦議会で可決されて以来、米国政府は「実用的な技術を促進する」ために特許による保護を利用してきた。1860年から1995年まで、特許権の存続期間はその付与日から17年間だったが、製薬業界のロビー活動の結果、その後20年間に延長された。現在、米国経済では特許が急増しているが、ライセンス料を要求する目的で特許を出願したり、特許権を買い漁ったりする「パテント・トロール」や、製薬会社のように特許を利用して生産量を制限し価格を引き上げる特許による価格つり上げ屋が横行する現代にあっては、特許がむしろイノベーションを阻害している可能性があることを示す証拠も存在する。しかし、この可能性を調べるには、やはり革新的企業の理論が必要となる。

米国本土のほとんどの土地が先住民（「ネイティブ・アメリカン」とも呼ばれる）から収奪されたものであることからすれば、法制度における財産権の普通法《コモンロー》上の解釈が、個人の既存の財産権よりも天然資源の開発的利用を優先していることは、驚くに値しない。歴史的に重要な事例として、１８２０年代、マサチューセッツ州ローウェルに建設予定の綿織物工場群の機械を動かすため水力を利用できるように、川の流れを既存の農業従事者から迂回させることを望んだボストンの商人たち（後に「ボストン・アソシエイツ」と呼ばれるようになった）に、河岸水利権が認められたことが挙げられる。この工場群は、実際に米国における産業革命発祥の地となった。[24] モートン・ホーウィッツは、著書『*The Transformation of American Law, 1780–1860*（アメリカ法の変容１７８０－１８６０年）』で他の多くの訴訟事例を挙げながら、より一般的には、米国の裁判所が、経済発展を約束するプロジェクトに関わる企業の財産権が個人の既存の財産権より優先されるように普通法《コモンロー》を解釈したことを示している。[25] こうした土地利用の手法は、米国では依然として「土地収用」の法律に定められており、これにより政府は個人の不動産を開発プロジェクトのために、補償を行った上で収用することができる。革新的企業の理論は、開発を目的に既存の財産権を個人から企業や政府機関に移転することが、実際に正当化されるか否かの分析を可能にする。

しかし、歴史的に見れば、革新的な経済を支援するための米国政府の政策は、関税による保護、特許権、開発に関する法律をはるかに超えるものであった。19世紀後半以降、米国政府は物的なインフラや人的な知識に直接投資してきたが、これらがなければ革新的な企業戦略は実行できなかっただろう。[26]

米国政府による物的なインフラへの投資には、以下のようなものがある。

●パシフィック鉄道法（1862〜66年）　米国政府は、鉄道会社に1億3000万エーカーの公有地を供与し、大陸横断鉄道の建設資金調達のためにそれを売却したり、借入金の担保として利用したりできるようにした。こうして鉄道のために供与された公有地は、米国本土の面積の5・34パーセントに相当し、カリフォルニア州の面積よりも大きなものだった。大陸横断鉄道は、国家としての合衆国を飛躍的に拡張させ、西部諸州への入植を可能にした。米国政府は、1862年のホームステッド法に基づいて、21歳以上かつ世帯主の国民に対して、少なくとも5年間はその土地で営農することを条件に、西部諸州で160エーカーの土地を供与した。こうした合衆国の拡張によって、農業生産量が大幅に増加し、1880年には米国の輸出の56パーセントを占めるようになり、米国の工業製品に対する国内需要も飛躍的に高まった。

●AT&Tの規制された独占　1913年から84年まで、米国政府は、上場企業であるアメリカン・テレフォン・アンド・テレグラフ（AT&T）を、電話サービスを提供する規制された独占企業としていた。AT&Tは、独占的な地位と引き換えに、どんな遠隔地や過疎地であっても、米国内のすべての世帯に電話サービスを提供することに合意していた。この合意では、主に企業や政府機関が利用する長距離通話の収益が、家庭向け市内通話サービスを補助することになっていた。AT&Tの完全子会社であるウェスタン・エレクトリックは電話機器製造の独占権を有していたが、1925年にこの2社の共同出資によってベル研究所が設立され、世界最大の企業研究施設となった。

●国内航空路線ネットワーク　米国政府は、共和党政権下で、郵政省を通じて、大陸横断航空路線システムの構築を主導した[27]。郵政長官は、1925年航空郵便法に基づいて、地域独占で運営されている民間航空会社を選び、補助金付きで航空郵便輸送を委託した。これには、航空会社が航空機メーカーに対してより安全で、静かで、大型の航空機の開発を要求するように仕向け、それによって乗客の増加を図るという明確な目的があった。5年後、こうした乗客が利用しやすい航空機の開発はほとんど進んでいなかったので、1930年航空郵便法で、委託先である地域独占航空会社に対する補助金の基準を、1機の航空機で運ばれる郵便物の量から（たとえその航空機が1通の手紙しか運ばない場合でも）郵便物を運ぶ航空機の大きさに変更した。この産業政策が功を奏し、航空会社は郵便の補助金を目当てに、航空機メーカーにより大型の旅客機の製造を期待するようになった。1933年までに、互いに激しく競い合っていた航空機メーカーのボーイングとダグラスがそれぞれ、航空会社向けに最新式の総金属製双発単葉機を開発し、航空旅客輸送が本格的に始まった。

●州間高速道路システム　1953年、米国大統領に就任したドワイト・アイゼンハワーは、ゼネラルモーターズ（GM）のCEO、チャールズ・E・ウィルソンを国防長官に指名した。彼の指名承認公聴会で、ロバート・ヘンドリクソン上院議員（共和党、ニュージャージー州選出）は、ウィルソンに対し、米国政府の利益にはなるが、ウィルソンが保有するGMその他の企業の株式、あるいはGM自体に極めて悪い影響を及ぼしそうな決定を下す場合、利益相反が起こるかと質問した。ウィルソンは、こう答えた。「そうは［つまり、利益相反が起こるとは］思えません。なぜなら、私は、わが国にとって良いことはゼネラルモーターズにとって良いことであり、逆もまた然り、と長年考えていたからです。両者の利害に違いなど存在しませんでした。われわれの会社はあまりにも大きいのです。われわれの会社は、わが国の繁栄とともに歩んでいます。国に対するわれわれの貢献は相当なものなのです」[28]。ウィルソンの国防長官在任期間（１９５３〜57年）中に、連邦議会は１９５６年連邦補助高速道路法を可決し、４万１０００マイルに及ぶ州間高速道路の建設費用の90パーセントを政府が負担することを決定した。アイゼンハワー大統領は、米国本土への軍事攻撃に備えて防衛装備を戦略的拠点に配備するためには高速道路が必要なことを理由に、この連邦政府支出を正当化した。実際、州間高速道路は米国の経済成長に不可欠なインフラを提供した。ＧＭもその恩恵を受け、全世界の従業員数が１９５６年の59万９０００人から、日本勢との競争で地位を低下させる前の１９８６年には87万７０００人にまで増加してピークに達した。そして最終的には、２００９年に全米自動車労働組合（ＵＡＷ）、米国・カナダの両政府による倒産を回避するための救済が必要となった。

●**インターネット**　１９９９年の研究論文“Funding a Revolution: Government Support for Computing Research（革命への資金拠出――コンピュータ関連研究に対する政府支援）”は、「連邦政府の資金拠出が、米国における初期のデジタルコンピュータ開発のほとんどに資金を供給しただけでなく、産業が成熟する中でコンピュータのタイムシェアリング、インターネット、人工知能、バーチャルリアリティなどの幅広い分野での画期的進歩を可能にし続けてきた」と述べている[29]。とりわけ、この研究論文では、１９９３年に商業利用が開始されたインターネットの先駆的存在だった

ARPANETやNSFNETの30年以上にわたる開発に、米国政府が果たした今ではよく知られるようになった役割が詳細に述べられている。インターネットは、インテル、マイクロソフト、アップル、シスコ、アマゾン、グーグル（現アルファベット）、フェイスブック〔現メタ〕といった企業に利益をもたらしたが、情報通信技術のデジタル革命を可能にする基礎的な物的インフラや知識基盤を整備したのは、これらの企業でも他のいかなる企業でもなく、（ヨーロッパから若干の協力を得た）米国政府だったのである。

さらに、米国政府は、物的なインフラへの投資に劣らず重要なものとして、革新的企業における組織的学習の根幹となる自国の知識基盤への投資を行った。こうした投資には以下のようなものがある。

●**ランドグラント（土地付与）大学**(30)　1862年のモリル・ランドグラント大学法（モリル法）によって、上下両院の議員1人につき3万エーカーの土地（または土地証書）が各州に付与された。この土地は、「少なくとも1つの大学に基金を寄付し、援助を行い、それを維持管理する［ための資金を調達するために売却することができた］」。大学の主な目的は、他の科学や古典の研究を排除することなく、かつ軍事的戦術を含めて、農学および機械工学に関連する学問分野を各州の議会がそれぞれ定める方法で教え、生涯でいくつかの仕事や専門的職業に従事する産業労働者階級の自由で実践的な教育を促進することである」(31)。モリル法には、基金の寄付を受ける大学は土地付与《ランドグラント》から5年以内に開学しなければならないという条件が付されていた。州によっては、民間資金で土地付与を補ったところもあった。例えば、ニューヨーク州では、エズラ・コーネルが多額の寄付を行い、その大学には彼にちなんだ名前が付けられた。マサチューセッツ州では、農業教育を目的とするマサチューセッツ大学アマースト校と、機械工学教育を目的とするマサチューセッツ工科大学に土地付与が分割された。1890年の第2次モリル法では、ランドグラント大学への毎年の資金援助が追加され、既存の大学が黒人の入学を禁止している州は、それとは別に黒人のための大学を設立しなければならないと定められた。このようにして、米国は、19世紀の最後の数十年間で、農業や工業の発展に貢献できる科学者、技術者、管理職を養成する全国的な公的高等教育システムを構築したのである。その卒業生は、農業分野では、農務省（USDA）によって組織化された多数の連邦・州政府諸機関に就職する傾向があった。工業分野では、1880年代から1920年代にかけて米国企業の経営者革命を可能にした、企業の研究所や管理職層に職を得る傾向があった。また、公立であるランドグラント大学は、20世紀前半の数十年間、カリキュラムに工学教育を加えることで、ハーバード大学やイエール大学などのエリート私立大学に「純粋科学」志向を捨てるよう圧力をかけていた。

●**農業試験場**(32)

第1次モリル法が制定されたのと同じ1862年、農作物の生産性向上と農業に関連する新しい科学的研究の普及を目的として、農務省が設立された。農業の生産性は、アメリカ人の生活水準にとっても米国の貿易収支にとっても重要だった。1929年の時点でも、アメリカ人の個人可処分所得の23パーセントを食費が占めていたが、現在では約11パーセントであり、アメリカ人は世界で最も安く食料を手に入れている。(33) 食料（未加工品および加工品）の輸出は、1880年には米国の商品輸出全体の56パーセント、1890年には42パーセント、1900年でも40パーセントを占めていた[34]。開拓前線《フロンティア》が消滅し、かつては肥沃だった土地の自然の生産力が限界に達したため、1887年に連邦議会はハッチ法を可決し、全国の農業試験場に資金を拠出することを定めた。この農業試験場は、ランドグラント大学と共同で運営されるものであった。その後の立法で連邦政府による農業試験場への資金拠出が増やされ、1914年のスミス＝レーバー法では、「郡普及員」と呼ばれる農業の専門家が農家に新しい知識を広めるとともに、農業試験場の研究プログラムに関連するデータを農場から収集できるよう協同普及事業に資金が提供されるようになった。1920年代初頭には、約2100の郡が農業普及員を配置していた[35]。このように、公的な州立大学を媒介にして基礎研究と農業生産を統合する制度的構造を備えることで、米国は農業科学における世界のリーダーとなったのである。

●国立衛生研究所　農業の知識基盤は、より一般的な生命科学《ライフサイエンス》研究の基礎を構築するのに役立った。1930年代以降、生命科学研究は国立衛生研究所（National Institute of Health）、または多数の研究機関で構成される改組後の国立衛生研究所（National Institutes of Health, NIH）の管轄下で行われるようになった。最初の国立衛生研究所は、1936年の時点で177名の職員をいくつかの資格で雇用し、21の主要な研究プロジェクトを進めていた。1937年、連邦議会は、国立衛生研究所に加えて国立癌研究所を設立した。1938年と39年には、この2つの研究所の年間予算は合わせて46万4000ドルだったが、1945年には実質ベースでほぼ6倍の280万ドルにまで（それでもまだ控えめながら）増加していた[36]。1948年には、国立心臓研究所が設立され、あらゆる専門研究所を包含する現在の形の国立衛生研究所が誕生した。第2次世界大戦直後の6年間で国立衛生研究所の予算は爆発的に増加し、1951年には、実質ベースで1945年の23倍にあたる6500万ドルに達した。その当時、国立衛生研究所には5つの研究所があった。1998年から2003年の間に、国立衛生研究所の予算は実質ベースで倍増したが、これは主にヒトゲノムという有望なプロジェクトによるものであった。2018年の時点で、国立衛生研究所には27の専門研究所があり、予算は341億ドルだったが、これは2017年の342億ドルをわずかに下回るものの、2016年の323億ドル、15年の303億ドルを上回っていた。1938年から2018年までの国立衛生研究所への資金拠出総額は、2018年のドル価値に換算して1兆ドルを超えている。こうした予算の大部分は〔主に、国立衛生研究所からの助成金の形で〕大学や病院の研究室に投じられ、その成果はライフサイエンス企業に流れて、医薬品の商品化に向けたさらなる開発に利用されている。(37) 国立衛生研究所がなければ、医薬品、医療器具、医療機器を含む現代の医療技術産業は存在しなかったと言っても過言ではない。

●航空工学　1920年代から30年代にかけて、新たな学問分野だった航空工学は、米国政府がハイテク知識基盤に投資したもう1つの主要な分野だった。1915年の国家航空諮問委員会（NACA）設立以降、米国政府は航空工学研究を支援する役割を担ってきた。1920年代、国家航空諮問委員会は先駆的な風洞研究を行い、航空機エンジンの低抵抗カウリング〔カバー〕の開発に成功した。1930年代には、航空機の揚力を高める取り組みの一環として、翼の中でも特に翼型〔翼の断面形状〕の設計に注力した。1958年、国家航空諮問委員会は、ソビエト連邦が人工衛星スプートニクを打ち上げ、人類初の宇宙空間到達に成功したことを受けて創設された国家航空宇宙局（NASA）に吸収された。21世紀に入っても米国が航空工学において世界のリーダーの座を維持できているのは、1940年代から80年代にかけて行われた政府機関と企業の研究所との共同研究に負うところが大きい。例えば、第2次世界大戦中には、1922年にマサチューセッツ州ケンブリッジでアメリカン・アプライアンス・カンパニーとして設立されたレイセオンが、レーダー技術の発展において中心的な役割を果たし、1928年にイリノイ州シカゴでガルビン・マニュファクチャリング・コーポレーションとして設立されたモトローラが、航空機を含むあらゆる産業での利用において極めて重要な技術である移動無線通信導入の最先端に立っていた。

1930年、英国空軍士官フランク・ホイットルが英国で近代的なジェットエンジンを発明した[38]が、英国は戦争中にホイットルエンジンを米国政府に譲り渡し、米国政府はそれを製品開発のためにゼネラル・エレクトリック（GE）に引き渡した。[39]当時、世界有数の電力関連企業であったGEは、航空工学研究の経験はなかったが、1903年から社内の研究所でガスタービン・エンジンの研究を行っていた。GEのジェットエンジンは、第2次世界大戦中には実用化されなかったが、戦後はGEが米軍向けの技術開発を主導した。その後1974年に、GEはフランスの国有企業スネクマ（SNECMA、現在はサフラングループの一部）との合弁会社CFMインターナショナルを通じて民生用ジェットエンジン業界に参入し、エアバスの第1世代機であるA300用中型ターボジェットエンジンの製造を行った。エアバスとCFM社に関連した成功を基に、GEは独自の高推力エンジンの生産を開始し、ジェットエンジン業界における世界のトップ企業として頭角を現した。[40]

● **集積回路（IC）**[41]　マイクロエレクトロニクス革命の発端となった技術は、1947年にベル研究所でジョン・バーディーン、ウォルター・ブラッテン、ウィリアム・ショックレーの3人が発明したトランジスタであった。3人とも、第2次世界大戦中に軍事研究に携わっており、その間に蓄積された知識がこの画期的技術の土台となった。[42] 1956年、バーディーン、ブラッテン、ショックレーの3人は、この発明によりノーベル物理学賞を受賞した。その一方で、ショックレーは、1955年にレイセオン社に自身の半導体研究所を開設しようとしたが、それが頓挫したため、ロサンゼルスを拠点とする医療機器メーカー、ベックマン・インスツルメンツの支援を確保して、スタンフォード大学のあるパロアルトに研究所を設立した。ショックレーは、パロアルトの研究所に50人ほどの若手科学者・技術者を採用したが、1957年にゴードン・ムーアやロバート・ノイスをはじめとする8人がそこを辞め、東海岸のフェアチャイルド・カメラ・アンド・インスツルメント社の支援を受けて、カリフォルニア州のマウンテンビュー近くにフェアチャイルドセミコンダクター〔以後、「フェアチャイルド社」と呼称する〕を設立した。そして1959年以降、フェアチャイルド社の技術者や管理職が、起業するため辞めていくようになった。1959年から70年の間に、フェアチャイルド社の周辺には新たな半導体企業が42社（1968年と69年だけで21社）誕生した。フェアチャイルド社の設立から1985年までの間に、シリコンバレーで起業した新興半導体企業は125社にのぼった。この125社のうち、32社は少なくとも1人が起業のためにフェアチャイルド社を退職して設立した企業であり、35社はこれらの「フェアチルドレン」（特に、ナショナル・セミコンダクター、インテル、シグネティクス、シナテック）から生まれた企業であった。フェアチャイルド社は、GE、RCA、ウエスチングハウス、シルバニアなどの電子管メーカーの研究開発ラボから人材や知識を引き抜いただけでなく、拡散型シリコントランジスタを大量生産するための製造工程に関する研究を中心に多額の研究投資を行ったため、シリコンバレーの誕生にとって重要であった。フェアチャイルド社の設立後にシリコンバレーで生まれた新興半導体企業の第1波は、1959年から64年の間に創業した軍事市場向けの10社から成っていた。1955年から63年の間に、米国の半導体生産額は年間4000万ドルから6億1000万ドルに増加し、そのうち米軍向けの割合は35パーセントから48パーセントの間で変動していた。1968年には、米国の半導体生産額は12億ドルに達していたが、軍事用の生産は依然として全体の25パーセントを占めていた。同じころ、米国の半導体生産額に占める集積回路の割合は、5年前の3パーセント以下から27パーセントにまで増加していた。集積回路生産額のうち軍需が占める割合は、1963年には94パーセント、68年には37パーセントであった。一方、集積回路1個当たりの価格は、1963年の31・60ドルから68年には2・33ドルに低下したため、価格に敏感な民生品市場向けに集積回路を利用する経済的な実現可能性が飛躍的に高まった。[43] ムーアとノイスは、当時使われていた磁気コアメモリに代わるメモリチップを製造するためにインテルを設立したが、その際には、政府の研究のために独立した研究開発ラボを作ることを明確に拒否し、政府から研究を請け負うことも拒んだ。[44]

生命科学、航空工学、集積回路といった20世紀初頭以降のハイテク産業における米国の成功は、政府、市民社会（特に大学）、企業施設の複合体で行われた研究開発に対する、企業と政府の支出の相互作用に依存していた。図2-5は、全米科学財団（NSF）が収集した1953年から2016年まで

図2-5　米国の資金拠出者別研究開発費（対GDP比、1953〜2016年）

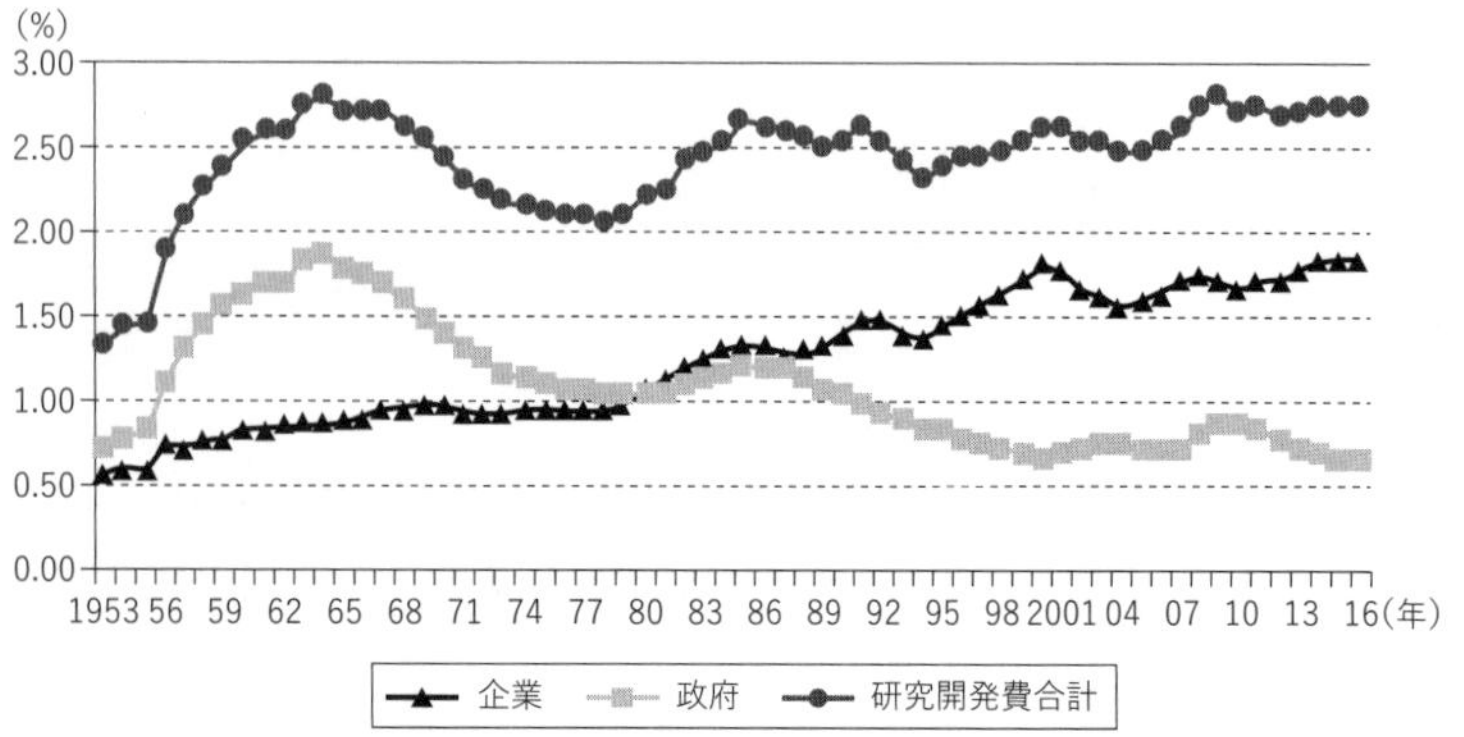

（出所）National Science Board, *Science and Engineering Indicators 2018*, National Science Foundation.

のデータを用いたもので、21世紀の最初の10年間、米国の研究開発費の対GDP比が歴史的に見て高水準を維持しており、政府よりも企業が資金拠出した研究開発の割合が大きかったことを示している。[45]

最近数十年の米国におけるハイテク知識基盤への投資に問題があるとしても、それは研究開発費の統計データからは明らかにならない。米国経済の持続的繁栄を達成するための根本的な問題は、この後の章で示すとおり、略奪的価値抽出者が価値創造の利益を刈り取る力が強化されており、研究開発投資が行われたとしても、価値抽出の過程でこうした投資の生産性が損なわれてしまうことに関係している。[46]

第３章

価値抽出制度としての株式市場

社会通念上、株式市場の本源的な機能は、企業が生産能力への投資に利用する資金を調達することだとされている。つまり、株式市場は価値創造を支えるための資金を供給するものだと考えられているのである。これは、多くの社会通念と同様に誤りである。企業金融に関する学術研究によって、先進国の株式市場は企業への資本供給をわずかにしか行っておらず、むしろ正味では企業から価値を抽出していることが実証されている。1970年から85年の間、新規の資本供給に対する株式市場の正味の貢献は、英国でマイナス3パーセント、米国で1パーセント、カナダで3パーセント、ドイツで3パーセント、日本で5パーセントだった。[1] 同期間中の、総投資額に対する株式市場から調達した資金の占める割合は、英国でマイナス10パーセント、米国でマイナス9パーセント、ドイツで1パーセント、日本で4パーセント、フランスで6パーセントだった。[2] 米国でも英国でも、総体では、一般に考えられているのとは逆に、企業が株式市場に資金を供給したのである。新古典派経済学者は、市場経済のイデオロギーに従って、経験的な裏付けもないまま、株式市場の機能は企業に投資資金を供給することだと単純に考えているため、こうした事実を無視している。

第1章ですでに述べ、また第4章で詳述するとおり、米国では、第2次世界大戦後の30年間、企業経済全体の正味の株式発行額は適度なプラスだったが、その後の数十年間で次第にマイナスになっていった。米国の株式市場（ニューヨーク証券取引所（NYSE）とNASDAQ《ナスダック》（National Association of

Securities Dealers Automated Quotations）が飛び抜けて重要である）は、ここ30年間で、総計で何兆ドルもの資金を自社株買いの形で企業から抽出してきた。米国の株式市場は、価値創造と価値抽出の不均衡を拡大させる最たる制度となっている。しかし、企業は効率性を高めるために「株主価値最大化」を図るべきであるという支配的なコーポレートガバナンスのイデオロギーの根底には、株式市場は企業に投資資本を供給することで価値創造の最も重要な担い手になっている、という誤った認識がある。本章では、もともと価値抽出制度である株式市場の歴史と理論を紹介し、また、経済に計り知れないダメージを与え、政策立案者、学者、一般大衆の経済学的思考を著しく歪めている「株主価値最大化」イデオロギーに内在する誤りを明らかにする。

3-1　所有と支配の分離

19世紀後半の米国における大企業の台頭を振り返ると、株式市場の本源的な機能は企業の投資資金の調達ではなかった。むしろ、大企業を築き上げたオーナー企業家と彼らにベンチャー資金を提供した共同出資者が、今で言う「新規株式公開（initial public offering, IPO）」を通じて投資を回収できるようにすることだったのである。このプロセスによって、企業持ち分の所有者から企業資源の配分に対する経営上の支配が分離し、流動性の高い公開株式市場と経営者資本主義（managerial capitalism）が同時に出現した。(3)

米国の大企業の台頭に伴って株式所有と経営者支配が分離するプロセスに重要な役割を果たしたのが、1890年代から1900年代初頭にかけての大合併運動であった。最も持続する合併は、競争上の優位性を維持するのに製品や工程の継続的なイノベーションと生産・流通設備の迅速な活用が最も重要な産業での合併であった。そして、最も成功した結合体は、有力企業のオーナー企業家が、生産資源を開発・利用するための優れた経営者の能力に前もって投資していた結合体であった。元オーナー企業家が産業界から引退した際には、その後任となる用意、意欲、能力のある、経験豊富で献身的な経営幹部集団がそろっていた。

こうしたプロセスは、以下のようにして進んだ。JPモルガンを筆頭とするウォール街の投資銀行は、NYSEに上場できる大きな市場シェアを持つ企業体を生み出すために、ある産業内の企業グループの合併を引き受けた。引受シンジケート団は、社債を発行してオーナー企業家や彼らにベンチャー資金を提供した共同出資者にその持ち分の購入代金を支払った後、その企業の上場株式を、時間をかけて適宜一般に販売した。その結果、企業株式の所有は元オーナー企業家から、多くの株主に次第に広く分散していった。これにより、1890年代初頭、全国的な工業証券市場が出現した。[4] 社会通念に反して、大企業の台頭が流動性の高い株式市場を生み出したのであって、その逆ではないのである。

新しい結合体の市場支配は、ウォール街の支援により強化され、個人資産家の工業株への投資を促進した。1920年代までに、NYSEは非常に高い流動性を有する工業証券市場となっていたため、〔配当〕所得が期待でき、株式をいざ売却する際にはキャピタルゲインが期待できる金融証券に貯蓄を回すことを欲していただけの家計にとって、株式保有は魅力的なものとなっていた。[5]公開株式は市場価格で株式を購入する機会を提供するにとどまらず、その保有は有限責任であり、株主は株式を購入したその企業に時間、労力、資金などの追加的な提供を約束する必要がなかった。そして、最も重要なのは、流動性の高い株式市場の存在により、こうした株主が証券ブローカーに所有株式の一部または全部の売却を指示することで、金融資産をいつでも容易に資金化できたことであり、これは「ウォールストリート・ウォーク」として知られるようになった。

収益性の実績や資本資産に関して厳格なＮＹＳＥの上場基準は、株主の信頼を得ることで、市場の流動性を高めた。しかし、１９２０年代、ＮＹＳＥの流動性を支え、最も収益性が高く最も有力な企業の株価でさえも不安定にしていたのは、株式市場の投機家が自己資金を5パーセントだけ出して、残りを借りる信用取引で株式を購入できるようにする、コールローン市場の存在であった。「ブルーチップ・カンパニー」という言葉が使われるようになったのは、１９２９年10月の大暴落を頂点とする、１９２０年代後半の投機ブームの時期だった。カジノで使われる最高額のチップの色にちなんだこの名称は、デュポン、ゼネラル・エレクトリック、ゼネラルモーターズなど、ＮＹＳＥ上場企業の中でも最も収益性が高く、最も資金力のある企業にのみ与えられた。また、それは、証券取引所に上場する最優良企業の株式であっても、その保有は相変わらずギャンブルであることを思い出させるものでもあった。

当時、一般株主は現在と同様に、すでに市場で流通している株式に資金を投じていた。オーナー企業家とその未公開企業への共同出資者が、直接投資家として、企業利益のかなりの割合を再投資することで、その企業が新興企業《スタートアップ》から継続企業《ゴーイングコンサーン》となるための資金を賄ったのとは異なり、新たな一般株主が、株式を発行した企業の生産能力に投資することはなかった。ひとたび株式を公開した企業は、株主に配当を支払うことも可能である。しかし、イノベーションへの投資を通じて企業を成長させることが目的なら、株主への配当に際しては、次の競争力ある製品を生み出すのに必要な生産能力に投資できるだけの内部留保を企業に残しておかなければならない。こうした企業の留保利益は、長期借入によって生産能力への投資資金を利用するための財務基盤にもなっていた。実際、1920年代、米国の大企業の資金調達におけるウォール街の主な役割は、企業の革新的な投資戦略への資金調達コミットメントを強化するために、長期社債を発行することであった[6]。

所有と支配の分離（separation of ownership from control）は、米国の公開株式市場の成長をもたらしただけでなく、20世紀の大部分において持続的な産業の発展と米国の中流階級の出現に貢献した戦略的管理のシステム、すなわち「経営者資本主義」を誕生させた[7]。NYSEに上場できるだけの財務実績を有する企業の場合、オーナー企業家が引退したときには、戦略的管理を承継できる経営組織の構築によって、すでに成長を遂げていた。また、同族支配が排除され、経営トップの後継者が縁故採用される可能性が減ることで、生え抜きの管理職に昇進の機会が広がり、それが特定の企業の長期的な業績に対する管理職の関与を確保するのに役立った[8]。

20世紀の最初の数十年間で工学や経営学の学位を持った大卒のサラリーマン管理職が増え、彼らはそのキャリアを通じて、自社の技術力や組織力について熟知するようになっていった。昇進が同族支配によって妨げられないため、ごく一部の管理職は大企業の経営幹部の地位にまで昇り詰めた。同じく20世紀の最初の数十年間で、米国の高等教育制度が、貴族気取りの英国的エリートモデルから、専門職、技術職、管理職に対する米国工業企業のニーズの高まりに応えるものへと劇的に変化したのは、偶然の一致ではなかった[9]。

したがって、持続的な産業イノベーションの観点から見れば、米国における所有と支配の分離の重要な影響は、企業の組織力構築と成長に対する経営者の制約の克服であった。また、所有と支配が分離し、経営に対してほとんど影響力を持たない人々に株式保有が分散化したことで、こうした企業は、内部留保を基盤とし社債発行によって補完される長期資金へのアクセスを強化した。つまり、「組織のなかの人間」としての職業経営者が企業に長期的に関与し、革新的な価値創造を企業の最優先事項とする「内部留保と再投資」の体制を確立・維持したのである。米国企業における経営者革命は、とりわけ分厚い組織力を構築した企業では、経済成長の強力な原動力となった。

こうした企業は、製品需要の不足から大企業が生産労働者を大量に解雇した１９３０年代の世界大恐慌の間でさえ、科学者や技術者の雇用拡大によって研究能力を強化し続けた[10]。第２次世界大戦中および戦後の数十年間、米国企業は、米国という発展志向型国家の支援を受けつつ、研究能力への投資によって米国経済を世界最大・最強にした[11]。経営者支配型企業は、「内部留保と再投資」の配分体制を通じて、１９４０年代以前、そして１９７０年代以降よりも安定した雇用と公平な所得分配に貢献した。

経営者革命は、米国工業企業の成長に対する経営者の制約を事実上克服した[12]。しかし、所有と支配の分離は、企業の成長に対する経営者の制約ではなく、資本の制約のために生じたというのが社会通念であったし、現在でもそれは変わっていない。19世紀後半から20世紀初頭にかけて所有と支配の分離が生じたのは、鉄鋼、石油精製、電力、農機具、自動車などの高い固定費用の産業に属する企業の資金需要が増加し、同族オーナーおよび共同出資者の資金力を上回ったため、株式市場での資本調達が必要になったからだと言われている。アドルフ・バーリとガーディナー・ミーンズは、所有と支配の分離に関する1932年の古典的研究『現代株式会社と私有財産』で、この「資本の制約」説を唱え、その後の著作でも同様の主張を行っている。例えば、バーリは、1954年の著書『二十世紀資本主義革命』で、「現代の生産・流通組織が個人あるいは個人の小集団では所有できないほど大きくなければならないことを認めるならば、[株式所有と経営支配の分離は] 必然的なことであった」と述べている(13)。

先に述べたとおり、歴史的事実はこの主張を支持しない。アルフレッド・D・チャンドラーをはじめとする米国企業における経営者革命の歴史研究者の研究によれば、主要な工業企業の成長に対する極めて重要な制約は、金融へのアクセスではなく、高品質な製品を開発し、高い固定費用を低い単位費用に変えられるだけの大きな製品市場シェアにアクセスできる組織力の利用可能性であったことが示されている(14)。所有と支配の分離は、職業経営者が戦略的管理の地位に就けるようにすることで、革新的企業の極めて重要な社会的条件を支えたのである。

また、この時期に経営者資本主義の隆盛を可能にした金融・規制環境に注目することも重要である。一般株主の大部分は、企業の資源配分決定への介入に関心がなく、その能力もない資産運用目的の個人投資家であった。こうした状況は、第5章で述べるような、影響力のある少数の機関投資家が公開株式の絶対多数を保有する今日の状況とは全く異なっていた。さらに、経営者支配型企業の台頭に伴い、金融当局は機関投資家が企業経営に対して影響力を行使することを抑止していた。証券取引委員会（SEC）は、ミューチュアルファンド[*7]の有益な機能は〔投資対象の〕分散の提供だけであり、その機能の拡張は不法な取得行為になるリスクがある、と議会で証言したほどだった[(15)]。こうした状況は、金融当局が実際に機関投資家によるアクティビズムを奨励している現在の状況（第5章、第6章で再び取り上げるテーマ）とは全く異なるものである。

3-2 株式市場の5つの機能

所有と支配の分離の歴史的起源を理解すると、企業の成長と業績に株式市場が果たす役割に対する見方が変わる。また、第2次世界大戦後の数十年間、米国で一定の価値創造・抽出の均衡が達成されたことや、過去40年間で価値創造・抽出の不均衡が拡大したことに関連づけて、企業経済における価値創造と価値抽出の関係を説明するには、株式市場の機能の分析が不可欠である。

先に論じたとおり、米国の工業企業が支配的な地位を確立する上で株式市場が果たした主な機能は、「資金（cash）」ではなく「支配（control）」であった。株式市場は、雇われの職業経営者が企業資源の

＊7　米国で一般的なオープンエンド型投資信託。ファンドごとに投資会社を設立する会社型が大半を占める。

配分に対する戦略的管理を行えるようにした一方で、その企業の株式の所有者を、企業の意思決定に加わる能力も気もない不労所得生活者《ランティエ》にしてしまった。ＮＹＳＥに上場するための厳しい条件を満たした企業にとって、生産能力への投資の維持に必要な資金は、前期までの資本蓄積と今期の留保利益からもたらされた。全般的に見て、こうした資金調達コミットメントの基礎となる資金は、株式市場からもたらされたものではなかったのである。

しかし、企業にとって、考えられる株式市場の機能は「支配」と「資金」だけではない。われわれの研究は、「設立（creation）」、「報酬（compensation）」、「結合（combination）」という他の３つの機能を明らかにした[16]。これらの５つの機能が、個別に、もしくは相互に作用し合って、どのように発揮されているかを理解することは、株式市場が（どの程度）価値創造プロセスを支援する制度なのか、あるいは価値抽出プロセスを強化する制度なのか、を分析する上で極めて重要である。

以下に示す株式市場の５つの機能（支配、資金、設立、結合、報酬）の定義は、価値創造と価値抽出の関係に影響を与えるこれらのさまざまな役割について疑問を提起する。

●支配　株式市場への上場は、株式所有と資源配分に対する経営者支配の関係に影響を及ぼす。株式の上場は通常、所有と支配の分離をもたらすが、議決権のある株式を直接または委任状を通じて集めることで、両者が再統合される可能性ももたらす。所有と支配の分離は、企業の長期的成長の条件を提供する一方で、職業経営者が自らの支配の地位を、価値創造を通じて企業の成長のために利用するのではなく、価値抽出を通じて自身の個人的利益のために悪用する可能性を広げる。

● **資金**　株式市場は、ＩＰＯやその後の２次発行〔いわゆる、フォローオン・オファリング〕の際の新株発行を通じて、企業資金の源泉となり得る。ひとたび企業がベンチャー企業から継続企業に移行すると、株式市場の資金機能により、株主への配当は、企業が生産能力に再投資し、価値創造を支えるのに十分な利益を留保できる金額に制限されることが求められる。しかし、自社株買いが存在する場合、価値抽出の方法として配当に自社株買いが加わることで、資金機能はマイナスの存在になる可能性がある。

● **設立**　株式市場が、プライベート・エクイティ[*8]に企業の生産能力への投資を回収する手段を提供できることから、上場の見込みは、ベンチャーキャピタルに対して新会社の設立や成長を支援するよう促すことができる。しかし、ナスダックのような非常に投機的な株式市場では、十分な利益創出の実績がない、あるいは商用の製品実績すらない新興企業でもＩＰＯできる可能性があり、その企業が価値創造主体として持続的に成長するための生産能力や金融資産を蓄積する前に、プライベート・エクイティが投資を回収する可能性が高まる。したがって、株式市場の非常に投機的な雰囲気によって、プライベート・エクイティが新会社設立に投資するようになる可能性がある一方、株式市場への上場は、このような投機と市場の誇大宣伝その他の形態の相場操縦が相まって、価値創造が行われない場合でさえこうした株主が価値を抽出できるようにする可能性がある。

● **結合**　株式市場に上場すると、その企業の株式は、〔株式交換を利用した〕Ｍ＆Ａにおいて他企業

＊8　private equityは、「未公開株式」のほか、「未公開企業に投資する投資家、または資金」の意味でも用いられる。

〔被買収企業〕の株式の対価の、一部または全部の支払いに利用できる通貨になる。M&A取引は、新しい結合体が価値創造を支える生産能力を構築できるようにする可能性がある。一方、買収により買収側企業のキャッシュフローが増えることで、新しい結合体を支配する者の価値抽出余地がずっと大きくなる。実際、買収の目的は価値抽出のためのそうしたキャッシュフローの支配であって、買収側企業の株価上昇が買収を可能にした可能性がある。

●報酬 同様に、株式市場に上場すると、その企業の株式は、報酬の一形態として従業員に対して発行できる通貨になる（そうした報酬の代表例が、ストックオプションやストックアワードである）。原理上、株式型報酬は、従業員がより懸命かつきびきびと働く動機となり、企業の価値創造の成功を通じて、将来、ストックオプションの行使やストックアワードの権利確定の際のより高い株価によって従業員に報いるべきものである。従業員間のストックオプションやストックアワードの配分次第では、価値創造プロセスに対する従業員の貢献を反映したイノベーションを原動力とする株価上昇によって、従業員がイノベーションの利益を公平に共有できる可能性がある。しかし、イノベーションではなく、投機や株価操作を原動力とする株式市場は、価値創造と、株式型報酬を通じて行われる価値抽出の関係を破壊し、持続的な価値創造が一般的に必要とする安定的かつ公平な報酬構造を損なう可能性がある。

株式市場が果たす5つの機能の分析は、株式市場が価値創造プロセスを支えているのか、それとも価値抽出プロセスを可能にしているのか、ひいては価値創造と価値抽出のバランスがどの程度とれているのか（あるいは、とれていないのか）を理解するための、核心的なポイントとなる。株主が株式市場を通じて企業から価値を抽出する方法には、配当と自社株買いの2つがある。この2つの価値抽出方法は、株主が収益を実現するための方法として同等ではない。株主に資金を分配する方法としての配当と自社株買いの違いは、価値創造と価値抽出の関係を理解する上で重要である。

配当は、株式の保有に対して株主に発生する。配当が高すぎる場合、企業の留保利益が少なすぎて、企業が成長し、うまくすれば革新的な新製品を生み出すことを可能にする生産能力への投資が賄えず、そのため、後に配当を支払うための利益を生み出せない可能性がある。これは、投機家ではなく貯蓄者として、確実な配当所得を目的に株式を保有したいと考える株主にとっては問題であろう。企業の利益の再投資が不十分、あるいはあまりにも管理が不適切なため、将来許容できる水準の利益を生み出すことができないと考える株主は、「ウォールストリート・ウォーク」によって株価が長期的な下落に陥る前に株式を売却すべきであり、流動性の高い市場ではそれを容易に行うことができる。

自社株買いは、配当とは異なる。なぜなら、配当が株式の保有に対して株主に報いるのに対して、株主が自社株買いで利益を得る方法は、株式の売却、つまり株式の保有者であることをやめ、株式の売り手になることしかないからである。また、株式の売却においては、売却のタイミングによって得られる利益の額が決まる。株式公開買付け《テンダーオファー》による自社株買いの場合、株主には株式を当該企業に一定の価格で売却する絶好の機会が与えられ、公開買付けの期間中はその価格が維持される。米国では大半を占め、ここでの議論の対象となる公開市場での自社株買いの場合、ある企業の株式に対する需要が高まると株価が即座に上昇する。また、（場合によっては、ウォール街のトレーダーの相場操縦的な動きに煽られて）投機が活発になり、株価がさらに上昇する可能性もある。米国では、貯蓄者に過ぎない一般株主は、このような投機的・相場操縦的な株価上昇を利用するのに不利な立場にある。現行のＳＥＣ規則では、企業は公開市場での自社株買いの取引日を公表する必要がないからである。なぜなら、企業は、公開市場での自社株買いを実行時点で開示する必要がないだけでなく、事後的にその実行日を開示する必要もない。しかし、特定のインサイダーはこうした情報を有しており、株式をタイミングよく取引することを生業とするウォール街の有力プレーヤーは、このような情報を入手し、それを利用して懐を肥やす方法を知っている。

では、過去1世紀にわたる米国株式市場の機能の変化は、価値創造と価値抽出のバランスにどのような影響を与えたのか。次節では、株式市場の5つの機能の変化と、それらが価値の創造と抽出の関係に与えた影響の変化について手短に整理する。この議論は、企業は「株主価値最大化」のために経営されるべきであるというイデオロギーが１９８０年代に全盛かつ支配的になった経緯や理由を理解し、また「株主価値最大化」イデオロギーが現代企業のガバナンスや業績に関する理論として根本的に間違っていることを理解するための歴史的背景を説明するものである。

3-3　価値創造と価値抽出の不均衡に影響を与えた株式市場の機能の変化

3・3・1　支配――「内部留保と再投資」から「削減と分配」へ

ＮＹＳＥは１９２０年代に株式市場として発展を遂げたが、当時、その運営組織自身によるものを除けばほとんど規制がなされていなかった。１９２０年代半ば、経済学者ウィリアム・Ｚ・リプリーは、経営者支配と株式所有の分離により株主が損害を被ることを懸念した。リプリーは、講演、論文、あるいは著書『*Main Street and Wall Street*（メインストリートとウォールストリート）』の中で、株主の力が欠如していること、企業資源の配分を支配する経営者が株主の力を濫用していることを非難した。具体的には、一部の企業が過剰な議決権の付与された「経営陣株式」（今日で言う「デュアル・クラス・シェア」）を導入し、その保有者に事実上のみならず法律上も企業資源の配分に対する支配権を与えていた。それどころか、議決権が全くない普通株式を発行している企業さえあった[17]。これに対して、ＮＹＳＥはすべての普通株式に平等な議決権を付与するように求めた。この変革は、表面的には一般株主に力を移すものであったが、実際には、ＮＹＳＥのガバナンスに対する信頼が高まったことで、株主の力がいっそう分散され、一般株主は企業の意思決定を経営幹部の支配下に置くことに甘んじたままであった。

１９２０年代後半の株式市場ブームが（米国経済が深刻な不況に陥るきっかけとなった）大暴落を引き起こすと、米国政府は株式の新規発行を規制する１９３３年証券法と、発行済株式の取引を規制する１９３４年証券取引所法を制定して、これに対応した。これらの法律はともに、株式市場のみならず他の金融市場からも詐欺的行為や相場操縦を排除するために立案されたものだった。１９３４年証券取引所法に基づき、これらの規制の役割を担うSECが設立された。

1980年代まで、米国の大企業はイノベーションへの投資、および価値創造と価値抽出のバランスを重視し続けたが、それに一役買ったのが、詐欺的行為や相場操縦を減らそうとするSECの努力に支えられた株式市場の支配の機能であった。株式所有と経営者支配の分離が、職業経営者を戦略的管理の地位にとどまらせ続けたのである。とは言うものの、戦後の数十年間、経営トップが「内部留保と再投資」の配分体制を堅持したことは、自身の企業内での出世が企業組織全体の成功と密接に結び付いているという事実を反映していた。経営幹部は一般的に、組織内で昇進しつつ企業の能力や業界に関する深い知識を蓄積し、それゆえ企業の戦略的方向性に関する投資判断を行う能力を有していた。

また、経営幹部は、自身のキャリアにおける経験もあって、自らが率いる「組織の中の人間」のために終身雇用の規範を採用し、尊重するようになった[18]。第2次世界大戦後の数十年間、経営トップは、増えていく専門職、技術職、管理職を訓練し抱えておく必要性を認め、彼らがホワイトカラー労働力を構成するようになった。これに伴う企業の人的資本投資の規模とこれらの人材の生産能力を前提として、こうした従業員は、キャリアの最後までその企業に在籍し、退職時には企業が拠出し勤続年数に基づいて額が決まる確定給付型年金の権利を得られると期待できるのが当たり前になった。また、一流企業はこれらの従業員に医療保険も提供したため、健康保険の用意は政府ではなく企業の責任となった。

ブルーカラー労働力に関しては、ニューディール立法により、幅広い産業で、経営幹部は大量生産産業の労働組合と賃金・福利厚生に関する団体交渉を行うことを義務付けられ、先任権制度が雇用保障の基本原則となった。ブルーカラー労働者は「時間給」従業員として知られ、１９３８年の公正労働基準法に基づいて時間外労働に対する「５割増し」賃金支払の対象となる可能性もあったが、先任権の制度化によりブルーカラー従業員には実質的に何十年にもわたる終身雇用が提供された。深刻な景気後退期には、相当順位の高い先任権があっても解雇される労働者がいるかもしれないが、次の景気好転期には先任権の順位に従い再雇用されることになる。経営幹部には、幅広い従業員を対象とした終身雇用の規範を受け入れている限り、「内部留保と再投資」の資源配分体制を堅持する動機があった。

「内部留保と再投資」の体制は、企業が単一の事業でどんどん成長する、あるいは成長できることを意味したわけではない。ほとんどの産業の革新的企業は、自社がイノベーターであった市場において、時間の経過とともに競合他社が同じように高品質な製品、あるいはさらに高品質な製品の生産方法を習得することを想定しなければならなかった。戦略的管理を行う者は、企業の能力、何よりもまず人的資源を、新技術の開発や新市場へのアクセスに活用できる新規事業に再配分したいと考えるだろう。内部留保は、こうした企業の成長に対する戦略的投資を行うための財務基盤を提供するものだった。

アルフレッド・チャンドラーが１９６２年の著書『組織は戦略に従う』で「事業部制（multidivisional structure）」[19]と呼んだものが注目を集めた背景には、この種の戦略的管理があった。同じころ、経済学者エディス・ペンローズは、多角化を通じて競争上の優位性を築き、成長を維持することができる企業の理論的原理を見つけようとしていた。ペンローズは、1959年の古典的名著『企業成長の理論』の中で、複数事業部化を、戦略的管理を行う地位にある者が既存事業で蓄積した未利用の能力を新規事業に再配分するプロセスとして描いた。[20] 企業の経営階層を移動・昇進しつつキャリアを重ね、戦略的管理を行う地位に到達した職業経営者は、企業の生産能力やその割り当てが可能な新しい種類の製品について熟知するようになっていたため、こうした戦略的決定を下す能力を有していた。終身雇用の規範が浸透していたことからすれば、職業経営者の所得や名声は企業の成長からもたらされるのが一般的であった。したがって、職業経営者の個人的な動機は、企業の生産資源の革新的な利用という目的と一致していた。戦略的意思決定と組織的学習プロセスは、緊密に統合されていたのである。

しかし、こうした戦略と学習の統合が崩れて価値創造プロセスが損なわれ、略奪的価値抽出の条件が生まれる可能性もあった。[21]〔価値創造と価値抽出の〕不均衡の種が蒔かれたのは、最も古く最も強大な企業の1つであるゼネラル・エレクトリック（GE）が、「優れた経営者は、いかなる種類の事業でも管理できる」というイデオロギーを広めた、1950年代のことであった。[22] 1960年代、このイデオロギーは米国の経営大学院で教えられる標準的な考え方になった。これは、たとえその企業が参入するさまざまな事業の多くが技術や市場の点で互いに関連がなかったとしても、米国企業がさまざまな市場や立地にまたがるコングロマリット〔複合企業体〕の形成に乗り出すことを正当化するために利用された。GE自身、何百もの事業に手を広げ、1970年代には身動きがとれないほど巨大なコングロマリットになっていた。本社の経営トップは増え続ける事業部門の技術力や組織力を把握できず、その仕事は「数字で管理すること」だけになり、イノベーションへの投資よりもコスト削減を優先する傾向にあった[23]。

1960年代、「コングロマリット運動」と呼ばれるようになったものが、米国企業の戦略的管理のパターンを大きく変えた。GEの場合とは異なり、ほとんどのコングロマリットは、現職の経営者ではなく外部の者によって構築された。彼らは、持ち株を通じてある企業の支配権を手に入れて、その企業の株式を利用し、その企業の負債を増やすことで他の企業を買収したのである。巨大製造企業の多くが、より多くの企業を買収してこうした企業帝国を築くことにしか関心がない経営者によって経営されるようになると、売上高上位200社の平均事業数は、1950年の4・76から1975年には10・89に増加した。1950年の売上高上位200社のうち1975年に存続していた148社の平均事業数は、5・22から9・74に増加した。1960年代のコングロマリット運動の中で、M&Aの発表件数は、1963年から67年の年平均1951件から、1968年から72年には3736件に増加し、1969年には5306件とピークに達した[24]。1950年から78年の間に、ベアトリス・フーズが290件、W・R・グレースが186件、ITTが163件、ガルフ・アンド・ウエスタン・インダストリーズが155件、テキストロンが115件、リットン・インダストリーズが99件、LTV〔旧リング・テムコ・ヴォート〕が58件の企業買収を行った[25]。ある分析によれば、製造業や鉱業の大企業が他の企業を買収した際に取得した資産のうち、「純粋なコングロマリット」に分類されるもの、つまりその企業の既存事業とは関係のない資産が、1948年から55年は10・1パーセント、1956年から63年は17・7パーセント、1964年から71年は34・8パーセント、

1972年から79年は45・5パーセントを占めていた。(26)

1970年代初頭の米国経済の減速に伴って、多くの米国の工業企業で資源配分が過度に集中していたことが明らかになった。問題は規模そのものではなく、戦略的管理を行っていたコングロマリット経営者が、買収した事業が生産能力への投資のために実際に何を必要としているのか把握できていなかったことだった。(27)また、特に1960年代の終わりには、M&Aを通じたコングロマリットの成長は負債によって賄われるようになっており、米国の製造業の負債資本比率は1960年の0・40から1965年には0・48、1970年には0・72に上昇した。

コングロマリット化は、ほとんどの場合、それを構成している各事業の革新的な能力を弱めた。また、1960年代の株式バブルが1970年に破裂すると、取り込んだ事業の一部を切り離すよう企業に迫る金融面からの圧力が高まった。1960年代のコングロマリット運動は、1970年代の脱コングロマリット運動に変化したのである。事業売却の発表件数は、1963年から67年には年平均207件（同時期のM&A発表件数の10・6パーセント）だったが、1968年から72年には1290件（同34・5パーセント）、1973年から77年には1266件（同85・9パーセント）にまで増加した。その後、事業売却発表の絶対数は、1978年から82年には年平均789件（M&A発表件数の57・0パーセント）、1983年から87年には1023件（同61・4パーセント）、1988年から92年には953件（同74・6パーセント）と若干減少したものの、コングロマリット運動の解体が続いた。(28)

1980年代半ばには、敵対的買収〔の隆盛〕の影響を受けて多くの事業売却が行われるようになった。企業乗っ取り屋は、個々の事業の「清算」価値に比べて株式市場で過少評価されている企業を探し出し、債務発行を利用してその企業を買収した後、その事業部門を売却して債務を返済し、抽出可能な資金を生み出した。(29)敵対的買収の際の負債手段として広く好まれたのが、「ジャンクボンド」であった。(30)もともと、ジャンクボンドは既発の投資適格社債の格付けが引き下げられたものであった。こうした格付けを引き下げられた債券は、大幅な割引《ディスカウント》で購入することができるため、リスクは高いとしても、高い利回りを提供することができた。１９７０年代前半、ウォール街のドレクセル・バーナム・ランバート社のマイケル・ミルケンは、こうした高利回り証券を投資ポートフォリオに組み入れるよう機関投資家、特にミューチュアルファンドや保険会社を説得することで、ジャンクボンド市場を事実上作り上げた。(31)こうしてジャンクボンド市場に流動性が生まれ、インフレの進行により実質金利が低下していた時期にあって、機関投資家はジャンクボンドのより高いリスク調整後利回りを歓迎したのである。

１９７０年代後半までにジャンクボンド市場は大きな発展を遂げ、以前の投資適格から「堕ちた天使」とは明らかに異なる新規のジャンクボンドを発行して、レバレッジド・バイアウト（ＬＢＯ）の資金を調達することが可能になった。こうしたＬＢＯの大部分は、事業部門の経営トップが、資源配分に対する戦略的管理を取り戻すことを目的として、その事業部門を非公開にする事業部門買収であった。ＫＫＲを筆頭とするウォール街のＬＢＯ専門企業は、新たに設立された未公開企業がＩＰＯできた場合に利益を得ることを期待して、ＬＢＯの資金を調達していた。１９８０年には47件の事業部門ＬＢＯが行われ、その平均金額（１９８８年のドル価値換算）は３４５０万ドルだったが、１９８６年にはピークの１４４件、実質平均金額１億８０７０万ドルにまで増加した。

しかし、1987年から88年にかけて企業丸ごとのLBOが盛んになり、1987年には47件、88年には125件、平均金額（1988年のドル価値換算）で4億8000万ドルのLBOが行われたが、中でも最も有名なのはKKRによるRJRナビスコの245億ドルでの買収であった。[32]「敵対的買収」とも呼ばれるこうしたLBOの目的は、たいていの場合、企業を買収して切り売りし、それと同時に労働力を削減し、配当や自社株買いの形で株主への分配を増やすことで価値を抽出することにあった。1980年代後半には、明らかに「削減と分配」の時代が到来していた。

3・3・2 資金――価値創造に対する資金供給か、それとも価値抽出の戦利品か？

1960年代のコングロマリット運動での株式市場を利用した企業の売買は、戦略的管理と組織的学習プロセスの統合を弱め、価値創造にほとんど貢献してこなかった金融関係者が戦略的管理の地位に就く道を開いた。彼らは、その力を利用して経営者報酬、管理手数料、利息支払い、配当、自社株買いなどの形で、次第に企業から資金を抜き取るようになった。前述のとおり、1980年代半ば以降、配当に加えて、経営者の株式型報酬によって企業内部から動機付けられた自社株買いが、価値抽出の主要な方法として登場した。その過程で、株式市場はマイナスの資金機能を果たすようになり、それは10年単位で強化されてきた。[33]

前述のとおり、株式市場は、企業がIPOやその後の2次公募増資〔いわゆる、フォローオン・オファリング〕で株式を発行する場合、プラスの資金機能を果たす。調達した資金は、生産能力への投資に利用されるかもしれないし、あるいはバランスシートを強固なものにするために保持され、場合によっては一時的に業績が悪化しても倒産に追い込まれるリスクをほとんど負わずに借入れを行えるようにする資本金となるかもしれない。オールドエコノミー企業の場合、IPOにより調達した資金は企業金融にとってさほど重要ではなかった。というのも、上場基準を満たしてNYSEに上場している企業は、すでに手元資金を蓄積し、継続的な内部投資を賄うのに十分な利益水準を達成していなければならなかったためである。こうした留保利益を活用する必要がある場合、NYSEに上場していれば、有利な利率で社債市場にアクセスすることができた。ひとたび株式市場に上場した企業は、「義理堅い」株主の所得に対する期待に応えるため、安定的な配当の支払いに努めた。1984年に企業が大規模な自社株買いを実施するようになるまで、配当支払い後の留保利益は資金調達コミットメントの強固な基盤となっていたのである。

NYSE上場企業は、一般的に2次公募増資を行わなかったが、例外によって原則が明らかになる、注目すべき時期があった。1920年代後半、サラリーマン経営者が実権を握る多くの上場企業が、NYSEで大規模な株式発行を行う一方で、コールローン市場で貸出を行って多額の余剰資金を投機家たちに供給していた。こうした投機家たちは、コールローン市場において10～15パーセントの金利で資金を借り、企業株式を信用買いしていたのである。このような株式発行の目的は、生産能力への新規投資のための資金調達ではなく、むしろ市場の投機家たちが主導する高株価をうまく利用して、債務の返済や企業財務の強化に利用可能な資金の流入を確保することだった。[34] 経済が好況から不況に転じた1930年代初頭、こうした金融工学の成果はこれらの企業にとって大いに役立っただろう。

振り返ってみると、こうした金融行動は、米国の大企業が株価の高いときに自社の株価をさらに押し上げる目的で行う、過去20年間の大規模な自社株買いの慣行と極めて対照的でもある。第4章で述べるとおり、現在の経営幹部は、ストックオプションの行使やストックアワードの権利確定による利益がたっぷり含まれた自らの報酬パッケージを膨らませるために、過熱する株式市場で大規模な自社株買いを行ってきた。これに対して、経営者革命が進行中だった1920年代後半の経営幹部は、自身の報酬を増やすためではなく、自身が戦略的管理を行っている企業の財務体質を改善するために投機的な市場で自社株式を売却していた。過去30年間、とりわけ好況期に大規模かつ広範に行われた自社株買いの重要性が高まったことは、米国企業の行動指針が「内部留保と再投資」から「削減と分配」へ、ひいては価値創造と価値抽出の関係が均衡から不均衡へと劇的に変化したことを示している。

3・3・3 設立――新会社設立における株式市場の役割

1971年、ナスダックとしてよく知られる、全米証券業協会の店頭銘柄気配自動通報システムによる電子取引所がスタートし、上場基準がNYSEよりもはるかにゆるく、極めて流動性の高い株式市場が誕生した。[35] ナスダックの存在により、創業からわずか数年の新興企業のIPOがはるかに簡単になったことで、新興企業に対するプライベート・エクイティの流入が促進された。ナスダックに上場した最初の企業は、1968年に設立され、1971年に上場したインテルだった。インテルが起業資金を調達しようとした当時、ナスダックはまだ存在しておらず、資金は創業者のゴードン・ムーアとロバート・ノイスの名声、そしてベンチャーキャピタリストの草分けであるアーサー・ロックとのコネクションを通じて確保された。しかし、ナスダックの稼働に伴って、1970年代には、ハイテク分野の新会社設立に特化したベンチャーキャピタル産業が、特にスタンフォード大学を中心としたサンフランシスコの南側の地域で、急速に台頭した。地元ジャーナリストがこの発展していく工業地帯を「シリコンバレー」と名づけたのも、１９７１年のことであった。

１９７５年、ＳＥＣは、証券取引所が株式売買取引に固定手数料を課すことを禁止し、１７９６年以来ウォール街で広く行われてきた慣行を終わらせた。この変更により、のんびりと腰を落ち着けて配当を受け取る代わりにキャピタルゲインを狙って株式を売買する際のコストが下がり、その結果、まだ配当を支払うほど収益性の高くないベンチャー企業の早期ＩＰＯが促進された。また、キャピタルゲイン志向の株主は配当を求めず、結果的に企業には内部投資のための利益がより多く残るため、その後の上場企業としての成長にも好都合であった。

１９７８年から79年にかけて、米国連邦議会は、シリコンバレー関係者の支配下にある米国電子工学協会（ＡｅＡ）と全米ベンチャーキャピタル協会（ＮＶＣＡ）の集中的なロビー活動に応えて、40パーセント近くだったキャピタルゲイン税の最高税率を28パーセントにまで引き下げ、36年にわたったキャピタルゲイン税の税率上昇傾向を逆転させた[36]。１９８１年には、キャピタルゲイン税の税率がさらに引き下げられ、最高20パーセントになった。ベンチャーキャピタリストたちは、キャピタルゲイン税の税率引き下げが、起業家による新会社への投資や、高成長が期待できる新興企業の上場株式に対する個人の資産運用投資を促進すると考えていた。

しかし、１９７０年代、ベンチャーキャピタリストたちは、主に年金基金が保有する膨大な家計貯蓄の蓄積へのアクセスが制限されていたことから、依然としてベンチャーキャピタル・ファンドが調達できる資金量の制約に直面していた。１９７０年代初頭、ベンチャーキャピタルに投資される機関投資家の資金はわずかだったが、１９７４年に従業員退職所得保障法（ＥＲＩＳＡ《エリサ》法）が成立して、企業が年金の積立不足の責任を負うことになり、年金基金の運用者《マネージャー》が、年金基金を証券投資に割り振る際に「プルーデントマン」ルール[*9]を用いるという受託者義務に違反した場合、個人的に責任を負うことになると、その資金の流れさえも途絶えてしまった。このような状況にあって、増え続ける米国の家計貯蓄の割り振りを管理する年金基金の運用者は、ベンチャーキャピタル・ファンドへの投資を避けていた。

しかし、１９７９年7月23日、米国労働省は、年金基金の資金を上場株式や高格付の債券だけでなく、ベンチャー企業を含むより投機的な資産に投資しても、エリサ法のプルーデントマン・ルールに違反しないという判断を下した。その結果、年金基金の資金がベンチャーキャピタル・ファンドに流れ込んだ。シリコンバレーでは主流だった独立系ベンチャーキャピタル・パートナーシップは、年金基金の資金の利用を、１９９７年のドル価値換算で、１９７８年の６９００万ドル（調達した資金全体のわずか15パーセント）から１９８３年の18億８０００万ドルにまで増やした。１９８０年代と90年代を通じて、年金基金は、独立系ベンチャーキャピタル・パートナーシップが調達した資金の31パーセントから59パーセントを供給し、その結果、独立系ベンチャーキャピタル・パートナーシップが調達した資金のベンチャーキャピタル資金全体に占める割合が、１９８０年の40パーセントから10年後には80パーセントにまで増加した[37]。

１９８０年12月、アップルコンピュータ〔現アップル〕のＩＰＯが大成功し、これが１９８０年代初頭の起業ブームとＩＰＯブームのきっかけとなった、と一般的に言われている。ベンチャーキャピタル産業は、１９７８年から83年にかけて年平均で約35パーセントという驚異的な投資収益率を達成した後、過剰投資があだとなり、１９８０年代後半は平均10パーセント以下の収益率にとどまった。１９９０年以降、年間の投資収益率は再び上昇し、インターネットブームのピーク時には１５０パーセント近くにまで急上昇したが、２００１年と02年のブーム崩壊でマイナスに転じた。(38)

シリコンバレーのベンチャーキャピタル・モデルは、特に１９９０年代に米国全体に広まり、さまざまな場所、幅広い産業で投資が行われた。米国におけるベンチャーキャピタルの年間総投資額は、２０００年のドル価値換算で、１９９５年の91億ドルから１９９８年には２２３億ドルに増加し、さらに１９９９年には５５９億ドル、２０００年には１０５０億ドルにまで急増した。２００１年に３９５億ドルに落ち込んだ後、２００２年から07年まで年平均２１４億ドルとなり、そのうち２００７年は２５３億ドルだった。しかし、現在のドル価値換算で、２００７年の３０５億ドルから08年の２８３億ドルに減少した。２００９年と10年に急激に落ち込んだ後、ベンチャーキャピタル産業は回復を見せ、２０１５年には７３３億ドル、２０１６年には５９０億ドルに達した。シリコンバレーが依然として、ベンチャーキャピタルにとって世界で最も重要な場所であることに変わりはない。(39)

ニューエコノミーのビジネスモデルの下では、株式市場への迅速な上場が設立機能にとって重要な

＊９　「職務に応じて専門家としての能力を活かし、思慮深い投資行動を取らなければならない」とする、年金基金の運用関係者が遵守すべき行動規範のこと。

ため、ニューエコノミー企業の戦略的管理を行う者は、企業の成長のごく初期の段階から株価に強い関心を抱いていた。実のところ、投機的な株式市場では、ＩＰＯ自体が価値創造なき価値抽出の機会を生み出していた。１９９０年代末のドットコムブームでは、商用製品が１つもない企業がＩＰＯによって何十億ドルもの資金を得られ、たとえその企業が最終的に倒産しても、経営幹部やベンチャーキャピタリストは大金を手にできた[40]。有効な新薬の開発には何十億ドルもの費用と10年から20年の年月が必要となる可能性があるバイオ医薬品産業においては、ナスダックでの製品なき《プロダクトレス》ＩＰＯが米国では当たり前になっている。納税者は、国立衛生研究所を通じて科学的発見や多くの場合臨床試験にも資金を提供しており、医薬品開発プロセスには、政府や大学の研究室の数多くの科学者が貢献している。しかしながら、投機的で、しばしば相場操縦が行われる市場での株式売却により利益の大半を手にするのは金融関係者である。製品なきＩＰＯの世界では、価値創造の集団的・累積的プロセスに最も貢献した者が、価値抽出プロセスで最も少ない分け前しか手にできないことが多い。そして、価値抽出者の手に資金を流し込むプロセスそのものが、しばしば価値創造プロセスを中断させたり、失敗に終わらせたりするのである[41]。

3・3・4　結合——M&Aのための通貨としての株式

１８９０年代から１９００年代初頭にかけての大合併運動以来、米国ではＭ＆Ａが活発な時期が何度かあり、１９２０年代半ば、60年代、80年代、90年代が特筆に値する。Ｍ＆Ａ取引は、現金、株式、または両者の組み合わせにより行うことができる。株式は企業結合を賄うための通貨としてしばしば利用されてきたが、その利用が最も顕著だったのが１９９０年代だった[42]。

インターネットブームのピークだった１９９９年、アルフレッド・ラパポートとマーク・シロワーは、『ハーバード・ビジネス・レビュー』誌に掲載された論文"Stock or Cash?"（株式か、現金か？）の中で、次のように論じた。

> １９８０年代の伝説的な合併ブームも、この10年間のM&Aの活発さと比べれば色あせて見える。１９９８年だけで、米国企業を対象とした取引が１万２３５６件、総額１兆６３００億ドルも発表された。１９８０年代の合併運動の絶頂だった１９８８年に発表された、４０６６件、３７８９億ドルと比べてみると、その差は歴然としている。だが、この数字は驚くに値しない。結局のところ、企業買収は依然として、企業が新しい市場や新しい能力を手に入れる一番の近道なのである。市場がグローバル化し、技術の変化が加速し続けているため、ますます多くの企業がM&Aを魅力的な成長戦略だと考えるようになっている。しかし、１９９０年代の企業買収で特徴的なのは、その対価の支払い方法である。１９８８年には、１億ドル以上の大型案件の金額の60パーセント近くが現金だけで支払われた。株式で支払われたのは2パーセントに満たなかった。ところが、それからちょうど10年後には状況がほぼ逆転し、１９９８年の全大型案件の金額の50パーセントが株式だけで支払われ、現金だけで支払われたのは17パーセントに過ぎなかった[43]。

結合のための通貨として株式を利用することの利点は、米国の会計規則上、企業が買収を「持分プーリング〔持分の結合〕」として扱えることだった。その結果、結合後の企業は、追加された資産を被買収企業の簿価で計上し、のれん（被買収企業の時価と簿価の差額）を無形資産としてバランスシートに計上することを回避したのである。のれんを償却する必要がないため、結合後の企業は、被買収企業を買収価格で計上した場合よりも大きな利益をその後何年にもわたって損益計算書上示すことができた。1960年代のコングロマリット・ブームの間、多くの持分プーリングによる企業買収が、債務、または株式と現金の組み合わせにより行われた(44)。1970年には、コングロマリット化時代の持分プーリング法による会計処理の乱用を受けて、会計原則審議会（〔会計基準設定機関としての役割は〕1973年に現在の財務会計基準審議会［FASB］に引き継がれた）が、普通株式だけで行われた買収に限って持分プーリング法による会計処理を利用できる、との裁定を下した(45)。

1990年代のニューエコノミー・ブームにより、株式の価値が高まり、株式が現金よりも魅力的な結合のための通貨となった。既存の有力企業が簿価の低い比較的新しい企業（さらに、場合によっては、売上の立っていない新興企業）を買収しようとする場合、持分プーリング法による会計処理を行えば、株式による買収が決算上の損益にとって特に有利になった。1990年代後半の米国で、企業買収のための通貨として現金の代わりに株式を利用することが1980年代後半に比べてはるかに多くなったのは、おそらくこうした理由からであろう(46)。2000年後半から01年前半にかけての株価暴落は、持分プーリングへの広範な批判を招き、2001年7月、財務会計基準審議会はこの企業買収の会計処理方法を以後利用することを禁じた。

1990年代に結合のための通貨として株式を利用した典型例として、シスコシステムズが挙げられる。1984年にシリコンバレーの中心部で創業したシスコは、IPOした1990年には売上高7000万ドル、従業員数254人であったが、その10年後には売上高189億ドル、従業員数3万4000人にまで成長した。そのころまでに、シスコはインターネットワーキング〔コンピュータネットワークの相互接続〕機器の市場を支配するようになっており、より複雑なサービス・プロバイダ〔インターネット接続事業者〕の（つまり、キャリアクラスの）[*10]通信技術の市場にも参入していた。

1993年以降のシスコの成長の鍵は、多くの技術系企業の買収にあった。シスコは、1993年から2000年にかけて60件、325億ドルの企業買収を行い、そのうち98パーセントはシスコの株式で対価が支払われた[47]。シスコは、この「買収を通じた成長」戦略のおかげで、1990年代後半には米国史上最速で成長した企業だと言えるようになった[48]。一方、インターネットブームの間、シスコの競争相手であったオールドエコノミーの2社、すなわち、2000年には世界最大の通信機器企業であった米国のルーセントと、本社はカナダだが米国を最大の拠点としていたノーテルは、シスコの買収を通じた成長モデルをまねて大量の株式を買収のための通貨として利用し、自滅した。インターネットブームの間は、企業買収に関する大々的な報道によって両社の株価は押し上げられたが、ブームが崩壊すると巨額損失とジャンクボンド〔投資不適格〕の格付けだけが残った[49]。

インターネット経済の成長にシスコの機器が重要だったことからすれば、どのような状況であれ、

＊10　機器、ソフトウェア、システムの品質や信頼性の水準を表す用語で、「通信事業者（キャリア）が通信網構築・運用に利用できるほど高い水準」を意味する。

同社は1990年代後半かなりの利益を上げていたであろう。しかし、持分プーリング法による会計処理の利用が、決算上の利益をいっそう増加させ、同社の株式に対する投機熱を高めたのである。2000年3月、シスコ株の時価総額は世界一になった。『バロンズ』誌の編集者の計算によれば、2000年の予想一株当たり利益の130倍というシスコの株価が正当だと説明するには、1999年に25億ドルだったシスコの利益が、2010年には2兆5000億ドルに達していなければならなかったのである![50]

2001年9月のインターネットバブルの破裂に伴い、シスコの株価は2000年3月のピーク時のわずか15パーセントにまで下落した。そこで、シスコは株価を押し上げるために自社株買いを始めたのである。同社の自社株買いは、2002年度(2002年7月末終了)の19億ドルから、03年度59億ドル、04年度91億ドル、05年度102億ドルにまで拡大した。シスコは、2002年から18年までの合計で、純利益の106パーセントに相当する1187億ドルの自社株買いを行い、それに加えて2011年から18年にかけて合計295億ドルの配当を実施した。シスコは、2004年には現金で企業買収を行うようになり、2005年にサイエンティフィック・アトランタを同社でも最大となる69億ドルで買収した際は借入れを行った。これは主に、シスコは株価を押し上げるために自社株買いを行っており、株式を買収のための通貨として利用することで自社株を希薄化させたくなかったためである。

われわれの詳細な調査によれば、2000年代前半、シスコは自社株買いへの支出を劇的に増やす一方で、過去のブームの際に企業買収を行った結果として参入できる立場にあったキャリアクラスの通信機器分野への大規模な投資を避けていた。それどころか、2000年代の企業買収のほとんどは、シスコにコモディティ化した製品をもたらした。シスコは、事業者向け通信機器で支配的な地位にあったことから、データセンターとクラウドコンピューティングの成長により、2004年から18年にかけて売上高を220億ドルから490億ドル超に、従業員を3万4000人から7万4000人超に増やすことができた。しかしながら、株価の操作に執着するあまり、シスコは革新的企業ではなくなってしまった[51]。現在、シスコがなり得たはずの、サービス・プロバイダ向け機器、事業者向け機器、消費者向け機器で大きな市場シェアを握り、通信技術で世界をリードしている企業は、中国のファーウェイである。ファーウェイは、シリコンバレーのシスコがスタンフォード大学から誕生した3年後の1987年に、当時は殺風景な都市だった深圳で創業した。「内部留保と再投資」の配分体制のおかげで、2018年には、ファーウェイの売上高は1070億ドル、従業員数は18万人に達していた。ファーウェイは、株式を100パーセント従業員が保有している企業で、株式市場に上場していないため、自社株買いを行っていない[52]。

3・3・5 報酬——従業員報酬のための通貨としての株式

株式市場は、企業が従業員の報酬のかなりの部分を自社の株式で支払えるようにすることで報酬機能を果たせるが、それを最も多く受け取るのは、企業資源の配分に対する戦略的管理を行う経営幹部である[53]。株式型報酬が初めて大企業の経営幹部の追加的な所得の源泉となったのは、1950年代のことであった。〔当時の米国では、〕20万ドルを超える個人所得は91パーセントの税率で課税される一方で、1950年歳入法は、「適格」ストックオプションの行使による利益に対して、オプションの付与日から2年以上、行使日から6カ月以上適格株式を保有していたことを条件に、25パーセントのキャピタルゲイン税を支払うという選択肢を経営幹部に与えていた。1950年代後半以降、こうした経営者の税制上の特権は国民の反感を買っていたため、連邦議会は、経営者によるこうしたキャピタルゲインの抜け穴の利用をより困難にする法案を可決し、1976年税制改革法で抜け穴は完全に塞がれた。1978年、後に過大な経営者報酬を声高に批判するようになる経営者報酬コンサルタントのグレイフ・クリスタルは、適格ストックオプションは、「かつて、あらゆる経営者報酬の仕組みの中で最も人気があったが、……連邦議会によってその葬儀が執り行われた」と述べている[54]。

しかし、1980年代初頭以降、経営者のストックオプションは、そのキャピタルゲインがレーガノミクスの登場で劇的に低下した通常の所得税率で課税されるようになったことに伴い、猛烈な勢いで復活し、価値創造よりも価値抽出に動機を与えるようになった。ストックオプションが報酬の一形態として復活した原動力は、1980年代のニューエコノミーのビジネスモデルの急速な拡大であった。というのも、新興企業はストックオプションを利用して、専門職、技術職、管理職にオールドエコノミー企業で享受していた終身雇用の保障を放棄させようとしたためである。ニューエコノミー企業は新興企業であり、オールドエコノミー企業のような、退職後には確定給付型年金がある終身雇用の約束ができなかった。1990年代、オラクル、マイクロソフト、シスコなどのニューエコノミー企業は数万人の従業員を雇用するまでに成長したが、ほとんどの従業員を対象にストックオプションを報酬の一部として利用し続けた。2000年代には、終身雇用の規範はほとんど消滅して、大卒の労働者でさえ雇用が非常に不安定になり、また、勤務する企業の経営幹部が「内部留保と再投資」の経営理念を捨てて「削減と分配」を採用した場合には、キャリアが途切れてしまうことも多くなった。

しかし、ニューエコノミー企業においても、幅広くストックオプションを付与することは従業員の報酬方式として問題があることが明らかになった。1996年から2000年にかけてのインターネットブームの間、一部の技術系企業ではストックオプションの行使による利益が非常に大きかったため、イノベーションにとって重要な集団的・累積的学習プロセスへの従業員の関与とは相容れない、労働力の過度な流動性が促進されたのである。例えば、マイクロソフトでは、1996年に1万9200人の従業員がストックオプションの行使によって得た平均利益は7万9000ドルだった（CEOおよび報酬が極めて高額な4人の経営者は計算から除外している）。その後この数字は、1999年の2万9200人で36万9700ドルまで急増し、2000年に3万5200人で44万9100ドルのピークに達し、2003年には5万2800人で8万3000ドルにまで落ち込んだ。マイクロソフトは2000年だけで1万人の大金持ちを生み出し、その多くがエンジェル投資家になったり、新会社を設立したり、それに加わったり、あるいは若くして引退したりしたと言われている。こうした労働力の過度な流動性は、1991年に設立されたマイクロソフトリサーチにおけるプロジェクトの障害となり、2000年代以降、マイクロソフトがイノベーションのトップ企業ではなくなることを確実にする一因となった[55]。

1980年代、さまざまなストックオプション・プログラムがハイテク企業の一般従業員に対する報酬方式として広く普及する一方、こうした企業の経営幹部は取締役会によって与えられた特別報酬パッケージの一部として大量のストックオプションを受け取っていた。ニューエコノミー企業の経営トップが前例のない水準の株式型報酬を受け取るのを見て、オールドエコノミー企業の経営幹部もこの報酬方式を強く要求した。その過程で、経営トップに報酬を与える独特の手順が生まれた。それには、時間とともに経営者報酬を増加させる「ラチェット効果」（その仕組みについては、第4章で詳述する）があり、経営者の戦略的意思決定を通じた価値創造への貢献と報酬を通じた価値抽出の間の、理にかなった関係を断ち切った。実際、第4章でも詳述するとおり、米国では経営者の株式型報酬が、戦略的管理を行う者に「削減と分配」の資源配分体制を採用する動機を与えているのである。

その結果、１９８０年代以降、経営者報酬は爆発的に増え続けている。〔スタンダード＆プアーズの〕ExecuComp《エグゼキュコンプ》データベース（ExecuComp database）に登録された、２００８年から17年の年間報酬額上位５００人の経営者の平均総報酬額は、下は〔株価〕暴落後の２００９年の１５８０万ドル（株式型報酬が総報酬額の60パーセントを占める）から、上は２０１５年の３４１０万ドル（同じく83パーセント）までの範囲にあった。米国の企業経営者には、自社の株価をつり上げる動機があり、そうすることで十分な報酬を得ている。ＳＥＣに認められた自社株買いによって、経営者は私腹を肥やすための手段を自由に使うことができる。この手段を大規模に、幅広く、随所で利用することにより、彼らは米国企業の略奪に加わっているのである。[56]

3-4 価値抽出のイデオロギーとしての「株主価値最大化」

米国企業の略奪を正当化してきたのは、企業は「株主価値最大化」のために経営されるべきだというイデオロギーであった。こうした立場からすれば、大企業の主要な問題点は、膨大な企業資源の配分を管理する経営者が、自身の権力強化のための無駄なプロジェクトに投資して「帝国を築く」傾向があることだとされている。「株主価値最大化」の支持者は、敵対的買収（より一般的には、「企業支配権市場（the market for corporate control）」と呼ばれる）によって経営者に企業資源の浪費をやめさせ、代わりに資金を株主に分配させることができると主張する。また、「株主価値最大化」の支持者は、株式型報酬が経営者報酬に占める割合を大きくすれば、企業経営者が資源配分を行う際の動機を一般株主の動機と一致させることになるとも主張する。[57] 彼らは、企業が「フリー・キャッシュ・フロー」を配当や自社株買いの形で株主に「吐き出し」てこそ、経済資源が最も効率的な用途に配分されることになる、と強く主張するのである。[58]

「株主価値最大化」イデオロギーは、米国企業における一般株主の役割に関する2つの誤解に根ざしている。最も根本的な誤りは、一般株主は企業の生産的資産に実際に投資しているという前提である。そして、この誤りは、企業の生産的資産にリスクを伴う投資を行うのは一般株主だけであり、したがって企業の利益に対して正当な請求権を有するのは株主だけであるという前提によって、さらにひどいものになる。こうした前提の誤りがひとたび認識されれば、「株主価値最大化」イデオロギーの基礎となる根拠は崩壊する。

「株主価値最大化」の主張の中心にあるのは、企業のすべての関係者の中で、株主は、保証された利益がないにもかかわらず生産に貢献する唯一の経済主体だという前提である。債権者、労働者、納入業者、販売業者といった他のすべての関係者は、その企業に供給する財やサービスに対して市場で決定される価格を受け取るため、その企業の損益に対するリスクを負わないとされている。この前提の下では、「フリー・キャッシュ・フロー」には、「内部留保と再投資」の資源配分体制下であれば従業員の訓練、維持、報酬に投資されたはずの企業利益が当然含まれることになる。また、この前提の下では、企業の生産に貢献した他のすべての利害関係者《ステークホルダー》の、利益が保証された（と考えられている）契約上の請求に対して支払を行った後に存在する（収入から費用を差し引いた）「残余」に対しては、株主だけが経済的に正当な請求権を有することになる。

「株主価値最大化」の主張によれば、株主は、優れた経済パフォーマンスをもたらす可能性がある生産資源への投資リスクを負うよう動機付けられなければならない唯一の利害関係者である。また、株主は、唯一の「残余請求権者」として、経営者が資源を効率的に配分するよう監視することに関心を持つ唯一の利害関係者である。さらに、一般株主は、株式市場で株式を売買することで、その企業内で行われる投資よりも効率的な用途に資源を直接再配分できると主張されている。

前述のとおり、この主張には2つの根本的な誤りがある。[59] 第1の誤りは、一般株主は株式市場を通じて資源をより効率的な用途に配分するという主張である。概して、一般株主はそのような資源配分など行わない。受動的な株主は、利回りを求めて貯蓄を株式市場に提供する。しかし、こうした資金は、戦略的管理、組織的統合、資金調達コミットメントを組み合わせた価値創造プロセスを通じて、生産資源の最も「効率的な」用途を自らすでに決定しており、一般的に資金調達コミットメントの拠り所として株式市場をほとんど利用しない企業の、発行済株式に対する需要を高めるに過ぎない。これに対して、行動的な一般株主は、自分たちが価値創造プロセスに参加していないにもかかわらず、高品質・低コストの製品を生み出すことに成功した企業から、「株主価値最大化」の名の下に価値を抽出しようとする。現在、行動的な一般株主の中で最も代表的なのが、かつては企業乗っ取り屋と呼ばれ、企業略奪者と形容するのがよりふさわしい、ヘッジファンド・アクティビストである。彼らは、CEOや取締役会に対して、「削減と分配」を行い、可能であれば価格つり上げを行うよう圧力をかけることで、企業から価値を抽出しようとする。彼らのビジネスモデルは、より高い価格で株式を売却してヘッジファンドの「軍資金」を増やし、資金力を高めることで、時間の経過とともに企業からいっそう多くの価値を抽出できるようにするものである。[60]「株主価値最大化」は、こうした産業企業からの略奪を正当化するイデオロギーなのである。

「株主価値最大化」の第2の誤りは、企業の関係者の中でリスクを負っているのが株主だけだという間違った前提にある。納税者は政府機関を通じて、労働者は雇用されている企業を通じて、リスクを伴う生産能力への投資を日常的に行っている。こうした観点から、納税者や労働者としての家計は、「残余請求権者」としての地位、つまり、利益の分配に対する経済的請求権を有している可能性がある。

納税者は、政府の投資や補助金を通じて、利益の保証なしで生産資源を企業に日常的に提供している。第2章ですでに見た重要な例を挙げれば、国立衛生研究所の2018年の予算は341億ドルで、1938年から2018年までの生命科学研究《ライフサイエンス》への投資は、2018年のドル価値換算で合計1兆ドルを超えている。[61] 生命科学研究を利用する企業は、国立衛生研究所が生み出す公共の知識から利益を得ている。このような知識基盤や道路などの物的インフラへの投資に資金を供給する納税者は、企業に利益が生じた場合、リスク負担者としてそれに対する請求権を有する。納税者としての家計を代表する政府は、税制を通じて、政府支出の成果を受け取っている企業からこの利益を抽出しようとする。しかし、イノベーションによる期待利益からの税収は革新的企業の成功に依存しており、同時に、そうした利益に対する税率は政治的プロセスを通じて変更される可能性がある。したがって、経済的・政治的な理由から、企業の利益のために資金を投じた納税者に還元される利益は、決して保証されているわけではない。

労働者は、現在の賃金に対する権利を主張するのに必要なレベル以上の技能を発揮し努力をすることで、日常的に企業の生産に貢献しているが、それによって利益が保証されるわけではない。[62] より高品質で低コストの製品を生み出そうとしている雇用主ならば、日々の賃金を得るためにタイムレコーダーを押すだけの従業員と、生産に貢献するための学習に取り組むことでキャリアを築き、それによって在職中および退職後の将来利益を得られる従業員では、その生産性に大きな差があることを分かっている。しかし、こうしたキャリアも彼らが生み出せる利益も保証されてはおらず、「株主価値最大化」イデオロギーが導入を促進した「削減と分配」の資源配分体制の下では、こうした利益やキャリアが実際に損なわれている。

したがって、企業を資金面で支える納税者や生産性向上のために努力する労働者は、企業に利益が生じた場合、リスク負担者としてその利益に対する請求権を有している。「株主価値最大化」は、企業の経営と業績における、これら2つの経済主体のリスクと報酬の関係を無視し、株主が唯一の残余請求権者だと誤って想定しているのである。

皮肉なことに、「株主価値最大化」が唯一のリスク負担者だとする一般株主が、企業の価値創造能力に投資することとは、皆無ではないにせよほとんどない。むしろ、株式を保有している間は配当所得が得られることを期待し、いざ売却する際は株価が上昇してキャピタルゲインが生じることを期待して、発行済株式を購入するのである。企業の資源配分を管理する経営者は、「株主価値最大化」の指示に従い、こうした期待を煽る有力な手段として、企業の資金を自社株買いに充てて株価をつり上げている。しかし、こうした操作による株価上昇で利益を得るのに最適な立場にあるのは、経営幹部自身である。経営幹部は、効率的な資源配分ではなく、自身の株式型報酬を増やすために、企業にキャッシュフローを「吐き出さ」せるのである。[63] 2000年代初頭以降、現在最もきわだった企業略奪者であるヘッジファンド・アクティビストの力が強まり、経営幹部や取締役会を支援して、こうした米国企業の略奪を加速させてきた。

その過程で、「株主価値最大化」の勝利は、戦略的管理、組織的統合、資金調達コミットメントという革新的企業の社会的条件を蝕んできたのである。本章の締めくくりに、「株主価値最大化」によって正当化された、価値抽出制度としての現在の米国株式市場の運営が、革新的企業をどのように損なっているかを簡潔に説明する。

3・4・1 戦略的管理

株価を操作するために、毎年何億ドル、何十億ドルもの資金を自社株買いに注ぎ込むことをいとわない経営幹部は、その産業で革新的であり続けるためにどのような組織や技術への投資が必要なのかを理解する判断能力を失っている可能性が高い。ジェンセンが「エージェンシー・コスト」に関する論文で述べているような「関連する資本コスト」によってイノベーションへの投資が正当化されるか否か判断するために、経営者が金融的手段を用いることは、こうした判断能力の喪失を反映しているというのがわれわれの見解である。[64][65] 実際、現在の経営者の株式型報酬制度は、経営幹部が株価を「タイムリーに」上昇させ、自らの手取りを増やすように資源を配分する動機を生み出している。[66] 産業によっては、経営者が別の方法で株価を操作して上昇させることも可能であり、その顕著な例が製薬産業における価格つり上げである。[67] とはいえ、より一般的には、経営者が株式市場を操作して個人的な利益を得るために自由に使える強力な手段は、自社株買いである。しかし、自社株買いは、まさにエージェンシー理論が規定する「フリー・キャッシュ・フロー」を（あたかも企業がそれを不正に取得したかのように）「吐き出す」ものである。それもあって、エージェンシー理論は、経営幹部がこのような金融化された行動をとる動機となる株式型報酬を支持しているのである。[68]

3・4・2 組織的統合

特定の産業に関連する技術、市場、競合他社についての集団的・累積的な学習、あるいは組織的学習は、生産性向上をもたらす高品質・低コストの財やサービスを生み出すための基盤となる。(69) 人は階層上・職務上の分業の中で行われる他人との相互作用を通じて学習するため、生産性は集団的である。今日集団が学習したことが明日学習できることの土台となるため、生産性は累積的である。われわれが「集団的・累積的キャリア」と呼ぶものが、技術的・組織的に複雑な産業では特に、組織的学習に不可欠である。(70) 企業が大切な従業員により高い賃金を持続的に支払うことができるのは、組織的学習によって生み出されるより高水準な生産性のおかげである。組織的学習は、「内部留保と再投資」の企業資源配分体制に依存しており、そこでは経営幹部が、人材と利益を社内に留保することで、競争力のある製品を生み出せる生産能力への再投資が可能な資源配分を決定する。(71) 革新的企業の力学《ダイナミクス》に関するわれわれの研究は、米国の労働力を削減し企業の資金を株主に分配する企業資源配分体制の一要素である自社株買いが、集団的・累積的キャリアへの投資を犠牲にして行われている、という仮説を裏付けている。大企業におけるこうした生涯雇用の消滅が、過去30年にわたる米国の中流階級衰退の中心にある。(72)「株主価値最大化」は、株主への大規模な資金分配を正当化することで、革新的企業の根幹をなす組織力の構築を直接に阻んでいるのである。

3・4・3　資金調達コミットメント

「株主価値最大化」が「フリー」と呼ぶキャッシュフローの喪失は、革新的企業への投資の資金基盤を企業から奪う可能性がある。自社株買いは、企業の生産能力への投資を支えるために利用できる、社内で管理された資金の取り崩しを意味する。多くの場合、大規模な自社株買いを行っている企業が資金不足に陥ることなく毎年何十億ドルもの自社株買いをできるようにする利益の流れを生み出しているのは、過去のイノベーションへの投資に基づく製品市場での支配的地位である。一部の企業には手元資金を利用し、しばしば借入金、コスト削減、優遇税制も活用の上株価を操作する能力があることが、株価の実績で成功が評価されるにもかかわらず自社株買いの習慣を支えるにはキャッシュフローが不十分な他の企業に、大規模な自社株買いを行うよう圧力をかける。われわれの研究が示しているとおり、ときには、何年にもわたって大規模な自社株買いを行ってきた企業が、自社株買いに費やした何十億ドルもの資金を、再び革新的企業になるために必要な蓄積された能力の再構築を支えるために利用できなかったがゆえに、資金的な壁にぶつかることもあった[73]。革新的企業を破壊する略奪的価値抽出のプロセスは不可逆的なものであり、始まる前に止めなければならない。

第４章

価値抽出のインサイダー

第3章で述べたとおり、皮肉なことに、「株主価値最大化」が唯一のリスク負担者だとする一般株主は一般的に、企業の価値創造能力に全く投資を行わない。むしろ、株式を保有している間は配当所得が得られることを期待し、株式の売却を決めるまでに株価が上昇して売却によりキャピタルゲインが生じることを期待して、発行済株式を購入する。企業の資源配分を管理する経営者がこうした期待を煽る有力な手段として、「株主価値最大化」やエージェンシー理論の教えに完全に合致するのが、企業の資金を自社株買いに注ぎ込み株価をつり上げることである。そして、こうした操作による株価上昇で利益を得るのに最適な立場にあるのが、実は経営幹部自身なのである。

1980年代初頭、正当化のためのイデオロギーとしての「株主価値最大化」で武装し、株式型報酬という動機を与えられた米国の大企業の経営幹部は、価値創造プロセスのリーダーから価値抽出プロセスの実行者へと変貌を遂げた。彼らは、「内部留保と再投資」の企業資源配分プロセスではなく、「削減と分配」の企業資源配分プロセスに従事した。経営幹部は、効率的な資源配分のためではなく、自らの株式型報酬を増やすために、企業のキャッシュフローを「吐き出し」たのである(1)。

4-1 企業の資源配分と生産能力

企業の経営幹部は、取締役会の助言と支持を受けつつ、企業資源を生産能力への投資に配分する責任を負っている。また、経営幹部は、生産能力への投資の必要性を考慮して、株主への資金分配をどの程度行うことが可能かについて取締役会に助言する。企業の資源配分の決定を促すのは、経営トップに動機と報酬を与える報酬方式である。CEOが資源配分の決定を行うに際して金銭以外の目的が動機となることもあるが、米国経済（あるいは、あらゆる現代経済）の運営とパフォーマンスの適切な分析を行うには、こうした経営者にいくらの報酬が支払われているかを知るだけではなく、支配的な経営者報酬制度が経営者の資源配分の決定にどのような影響を与えているかについても理解する必要がある。

さまざまな報酬の構成要素から成ることを特徴とする報酬方式は、表向きは、経営幹部が企業業績を改善するように行動することに動機を与え、業績目標の達成に対して報酬を与えるものである。しかし、その報酬の根拠となる業績の指標は何か。第3章で述べたとおり、1980年代後半以降、米国企業の最大の目標は「株主価値最大化」になり、企業業績は「株主総利回り（TSR）」（株価の上昇率＋配当利回り）で評価されるようになった。また、1980年代以降、経営幹部の総報酬の中で最も重要な構成要素は、ストックオプションやストックアワードといった株式型報酬であった。こうした株式型報酬は、経営者が企業の株価を押し上げるような企業資源配分を決定することに動機を与え、この目標の達成に対して報酬を与える仕組みになっている[2]。

米国における現在の経営者報酬制度を称賛するにせよ嫌悪するにせよ、高株価や株価上昇の達成が企業業績の最重要目標であるという共通認識の広がりは否定しがたい[3]。しかし、株価の上昇は本当に優れた企業業績を反映しているのだろうか。可能性はあるものの、必ずしもそうとは限らない。次節で述べるとおり、株価を動かす要因には、イノベーション、投機、株価操作の3つがある。優れた経済パフォーマンスを反映しているのは「イノベーション」に起因する株価上昇だけであり、株式市場は、株価が上昇して初めてイノベーションの効果を認識する。どんな場合であれ、最初に取り組むべき重要な問いは、これらの要因のうちどれが、個別に、あるいは組み合わさって、企業の株価実績に貢献したか、である。

そして、2つ目の重要な問いは、経営者報酬が、企業の価値創造の成功を反映しているのか、それとも経営幹部の価値抽出の力を反映しているのか、である。米国の事例の徹底的な調査に基づいた、これらの問いに対するわれわれの簡潔な答えは、次のとおりである。つまり、(a) 米国の大企業の株価実績はますます株価操作を反映するようになっている、(b) 米国の大企業の経営幹部の総報酬額に占める株式型報酬の割合が圧倒的に大きいことを踏まえれば、経営幹部の報酬が反映しているものは、企業の価値創造への貢献度をはるかに上回る、価値を抽出する彼らの力である。

第2章で説明したとおり、イノベーションは、特定の経済的・政治的状況に埋め込まれた企業が、従来の製品よりも高品質・低コストの製品を生み出すプロセスである。企業が生産能力に投資すると、決して確実ではないものの、その生産能力の開発と利用を通じて革新的な（より高品質・低コストの）製品を生み出せる可能性が生じる。革新的企業が市場を拡大し収益性を高めると、株式市場のトレーダーは、その企業がすでに達成したイノベーションから得られる利益によって正当化される水準まで株価をつり上げる傾向を示すことになる。

その時点で、イノベーションからの利益が将来生じるだろうという株式市場の思惑が、企業の価格をいっそう上昇させる可能性がある。特定の条件の下では、こうした投機が長期にわたってハイペースで続けられ、投機的なトレーダーたちが「大ばか理論」に従うことで、株価がさらに押し上げられるかもしれない。この理論は、トレーダーたちが、市場にはさらに高い価格で株式を買おうとする愚か者が残っているという前提の下に、不当に高いと思われる価格であっても株式を買う、というものである。しかし、投機に対して楽観的でなくなるトレーダーが増えたある時点で、最も愚かな者たちが割高な株式を保有した状態になり、彼らが損切りしようとすると、株価は（しばしば急激に）下落する。

したがって、現実に見られるように、株価が乱高下を繰り返す可能性がある。しかし、その一方で、特定の株式市場参加者が、上げ相場では株価をさらに押し上げる投機を煽り、下げ相場では株価下落を抑制または相殺する、株価操作の能力を有している可能性がある。また、市場を操作するのに十分な資金力を有する空売り屋が、意図的に株価下落を加速させる可能性もある。１９３４年証券取引所法が制定され、これにより連邦政府の株式市場監視機関として証券取引委員会（ＳＥＣ）が設立された主な理由は、株価操作を防止するためであった。経営幹部は、虚偽の、もしくは誤解を招く恐れがある財務情報を広めたり、独占的な製品価格設定行動をとったりすることで、株価操作に関与できる立場にあることが多い。その一方で、1980年代初頭以降、経営幹部が合法的に自社の株価を操作できる方法として、最も広範かつ組織的、直接的に行われてきたのが、自社株買いとしても知られる株式買戻しを通じたものであった。第1章で述べたとおり、米国の大企業はしばしば、自社株買いに年間何十億ドルもの資金を費やした。

経営幹部の株式型報酬は、こうした大量の自社株買いの動機となっている。われわれは、不確実性に直面する中で、イノベーションをもたらし得る価値創造のための資源配分の決定を、経営幹部に委ねている。しかし、金融化された企業の経営者は、株価への投機を助長したり、株価操作を実行したりするような、価値抽出のための資源配分を決定するよう動機付けられており、これら両方が企業経営者の株式型報酬をつり上げている可能性がある。「価値を抽出するCEO」仮説は、米国では経営幹部の報酬のかなりの部分が、投機を煽り、株価を操作するような意思決定に報いているため、彼らが個人的利益のために価値を抽出することを可能にしている、と仮定するものである。この仮説の裏付けとして、米国の企業経営者の報酬額上位500人の総報酬額に関するデータを提示する〔後出の図4-4〕。これは、彼らの総報酬額の大きさと、ストックオプションやストックアワードによる実現利益が年間平均報酬額に占める割合を示している。2017年の場合、報酬額上位500人の経営者の年間総報酬額は平均3210万ドルで、そのうちストックオプションの行使による実現利益が46パーセント、ストックアワードの権利確定による実現利益が35パーセントを占めていた。

4-2 株式市場を動かす要因の変化——イノベーション、投機、株価操作

「価値を抽出するCEO」仮説を裏付けているのは、米国の株式市場を動かす要因がイノベーションから投機へ、さらには株価操作へと変化した、というわれわれの分析である。経営者の株式型報酬は、企業の経営幹部がイノベーションから株価操作への転換（企業レベルでは、「内部留保と再投資」から「削減と分配」への変化として現れる）に参加することを促す。株式市場では常に投機が行われているが、1971年以降、上場基準がゆるく流動性の高い電子「店頭」市場としてナスダックが創設されたことで、投機の可能性が大幅に高まった。1980年代には、マイクロエレクトロニクス革命に携わるニューエコノミー企業が成長し、株式市場を動かす要因としてのイノベーションの重要性が高まった。しかしその一方で、1982年末にSECが規則10b-18を導入して企業に公開市場での大規模な自社株買いを認めたことや、「株主価値最大化」イデオロギーがビジネススクールや役員室で顕著になったことから、1980年代半ば以降、自社株買いが株式市場に株価操作の新しい形態をもたらし、時間の経過とともにより組織的かつ大規模に行われるようになった。

1980年代から90年代にかけては、株式市場を動かす3つの要因すべてが作用していたが、1990年代後半のドットコムブームで投機がより顕著になった。2000年にインターネットバブルが崩壊し、2001年から02年にかけて株式市場が下落した後、市場を操作するための自社株買い

の広範な利用が加速した。もちろん、これらの要因は相互排他的なものではない。イノベーションが投機バブルと組み合わされることもあれば、投機が株価操作と組み合わされることもある。しかし、２０００年代初頭以降は、株価操作がイノベーションにまさる傾向にあった。１９９０年代後半の投機〔による株価決定〕の局面は、株価上昇によるとてつもない利益への期待を生み出したことから、重要なものであった。２０００年代初頭以降、物言う株主と連携した経営トップがインターネットブームの株式市場の高騰を再現しようとする中で、そうした期待が既存の有力企業の株価操作を助長したのである。

　１９９０年２月16日にナスダックで新規株式公開（ＩＰＯ）したシスコシステムズを検討してみよう。ＩＰＯの際に１０００ドルで購入したシスコの株式は、２０１５年末には市場価格38万９０００ドルになっていた。しかしその一方で、図４‐１を見れば分かるように、この四半世紀間、シスコの株価は、時期によって異なるイノベーション、投機、株価操作の組み合わせを要因として、劇的な変動を見せた。

　シスコが上場企業となって最初の７年から８年間は、イノベーションが同社の株価上昇の主たる要因だったと考えることができる。というのも、新しくて成長著しいインターネット機器市場において競争を支配することで、同社が高水準の利益を生み出しているのを株式市場のトレーダーが事後的に観察していたからである。こうしたイノベーション〔による株価決定〕の局面の終わりにあたる１９９８年10月、スタンフォード大学ビジネススクールのチャールズ・オライリー教授は、「シスコは、一般にはほとんど知られていない、〔時価総額〕60億ドルのハイテク・ステルス企業である」と

図4-1　主な株価の変動要因：シスコ、インテル、マイクロソフト、ナスダック総合指数（1990年3月26日＝100とする）

（出所）Yahoo! Finance、月次データ、調整後終値（1990年3月26日～2018年11月12日）。

いう書き出しで始まる事例研究を発表した[4]。しかし、その時点でシスコはすでに史上最速の成長を遂げた企業であり、IPOの際に1000ドルで購入した同社の株式は、1998年10月初めには18万5000ドルの価値があった。

ところが、1998年11月から2000年3月にかけて、この「ほとんど知られていない」企業は株式市場の強烈な投機の標的となり、2000年3月には株価がほぼ7倍に上昇して、シスコの時価総額は世界一になった。同社の株価が史上最高値を付けた2000年3月21日には、IPOの際に購入した1000ドルの株式は100万ドル以上の価値があった。

こうした投機は、株式型報酬に大きな影響を与えた。シスコのCEOジョン・チェンバースは、1999年に1億2170万ドル、2000年に1億5630万ドルの報酬を受け取ったが、いずれも99パーセント以上がストックオプションの行使により実現した利益だった。シスコで最も報酬が高い他の4人の経営者は、1999年に平均で2590万ドル（そのうち、ストックオプションによるものが96パーセント）、2000年に3800万ドル（同じく97パーセント）の報酬を得た。さらに、広範なストックオプション制度を採用していたシスコのストックオプション行使による平均実現利益（所得が分かっている、最も報酬の高い5人の経営者の分は除く）の推計は、1999年が従業員1万8000人の平均で19万3500ドル、2000年が2万7500人の平均で29万9000ドルだった。(5)

その後、インターネットバブルの破裂により、シスコの株価は2000年3月から01年9月にかけて85パーセント急落した。その時点で、シスコは自社株買いを開始し、それとともに株価操作による株価決定の局面に入った。シスコは、2002年度（2002年7月27日終了）に19億ドル、2003年度に60億ドル、2004年度に91億ドル、2005年度に102億ドルの自社株買いを行った。その後2016年度まで、シスコの自社株買いは、上は2008年度の104億ドルから下は2013年度の31億ドルまでの範囲で行われた。2002年度から2019年度第1四半期（2018年10月27日終了）の間に、シスコは純利益の107パーセントにあたる1238億ドルを自社株買いに費やした一方で、2011年度以降310億ドルの配当を株主に支払った。こうした大量の自社株買いの主な目的は、株価の操作であった。ストックオプションの行使や株式売却のタイミングを通じて、またはストックアワードの権利確定をもたらす株式に関連する業績目標の達成によって、株価上昇をう

図4-2　主な株価の変動要因：インテル、マイクロソフト、ナスダック総合指数（1990年3月26日＝100とする）

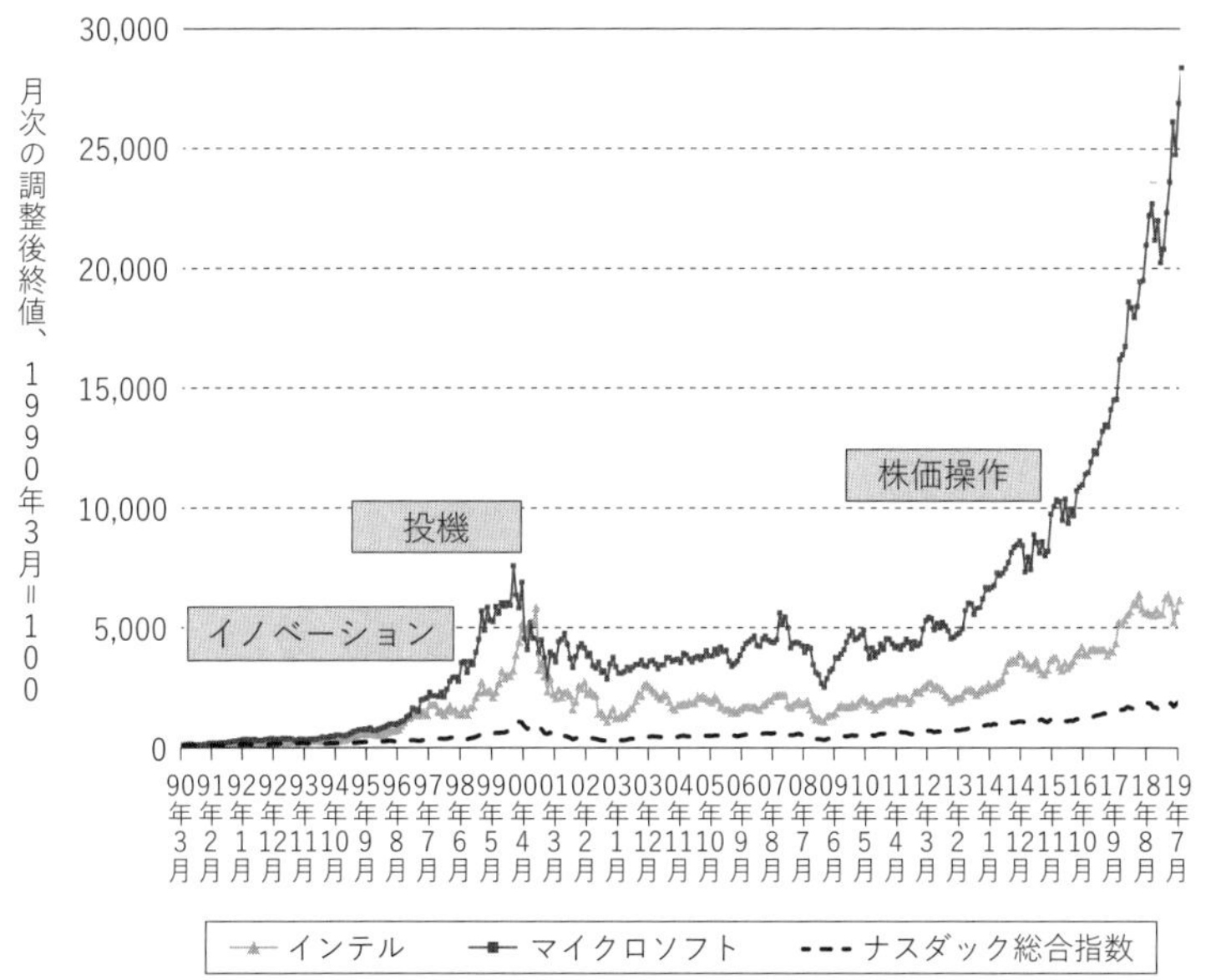

（出所）Yahoo! Finance、月次データ、調整後終値（1990年3月26日～2018年11月12日）。

まく利用できた経営者が株式型報酬による実現利益を増やした。

インテルとマイクロソフトの株価およびナスダック総合指数の動きは、図4-1に示されたとおり、インターネットブームとその崩壊におけるシスコの株価の劇的な上昇・下落と比べれば、一時的変動に過ぎないように見える。ところが、株価の目盛りを細かくした図4-2では、インテル、マイクロソフトの株価、そして（シスコ、インテル、マイクロソフトを含む）ナスダック総合指数の動きは、ブームとその崩壊の観点から見れば、シスコの株価の動きと似ている。われわれは、インテルとマイクロソフトの株価も、過去四半世紀にわたってイノベーション、投機、株価操作という一連の局面をたどってきたと考える。1つ異なるのは、1998年から2000年にかけてシスコ株に対する投機が非常に激しく、同社は自社株買いを実施しなかった一方、その間インテルは154億ドル、マイクロソフトは103億ドルを自社株買いに費やしていたことである。しかし、インテルもマイクロソフトも、インターネットブームが崩壊に転じて以降は、シスコと同様、株価を操作するために大規模な自社株買いを行っていた。インテルは2001年度から2018年度第3四半期（2018年9月29日終了）の間に986億ドル（純利益の65パーセント）を、マイクロソフトは2001年度から2019年度第1四半期（2018年9月30日終了）の間に1959億ドル（純利益の69パーセント）を、自社株買いに費やしていたのである。

より一般的には、ナスダックが「実績のない」企業の上場を認めたことで可能になった株式市場の変容が、株価を動かす要因としての投機および株価操作の役割を強化した。従来の株式市場は、イノベーションの成功が判明したら、その事後に初めて革新的企業に報酬を与えるものであった。しかし、株式市場は今や、企業の革新的な投資戦略の成功がまだ不確実であっても、事前に経営者や株主に報酬を与えることが可能になっている。新興企業の場合、ベンチャーキャピタリストは、株式市場を利用してIPOを行い、それによりその企業は上場企業となるため、保有株式の一部または全部を市場で売却することで投資を「回収」できる。ベンチャーキャピタリストにとって、会社設立からIPOまでの期間の短さは何よりも重要である。1970年代以前は支配的だったニューヨーク証券取引所は、収益性の実績や時価総額の水準に関する上場基準が厳しく、それが一般的に会社設立からわずか数年でのIPOを阻んでいた。1971年にナスダックがスタートし、上場基準が大幅に緩和されたことで、起業からIPOまでのタイムラグが劇的に短縮された。1968年に設立されたインテルは、ナスダックが1971年に開設されるとすぐに、その新しい電子取引所に上場した。ベンチャー企業が起業からわずか数年でIPOできる極めて流動性の高い全国的証券取引所として、コンピュータネットワーク活用の先駆となるナスダックが出現したことは、米国経済におけるハイテク産業の新会社設立に不可欠なものとなった1972年以降の整ったベンチャーキャピタル産業の誕生にとって、決定的に重要であった(6)。

1990年代後半にナスダックで起こったように、またインテル、マイクロソフト、シスコの事例で見たように、イノベーションを要因とする株価上昇は投機を要因とするバブルに変わる可能性がある。こうした環境下では、利益の上がっていない企業や製品すらない企業が、投機の恩恵を受けて株式市場で多額の資金を調達し、株主を大金持ちにできるかもしれない。場合によっては、1997年のIPOの時点では利益を上げていなかったアマゾンのように、最終的にこうした投機的なIPOから成功する企業が現れることもある。しかし、数々の失敗例があり、中にはとんでもない失敗もあったことを考えると、ナスダックが上場を認めた新興企業による投機的な資金調達は、資源の配分を大きく誤らせる可能性がある(7)。

その好例が、1998年2月に設立され、ボストンのハイテク地域、ルート128を本拠とする光学ネットワーキング企業、シカモア・ネットワークスであった(8)。シカモアの顧客は1社だけで（その経営者にはシカモアの株式が与えられていた）、初年度の売上は1100万ドル、損益は1900万ドルの赤字、従業員はわずか155人だった。しかし、シカモアは1999年10月にIPOを果たし、当時の「ニューエコノミー」という誇大宣伝を、10パーセント未満の株式で2億8400万ドルの資金注入に変えることができた。1999年12月、シカモアは、米国の株式時価総額ランキングで、1890年に設立され143億ドルの売上と11万7000人の従業員を誇るエマソン・エレクトリックに次ぐ、117位になった。[9] その後シカモアは、インターネットブームの絶頂の2000年3月に、株価150ドルで2次公募増資「フォローオン・オファリング」を行い、さらに12億ドルを企業資金のために手に入れた。

それと同時に、シカモアの経営トップや取締役は、自分たちが保有する株式の一部を7億2600万ドルで売却した。[10] 2001年9月までに同社の株価は3・80ドルまで急落し、その後大幅に回復することはなかった。同年シカモアは、売上3億7500万ドル、従業員944人という同社のピークを達成したが、利益を上げられるようにはならなかった。シカモアは、2010年から11年にかけて4億7000万ドル（2000年3月の2次発行の結果、残った資金）を配当で分配した後、2012年に倒産し、上場企業としての14年間で8億7500万ドルの損失を計上した。[11] インターネットブームに乗せられて、1999年と2000年にシカモアに15億ドルを提供した株式市場の投機家たちは、革新的な未来を謳いながらその約束を果たす革新的な製品を決して生み出さない企業に賭けて資金を失った、事実上「偶然生まれた」ベンチャーキャピタリストであった。

1990年代後半の投機ブームは、生産性の低いニューエコノミーの新興企業に膨大な資源を配分しただけでなく、ニューエコノミーの誇大宣伝に経営トップもはまった一部の有力オールドエコノミー企業の革新的な能力に、いっそう大きなダメージを与える一因となった。[12] 2000年当時、ルーセント・テクノロジーズ（旧ウェスタン・エレクトリック、後に旧AT&Tテクノロジーズ。その歴史は1869年まで遡る）は、世界最大の通信技術企業であった。1998年から2000年にかけて、ルーセントの経営トップは、2000年以降に同社が劇的に衰退する一因となる資源配分の決定を行った。特に、「ニューエコノミー企業」の買収に大量の自社株を惜しげもなく投じたものの、自らの組織に統合することができなかった。アセンド・コミュニケーションズ、クロマティス・ネットワークス、インターナショナル・ネットワークサービシーズといった極めて高額な企業買収は、ルーセントが機敏なニューエコノミー企業であると株式市場を納得させるために行われたものだが、実際はそうではなかった。被買収企業に対する株式持分で懐が潤った買収の主要人物たちは、ルーセントを辞めて新会社を立ち上げたり、エンジェル投資家になったり、他のもてはやされている新興企業に職を得たり、そのまま引退したりすることで個々に機敏さを示した。2001年から02年にかけてのインターネットブーム崩壊に際して、ルーセントは倒産回避のために、ブームの間に付けた株価の1~2パーセントの価格で株式を売却しなければならず、弱り切った同社は2006年にフランスのライバル企業アルカテルに買収された[13]。

ルーセントのようなオールドエコノミー企業が、自社株を利用して、実績ある製品のないニューエコノミーの新興企業を極めて投機的な価格で買収して自滅していく一方で、他のオールドエコノミー企業は、終身雇用の規範を意図的に終わらせ、製造をアウトソーシングし、株価を操作してつり上げるために大規模な自社株買いを実施することで、「ニューエコノミーのビジネスモデル」への移行を進めていた。実際に起こったのは、イノベーションから金融化への移行であった。情報技術産業において有力なオールドエコノミー企業は、インターナショナル・ビジネス・マシンズ（ＩＢＭ）とヒューレット・パッカード（ＨＰ）だった。製薬業界の有力企業は、ファイザーとメルクだった。表４－１は、これらの４社が配当や自社株買いの形で行った株主への分配を、１９７８年から２０１７年まで10年ごとに、絶対額と純利益に対する割合で示したものである。自社株買いは、これらの企業にとって決して目新しいものではないが、数十年の間に、配当が増加しているにもかかわらず大規模なものとなった。これらの４社はいずれも、イノベーションから金融化へ、つまり価値創造志向から価値抽出志向へと移行したのである。[14]

企業が大規模な自社株買いを継続的に行うようになったのは、ＳＥＣが１９８２年11月に規則10ｂ－18を導入した後の、１９８０年代半ばのことである。[15]規則10ｂ－18は、企業が公開市場での自社株買いを行った場合に、相場操縦罪に対する「セーフハーバー」の免責を企業に与えるものである。この規則のセーフハーバー条項の下では、とにかく１日の自社株買いの量が過去４週間の１日平均取引量（ＡＤＴＶ）の25パーセントを超えなければ、相場操縦罪に問われることはない。大企業なら、セーフハーバーの範囲内であっても１日に数億ドルの自社株買いを実施できる場合が多く、経営トップが選択すれば、取引日ごとに繰り返し自社株買いを行うことが可能である。例えば、２０１６年12月２日のセーフハーバーによる１日の上限は、ＩＢＭが１億４２００万ドル、ＨＰが５４００万ドル、メルクが１億７１００万ドル、ファイザーが２億９０００万ドルだった。前述のシスコ、インテル、マイクロソフトの上限は、それぞれ２億ドル、１億６７００万ドル、４億３５００万ドルだった。また、規則10ｂ－18の下では、たとえある企業の自社株買いが１日平均取引量の25パーセントの上限を超え

表4-1　HP、IBM、メルク、ファイザーの株主への資金分配（1978〜2017年）

	純利益（NI）（百万ドル）	配当（DV）		自社株買い（BB）		配当+自社株買い	
		金額（百万ドル）	対純利益比 DV／NI	金額（百万ドル）	対純利益比 BB／NI	金額（百万ドル）	対純利益比（DV+BB）／NI
HP							
1978-1987年	4,066	377	9.3%	889	21.9%	1,266	31.1%
1988-1997年	14,934	2,407	16.1%	5,456	36.5%	7,863	52.7%
1998-2007年	31,730	7,950	25.1%	38,788	122.2%	46,738	147.3%
2008-2017年	38,876	9,483	24.4%	47,254	121.6%	56,737	145.9%
IBM							
1978-1987年	46,070	22,166	48.1%	4,664	10.1%	26,830	58.2%
1988-1997年	18,574	17,415	93.8%	21,237	114.3%	38,652	208.1%
1998-2007年	77,328	11,952	15.5%	76,498	98.9%	88,450	114.4%
2008-2017年	132,371	39,850	30.1%	100,727	76.1%	140,577	106.2%
メルク							
1978-1987年	3,879	1,718	44.3%	2,001	51.6%	3,719	95.9%
1988-1997年	26,046	12,157	46.7%	9,713	37.3%	21,870	84.0%
1998-2007年	57,377	30,518	53.2%	23,191	40.4%	53,709	93.6%
2008-2017年	61,091	46,770	76.6%	34,683	56.8%	81,453	133.3%
ファイザー							
1978-1987年	4,138	1,745	42.2%	253	6.1%	1,998	48.3%
1988-1997年	11,760	5,456	46.4%	3,675	31.3%	9,131	77.6%
1998-2007年	78,472	40,088	51.1%	54,544	69.5%	94,632	120.6%
2008-2017年	94,988	68,050	71.6%	56,178	59.1%	124,228	130.8%

（出所）Standard and Poor's Compustat database.

ても、相場操縦と推定されることはない。

２０００年代以降、自社株買いは米国の多くの巨大企業の「投資」戦略を規定するようになった。過去30年間、配当が企業利益に占める割合が全体として増加する傾向にあった。しかし、１９９７年には米国の企業経済において自社株買いが初めて配当を上回り、近年の株式市場ブーム下では、配当が増え続けているにもかかわらず自社株買いが配当をはるかに上回っている。

先進国において、内部留保は常に企業のイノベーションへの投資と持続的な雇用のための財務基盤であった。こうした留保利益は、工場や設備、研究開発、極めて重要な従業員の訓練や維持への投資を賄うことができる。配当ばかりが高すぎると、企業の生産能力への投資に支障をきたす。過去30年間で、配当に自社株買いが加わったことは、企業経営者が、自らが戦略的管理を行っている企業の生産能力への投資戦略を策定できなかったことを反映している。

配当は、上場企業が株主に所得を提供する伝統的かつ正当な方法である。配当は、その名が示すとおり、株式の保有に対して株主に所得を提供する。また、企業が生産能力へのさらなる投資を賄うのに十分な利益を留保していれば、決して確実ではないものの、将来の株価や保有されている株式の価値を高めるのに役立つ競争力のある製品を生み出す可能性がある。株式保有に対する所得の流れから利益を得ていた株主が、何らかの理由で株式の一部または全部の売却を決定した場合、キャピタルゲインを計上することで、株価上昇の背後にあるイノベーションからの利益を得ることになる。

これに対して、自社株買いは、その企業の株式に対する需要を生み出し、株価を操作して直接的に押し上げることで、株式を売却する株主に報いるものである。最も顕著な株式の売り手は、公開市場で行われる自社株買いの活動をうまく利用して株式をタイミングよく売却できる企業経営者、投資銀行家、ヘッジファンド・マネージャーなどの株式市場のトレーダーである。また、自社株買いは、発行済株式数を減少させることで、自動的に一株当たり利益（ＥＰＳ）を高める。一株当たり利益は金融関係者が企業業績を評価する主要な指標となっているため、自社株買いは、その企業の株式に対する需要を高める傾向があり、それゆえ、企業の売上や利益が増加していない中で株式市場のトレーダーが株式を売却して利益を得る機会を生み出している。

１９８０年代初頭以降、米国の大企業は、株主への配当支払いの代わりにではなく、配当支払いに加えて自社株買いを行ってきた。実際、米国の巨大企業の多くが、手元資金の圧縮、資産の売却、借入れ、従業員の解雇により追加の資金を捻出し、純利益の１００パーセント以上を日常的に株主に分配している。[16] 表4-2は、２００８年から17年までの10年間における自社株買いの実施額上位25社について、自社株買いと配当による株主還元の純利益に対する割合を示したものである。

図4-3は、２０１８年1月時点のＳ＆Ｐ５００種指数を構成する企業〔以後、「Ｓ＆Ｐ５００企業」と呼称する〕のうち、１９８１年から２０１７年まで37年にわたって上場していた２２６社について、その間のデータを示したものである。１９８１年から83年にかけて、自社株買いは平均で純利益の4・4パーセント、配当は同じく50・3パーセントであった。そして、当時の議論は、過剰な配当支払いが企業から生産能力への再投資に必要な内部留保を奪っているかどうか、であった。そうした議論は今や、廃れてしまっている。２０１５年から17年にかけて、同じ２２６社の自社株買いが平均で純利益の62・3パーセント、それに加えて配当が54・6パーセントだったのである！

表4–2　自社株買い上位25社の、自社株買いと配当による株主還元の割合（2008～2017年）

順位	企業名	自社株買い（10億ドル）	純利益に対する割合（%）		
			自社株買い BB／NI	配当 DV／NI	配当＋自社株買い（BB＋DV）／NI
1	アップル	165.7	52	19	71
2	エクソンモービル	146.6	51	36	86
3	マイクロソフト	104.6	56	40	96
4	IBM	100.7	76	30	106
5	ウォルマート・ストアーズ	67.9	46	36	83
6	オラクル	67.0	80	21	101
7	シスコシステムズ	60.1	72	28	100
8	P&G	59.3	51	54	104
9	ファイザー	56.2	48	59	107
10	ゴールドマン・サックス	55.1	78	23	102
11	JPモルガン・チェース	53.2	29	31	60
12	インテル	52.6	54	43	96
13	ウェルズ・ファーゴ	50.2	29	34	62
14	ゼネラル・エレクトリック	49.4	53	89	143
15	ウォルト・ディズニー	48.8	78	23	101
16	AIG	48.0	−69	−9	−78
17	ホーム・デポ	47.8	92	45	137
18	HP	47.3	122	24	146
19	VISA	46.3	112	19	131
20	ジョンソン&ジョンソン	45.4	37	57	94
21	マクドナルド	42.3	85	56	141
22	ギリアド・サイエンシズ	37.9	59	11	70
23	フィリップ モリス	37.7	51	75	126
24	ボーイング	34.8	80	42	122
25	AT&T	34.7	25	75	101

（注）NI：純利益、DV：配当、BB：自社株買い。
（出所）Standard and Poor's Compustat database（産学研究ネットワークのムスタファ・アーデム・サキンスとエムレ・ギョメチによる計算）。

図4–3　2018年1月時点のS＆P500企業226社の純利益、自社株買い、配当、総還元（1981〜2017年、2017年のドル価値換算）

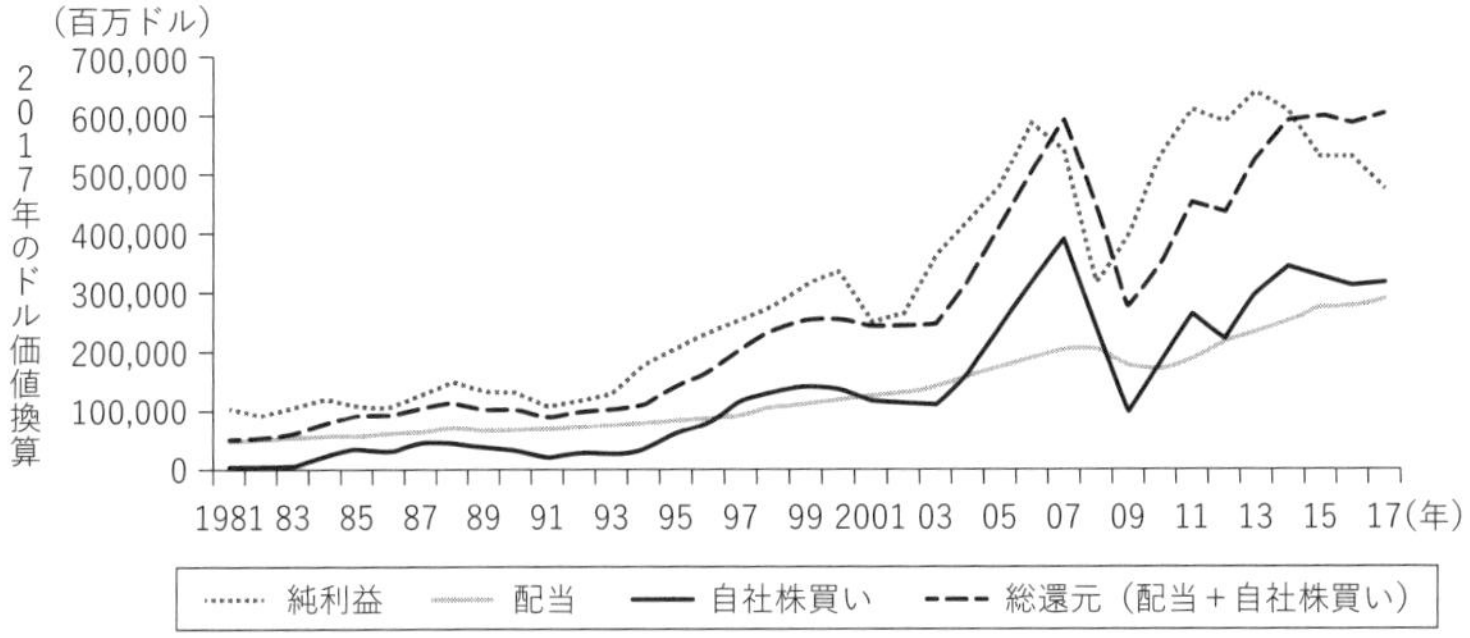

（注）データは、2018年1月時点のS＆P500企業のうち、1981年から2017年まで上場していた226社のものである。
（出所）Standard and Poor's Compustat database（産学研究ネットワークのムスタファ・アーデム・サキンスとエムレ・ギョメチによる計算）。

１９８４年、自社株買いが純利益に占める割合は17・6パーセントに増加した。その後、１９８６年から95年にかけては25・2パーセント、１９９６年から２００５年にかけては42・2パーセント、２００６年から15年にかけては50・4パーセントに増加。より最近では、２０１６年に58・8パーセント、２０１７年に66・7パーセントまで増加した。過去30年間、配当が企業利益に占める割合は全体として増加する傾向にあった。しかし、１９９７年には米国の企業経済において自社株買いが初めて配当を上回り、配当が増え続けているにもかかわらず自社株買いが配当をはるかに上回っている。１９８０年代初頭から現在に至るまでの、総還元性向（total payout ratio）[*11]の上昇は、純利益に対する自社株買いの比率の増加でほぼ説明することができる。

＊11　配当と自社株買いの合計金額（総還元額）の純利益額に対する比率のこと。

2018年1月時点のS&P500企業のうち、2008年から17年まで10年にわたって上場していた466社は、純利益の52・6パーセントに相当する4・0兆ドルを自社株買いに費やし、加えて純利益の40・6パーセントを配当に費やした。残りの6・8パーセントの利益の多くは、米国の租税を回避できる海外に留め置かれていた。これら466社の自社株買いの平均金額は、株式市場が暴落した2009年の3億2500万ドルから、2015年の11億1500万ドルまでの範囲にあった。一方、配当の平均金額は、2008年から09年にかけて11・3パーセント減少したが、その後、2009年の1社当たり4億6100万ドルから2017年の1社当たり9億3400万ドルにまで増加した。共和党の減税に後押しされて、S&P500企業の配当は、2018年の最後の3四半期連続で記録を更新し、年間では合計4542億ドルとなった一方、自社株買いは、2018年の4四半期連続で記録を更新し、年間では合計8064億ドルの記録を作った。[17]

4-3　株式型報酬の構造

米国では、企業の取締役会が、一定期間（例えば3年間）にわたる、一定金額（例えば100億ドル）の自社株買いプログラムを承認することができる。その後、CEOの裁量で（おそらくは最高財務責任者（CFO）と合意の上）、任意の日に任意の金額の自社株買いを公開市場で実施する。その際、CEOとCFOは、〔取締役会で承認された〕自社株買いプログラムの範囲内で、かつ規則10b-18に含まれる制限を受けつつ、散発的であれ何日か連続であれ思いどおりに自社株買いを実施することができる。こうした意思決定プロセスは、ほとんど知られていない。それどころか、規則10b-18の下では、企業は公開市場での買戻しとして自社株買いを行った特定の日を、事後的にさえ開示する必要がない。

2004年以降、SECは企業に対して、フォーム10-Q〔四半期報告書〕を提出する際に、毎月の自社株買いの数量と金額、および買戻しの加重平均価格を記載して、自社株買いの活動について四半期ごとに報告することを義務付けている。しかし、インサイダー取引に利用される可能性のある重要な情報の開示を強化する目的で2000年にSEC規則10b5-1[18]が導入されたにもかかわらず、SECは自社株買いが行われる正確な日付の報告を義務付けていないため、内情に通じた経営幹部が、こうしたインサイダー情報を基に取引を行う機会が生まれている[19]。これはSECが特別調査に着手しない限り発見されることはない。また、規則10b-18が施行されてから約40年間、SECは、公開市場での自社株買いのタイミングに関するインサイダー情報を個人的な利益のために利用したとして、企業やその経営幹部を告発したことがない[20]。

企業経営者や彼らを擁護する学者は、自社株買いを行う主な理由を2つ挙げているが、どちらもこうした資源配分方法が企業にとって最大の利益になると説明している。しかし、これら2つの理由には、次のように大きな誤りがある[21]。

● 経営者はしばしば、市場が自社の株式を過小評価しているため、それを買い戻すことで自社に投資しているのだと主張する。この主張によれば、賢明にも株式を保有し続ける株主は、一株当たり利益の増加によって恩恵を受けることになる。しかし、たとえ自社株が過小評価されていると認められるときに自社株買いを行ったとしても、それは生産能力への投資ではない。むしろ、誰が既存の生産能力から得られる利益に対する請求権を主張することのできる株主になるか、を変えるだけである。こうした株式所有構造の変化が、生産能力への投資を促進するのか、それとも阻害するのかは、全く別の問題である。実際、自社株買いは生産能力への投資を犠牲にし、ひいては将来の利益を低下させる可能性がある。われわれの企業レベルの調査は、自社株買いが革新的な製品への投資をどのように阻害するかを明らかにする。われわれは、自社株買いがどのようにして、経営トップや他の強大な力を有する金融関係者が、労働者や納税者の協力を得て創造された価値を企業から抽出できるようにするのかを示す。さらに、過小評価されているとされる株式を買い戻すことで安い買い物ができるという正当化の理由は、自社株買いの大部分が、株価が低いときではなく高いときに行われていることを示す確かな証拠によって否定される[22]。それは、自社株買いの大部分が、経営トップがストックオプションの行使やストックアワードの権利確定によって利益を得るのに最も都合の良い株価サイクルの時期に行われるからである。

● 経営者はしばしば、従業員が報酬の一部として受け取ったストックオプションを行使した際に生じる一株当たり利益の希薄化を相殺するために、企業は自社株買いを行うのだと主張する。しかし、株式型報酬が、従業員がより懸命かつきびきびと働くよう促すものであるならば、株式型報酬を受け取った従業員には、単に発行済株式数を減らすことで一株当たり利益を増加させる自社株買いからすぐに利益を得ることを認めるのではなく、企業利益の増加や株価の上昇で彼らの努力が報われるまで待たせるべきである。また、調査によれば、幅広い従業員に対象を拡大した株式型報酬制度を有しており、それゆえ希薄化の度合いが大きいハイテク企業においてさえ、自社株買いの量は、従業員がストックオプションやストックアワードで受け取る株式の何倍もの量になる傾向があることが示されている。[23]

自社株買いの横行に対する唯一の論理的説明は、株式型報酬が、経営者が自社株買いを行う十分な動機になっているというものである。[24] 株式型報酬から得られる利益がどれだけ大きなものになるかは、株式市場の好不況にかかわらずＣＥＯの全体的な報酬水準を時間とともに引き上げる「ラチェット効果」を生み出す、ＣＥＯの報酬の決定プロセスに大きく依存する。米国のＣＥＯは、次の５つの手順によって経営者報酬を増やしている。

1. ＣＥＯは、非常に有名で影響力の大きい他社のＣＥＯたちが名を連ね、全員が経営者報酬の「基準《ベンチマーク》」となる水準を上げることに関心を持った、従順な取締役会を任命する。米国企業の取締役選任手続きがどのようなものであれ、取締役を選ぶのは実際にはＣＥＯであることがずっと以前から知られている。[25] ＣＥＯは、自らの経営手腕を高く評価しない取締役から評価されることを望まない。時には、悲惨な企業業績やスキャンダルが原因で、それまで従順だった取締役会がＣＥＯを解任することがある。既存の有力企業を略奪しようと躍起になっているヘッジファンド・アクティビストが、CEOを解任するのが妥当だと考え、委任状による票集めを行うこともある。[26] しかし、一般的には、取締役会がCEOとその配下の幹部たちをそのまま続投させる場合、承認の証しとして彼らに手厚い報酬パッケージを与える。

2. CEOは、会社の経費で報酬コンサルタントを雇い、自身の報酬を、比較対象となり得る企業のCEOたちの報酬に照らして評価する（これらの企業のCEOたちは、まるで偶然のように、そのCEOと同じグループのコンサルタントを雇い、同じ方法で自分たちの報酬を評価している）。コンサルタントは、雇い主であるCEOやその経営幹部チームのメンバーの報酬パッケージを推奨する際、ほぼ例外なく、調査対象となった他社のCEOたちの中央値を大きく上回る（よくあるのは、75パーセンタイル[*12]の）報酬を推奨する。これは、彼らのクライアントが並みの経営者ではないと示すことになるが、はっきり言えば、取締役会がCEOとその経営幹部チームに与える報酬を正当化することが報酬コンサルタントの役割なのである。こうした評価を実施することで、必然的に、すべてのCEOの報酬が時間とともに増加する。CEOたちがお互いの取締役会の主要メンバーであることからすれば、彼らが仲間のCEOの報酬が過大だと不満を訴えることはほとんどない。[27]

3. CEOとその経営幹部チームは、取締役会がストックオプションやストックアワードによって存分に与えることができる通貨、つまり自社株で報酬を得ている。取締役会は、株価が上昇しても下落しても、報酬を上乗せする傾向を示してきた。後者の場合は、株価の下落を相殺するために、新規のストックオプションやストックアワードに詰め込む株式数を増やすことがあり、前者の場合は、既存のストックアワードの権利確定時に、財務目標達成の報酬として追加の株式を付与することが多い。このような手法には違法なものもあるが、経営者および取締役会は、ストックオプションの「リプライシング」や「バックデーティング」[*13]を通じて、あるいはストックオプションを〔株価にとって〕好ましい企業情報が公になる前にタイミングよく付与すること（「スプリング・ローディング」）、または好ましくない企業情報が公になった後にタイミングよく付与すること（「ブレット・ドッジング」）を通じて、より有利な行使価格を確保することで、ストックオプションから得られる潜在的利益にいっそう大きな影響を与えることができる。[28]株式の市場価格がオプション付与時の市場価格（行使価格）を下回っている場合には価値がないストックオプションとは異なり、ストックアワードは、無償で経営者に与えられるため常にいくらかの価値がある。ただし、ストックアワードは、多くの場合、株価や一株当たり利益が決められた水準に達して初めて権利確定する。原則として、株価が高ければ高いほど（たとえそれが一時的な急騰により跳ね上がったものだと分かっても）、ストックオプションもストックアワードも経営者報酬の増加に寄与できる。

4. CEOをはじめとする経営幹部は、前述のとおり、企業が公開市場での大規模な自社株買いを

＊12　データを小さい順に並べたとき、最小値から数えて75パーセントに位置する値のこと。中央値は50パーセンタイルである。

＊13　「リプライシング」とはストックオプションの行使価格を（下げて）再設定すること、「バックデーティング」とはストックオプションの付与日を遡って設定すること、を言う。

通じて株価をつり上げる操作を行えるようにする、SEC規則10b‐18の恩恵を受けられる。

1980年代初頭、学者、監視機関、経営者の間の企業財務に関する議論の中心は、企業が生産能力に投資するのに十分な利益を留保しつつ株主に分配できる配当の金額であった。[29] しかしそれ以降、自社株買いは、規制当局自身の後押しを受けて量が膨大になっただけでなく、企業の間に蔓延していった。コンサルティング会社のファクトセットによれば、株式市場が活況だった2011年下半期から2016年上半期のいずれの四半期においても、S&P500企業のうち360社から390社が自社株買いを実施した。[30] 企業は株価をつり上げるために自社株買いを競って活用し、経営者は株式型報酬からの利益を実現しているのである。

5.

CEOとその経営幹部チームは、1991年に行われた1934年証券取引所法第16条（b）項の再解釈の恩恵に浴することができる。この再解釈によって、1934年以来実施されてきた6カ月間の待機期間が廃止され、経営トップがストックオプションの行使を通じて取得した株式を即座に売却して利益を得られるようになったのである。SECは、1982年に示した自社株買いに対する寛容な姿勢を反映したこの再解釈を通じて、企業の自社株買いの活動に関与する経営トップが、こうしたインサイダー情報を利用してストックオプションの行使や株式の売却のタイミングを計ることで、容易に自身の報酬を押し上げられるようにした。1991年の変更以前は、インサイダーがストックオプションの行使により取得した株式を行使日から6カ月以内に売却した場合、その利益は「短期売買益《ショートスイング・プロフィット》」と見なされ、会社に没収されなければならなかった。1991年、SECは、ストックオプションは金融派生商品《デリバティブ》であると主張し、それ以降、6カ月間の待機期間はオプションの行使日ではなく、付与日に始まるとの裁定を下した。ストックオプションの付与日は常に、権利確定日の少なくとも1年は前であるため、経営トップは今や、企業のインサイダーとして、ストックオプションにより取得した株式を権利行使直後に売却できるのである[31]。

こうした結果、1980年代以降、経営者報酬は爆発的に増加し続け、米国の所得分配における上位0・1パーセントの家計に占める経営幹部の割合が大幅に増加した。第1章の図1-2では、トマ・ピケティとエマニュエル・サエズおよびその同僚らが所得税申告書から収集した、1916年から2011年までの、米国における上位0・1パーセントの家計の所得シェアのデータを示した[32]。過去四半世紀の間、上位0・1パーセントの所得の最大の構成要素は「給与」であったが、株式市場ブームのピークであった2000年と2007年には、それに加えてキャピタルゲインが急増した。この「給与」には、通常の税率で課税される株式型報酬の構成要素がかなり含まれていることもあって、その急増は極めて顕著である。

ピケティとサエズのデータは、内国歳入庁（IRS）に提出された個人所得税申告書から収集したもので、株式型の経営者報酬の構成要素が区別されていない[33]。しかし、なぜ企業が自社株買いを行うのかという問いに答えるには、経営者が株式型報酬からどの程度の利益を得ているかを知ることが極めて重要である。経営幹部の価値抽出行動に動機と報酬を与えているのは、株式型の経営者報酬の構成要素、すなわちストックオプションの行使やストックアワードの権利確定による利益である。また、後述するとおり、こうした株式型の構成要素は、経営者報酬の構成要素の中で飛び抜けて大きい。
連邦税申告書には、申告者の職業に関する情報と、フォームW-2に記載された雇用主証明番号（EIN）を通じて、納税者に主たる給与所得を提供している事業体の業種に関する情報が含まれている。ジョン・バキヤ、アダム・コール、ブラッドリー・ハイムは、1979年から2005年までの特定の年度の連邦税申告書のデータを用いて米国の所得分配における上位の連邦税納税者の職業を分析し、「経営者、管理職、監督者、金融業界の専門家が、近年の所得上位0・1パーセントの約60パーセントを占めており、所得分配の上位0・1パーセントの、1979年から2005年までの所得シェア増加分の70パーセントを占めている可能性がある」ことを発見した。[34]
2005年には、非金融業の経営者、管理職、監督者が、キャピタルゲインを含む所得が上位0・1パーセントに入る納税者全体の41・3パーセントを占めている一方、経営陣を含む金融業界の専門家が同じく17・7パーセントを占めていた。41・3パーセントの非金融業の経営者、管理職、監督者のうち、19・8パーセントが給与所得者で、残りは未公開企業に属していた。[35] 上位0・1パーセントの6・2パーセントを占める「無職、または故人」に次いで多い職業は、弁護士が5・8パーセント、不動産専門家が5・1パーセント、医療専門家が4・1パーセントであった。
スタンダード&プアーズのExecuCompデータベースは、SECのフォームDEF 14A（企業が年次株主総会に先立って［SECに］提出する委任状勧誘書類（proxy statement））で開示された経営者報酬のデータをまとめたものであり、これを利用すれば、高額報酬の企業経営者が所得分配における上位0・1パーセントの家計に占める割合を知ることができる。例えば、2012年の場合、上位0・1

パーセントに入るための、キャピタルゲインを含む所得の基準は190万6047ドルだった。[36]〔委任状勧誘書類での報酬開示の対象に〕「指定された」経営トップ（どの企業でも、CEO、CFO、およびそれ以外の最も報酬の高い3人〔以後、「指定経営者」と呼称する〕）に関する、ExecuCompの2012年の委任状勧誘書類のデータによると、同年のデータベースに含まれる経営者の41パーセントにあたる4339人の総報酬額がこの基準を上回っていた。彼らの平均所得752万4168ドルのうち、64パーセントは株式型報酬の実現利益であり、32パーセントがストックオプションの行使、残りの32パーセントがストックアワードの権利確定によるものだった。

しかし、2012年に上位0・1パーセントクラブ入りした企業経営者の数は、次の2つの理由により、4339人を大きく上回っていた。第1に、指定経営者が企業から受け取る総報酬額には、連邦税申告書には含まれるであろう有価証券や不動産からの所得、他の企業の取締役を務めることに対する謝礼金など、他の報酬以外の形態の所得が含まれていない。企業からの報酬が191万ドルの基準を下回っていた指定経営者が、他の収入源から所得を例えば25パーセント増やすことができたと仮定すると、2012年の上位0・1パーセントに入る指定経営者の数は5095人に増える。

第2に、報酬額が191万ドルの基準を超えているが、委任状勧誘書類の5人の指定経営者に入っていないため、委任状勧誘書類に名前が挙がっていない米国企業の経営者が、米国の所得分配の上位0・1パーセントに（人数は分からないが）多数含まれている可能性がある。例えば、IBMの2012年の委任状勧誘書類に名前が挙がった最も報酬の高い経営者たちのうち、最も総報酬額が低かったのは917万7663ドルだった。IBMには、総報酬額がこの金額と所得分配の上位0・1

パーセントに入る基準である191万ドルの間の経営者たちが、おそらく他に多数いたと考えられる。したがって、米国の所得分配の上位0・1パーセントは、産業界および金融業界の米国企業の経営トップの割合が非常に高く、彼らの企業からの報酬の多く、あるいはしばしば大部分が、ストックオプションの行使やストックアワードの権利確定に伴う実現利益である。1980年代以降、ウォール街が四半期ごとの株価で企業業績を判断してきたことを踏まえれば、株式型報酬が経営者の行動に与える影響を見逃すことはできない。株式型報酬は、自社の株価を四半期ごとにつり上げる強力な個人的動機を経営トップに与える。こうした経営者は、自社株買いによって、たとえそれに伴う株価上昇が一時的なものだとしても、個人的な利益を得られる強力かつSECに認められた株式市場の操作手段を手に入れたのである。

前述のとおり、企業がSECに提出する委任状勧誘書類から作成されたExecuCompデータベースは、米国で最も報酬が高い企業経営者が合計いくら稼いでいるのかを、また総報酬額に占める株式型報酬の割合を明らかにするのに必要な数字を提供している。図4-4は、ExecuCompデータベースに登録された、2008年から17年の各年の報酬額上位500人の経営者の平均総報酬額を示している。ストックオプションとストックアワードによる実現利益が、全体の60パーセントから81パーセントを占めている。[37] 第3章で述べたとおり、米国の企業経営者には、自社の株価を上昇させる動機があり、そうすることで十分な報酬を得ている。SECに認められた自社株買いによって、経営者は私腹を肥やすための手段を自由に使うことができる。この手段を大規模に、幅広く、随所で利用することにより、彼らは米国企業の略奪に加わっているのである。

図4-4　経営者報酬の金額と構成（2008〜2017年）

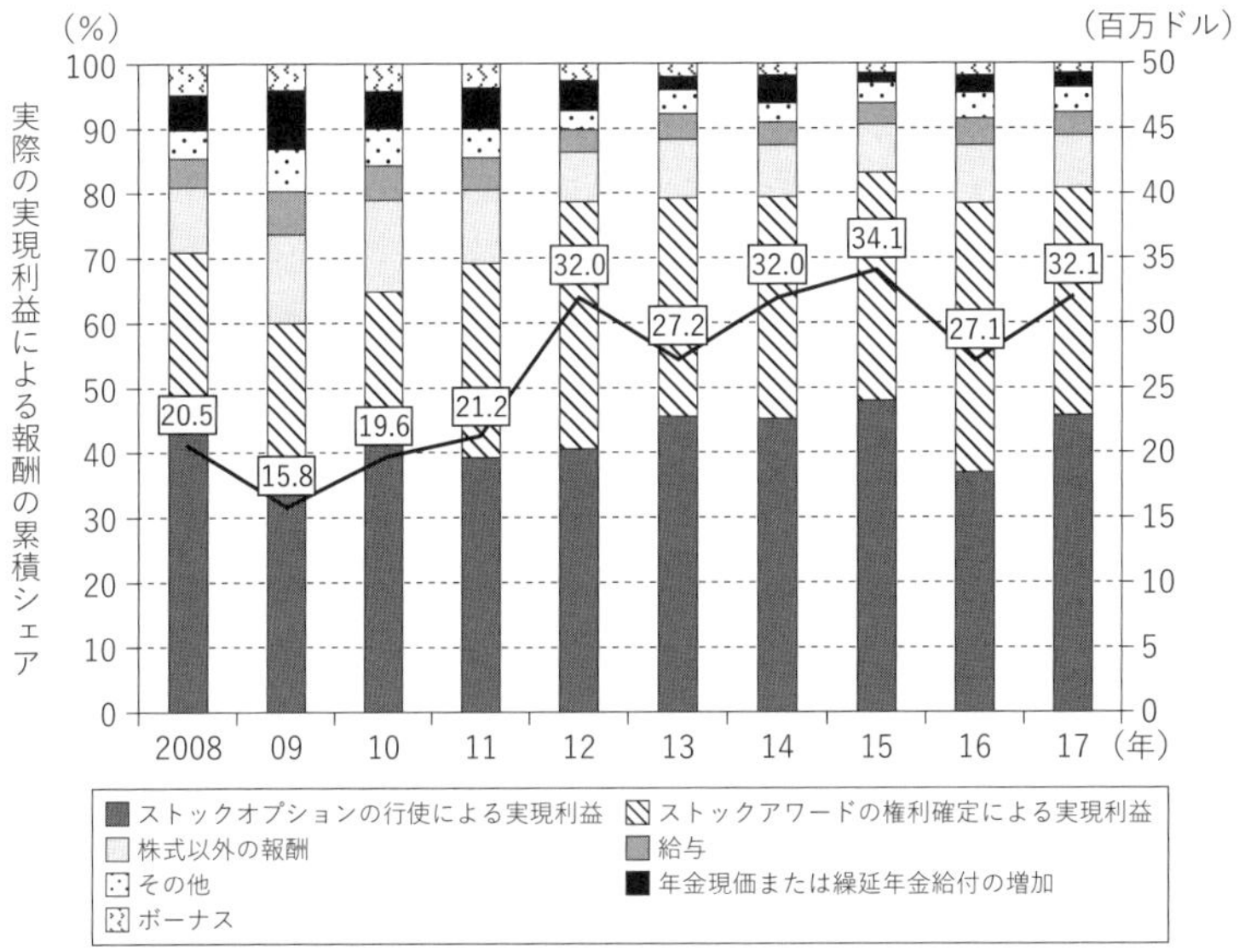

（注）数字は各年の報酬額上位500人の経営者のものである。総報酬額が10億ドル以上と突出して高い、以下の異常値は除外している。2012年のリチャード・キンダー（キンダー・モルガン社）の11億ドル、マーク・ザッカーバーグ（フェイスブック〔現メタ〕）の23億ドル、2013年のマーク・ザッカーバーグの33億ドル。

（出所）スタンダード＆プアーズのExecuCompデータベース（2018年10月11日時点の検索結果を基にした、産学研究ネットワークのマット・ホプキンズによる計算）。

われわれが実証研究の積み重ねによって明らかにしたとおり、企業の経営幹部が自社の株価を操作するために自社株買いを積極的に行おうとする意思は、革新的企業を破壊するものである[38]。第3章の終わりで、自社株買いが戦略的管理、組織的統合、資金調達コミットメントという革新的企業の3つの社会的条件をどのように損なうかまとめたが、それはこうした継続的な研究に基づいている。価値を抽出するCEOは、企業を成長させるのではなく、破壊してしまう。このような企業の「リーダーたち」は、「内部留保と再投資」の体制から「削減と分配」の体制へという、米国のコーポレートガバナンスの変容の最前線に立ってきた。しかし、この変容を主導しているのは、彼らだけではない。第5章と第6章で述べるとおり、「価値抽出のイネーブラー」としての機関投資家と「価値抽出のアウトサイダー」としてのヘッジファンド・アクティビストが、略奪的価値抽出の課題を支援してきたのである。

第5章

価値抽出のイネーブラー

第4章で論じた、企業経営者による法外な価値抽出を可能にしたのは、機関投資家の力の強大化とその誤ったアクティビズムである。「株主価値最大化」イデオロギーに惑わされ、より高い利回りの追求に動機付けられた、年金基金《ペンション・ファンド》やミューチュアルファンドを中心とする機関投資家は、企業の長期的な価値創造を支援しゆっくり時間をかけて適正な価値抽出を行うのではなく、急増する議決権を行使することで、現在では「ヘッジファンド・アクティビスト」として知られる企業乗っ取り屋が、経営幹部と結託して産業企業を略奪することを可能にしてきた。

このような価値抽出のイネーブラーの役割を歴史的な観点から理解するには、機関投資家アクティビズムが、機関株主と企業の関係の標準的な特徴として受け入れられたのはつい最近のことである、という事実に注目することが重要である。機関投資家がまもなく企業の株式の過半数を保有するようになることが明らかになった1980年代においてさえ、議決権行使が機関投資家の受託者責任の一部であることは明確に定まっておらず、ポートフォリオ内の普通株式に付随する議決権の行使に関心を示す機関投資家はほとんどいなかった。また、規制当局も機関投資家に議決権行使を奨励することはなく、むしろ、機関投資家同士のコミュニケーションだけでなく、企業経営陣および一般大衆とのコミュニケーションも厳しく制限していた。物言う株主は、機関投資家アクティビズムの課題を推進するにあたって、伝統的な金融規制は歴史的妥当性を失った時代遅れの遺物だと言って、「株主民主主義」実現の名の下にこうした規制の全面撤廃を強く求めた。機関投資家の議決権とその集約の容易さに支えられた現在のヘッジファンド・アクティビズムの台頭は、機関投資家の誤ったアクティビズムの結果である。こうした企業と機関投資家の関係の変化を理解するには、機関投資家がもともと厳しい規制を受けていた理由を理解する必要がある。

5-1 株主民主主義の起源と機関投資家に対するニューディール金融規制

20世紀初頭に経営者資本主義が登場したとき、公開株式を所有するようになったのは、ほとんどが個人投資家、つまり個人の家計であった。第3章で論じたとおり、個人投資家は、自分が株式のごく一部を所有するようになった企業の経営に関心がなかった。個人投資家が一般的に企業の支配権を経営者に委ねることをいとわなかった理由には、経営者支配の下にある企業が過去に収益を上げるのに成功していたことや、株主がそうした企業の株式の購入を勧めた金融仲介機関を信頼していたこともあった。しかし、このように支配権の放棄をいとわなかったより根本的な理由は、一般株主には、自身の保有する株式は流動性が高いためいつでも株式市場で売却できるという確信があったからであり、「ウォールストリート・ウォーク」として知られるようになるこうした手段があったからだった。彼らが公開株式の保有に前向きだったもう1つの理由は、企業の株式の「所有」には、時間や労力を提供する約束も株式購入に費やした以上の資金提供の約束も必要でなく、責任は株式購入のために支払った資金だけに限定されることだった。もしそのような約束を与えたり企業の金融債務を引き受けたりする義務があったならば、彼らはそもそも株式を購入しなかったであろう。[1]

20世紀初頭から「投資家民主主義」や「株主民主主義」を受け入れ、推進してきた人々は、今日の株主行動主義の特徴である、このような一般株主に対して経営上の意思決定に影響を与えるよう奨励することには全く関心がなかった。ジュリア・オットが『*When Wall Street Met Main Street: The Quest for Investors' Democracy*（ウォールストリートとメインストリートが出会ったとき――投資家民主主義の探求）』で論じているように、「大衆投資の探求に乗り出した知識人層、政界、産業界、金融界のリーダーたち」の最大の関心事は、「企業の力と説明責任」に対する国民の不信感だけでなく、「経済格差の拡大、移民の急増、民族の多様性、ジム・クロウ法による人種隔離、女性の参政権要求など、市民権についての本質的議論を引き起こす」政治的課題に直面して、いかにして安定的で豊かな政治システムを構築するかであった。こうしたリーダーたちは、「大衆投資によって、市民権の資産的基盤を強化し、経済の流動性と自律性を維持し、国家の繁栄を増進し、企業を民意に一致させることができる」と期待した。[2]

1世紀前の株主民主主義の推進者たちは、株主民主主義を資本調達とは関係ないものだと考えていることも明確に示していた。オットは、「彼らは、大衆投資を、資本調達の手段として特に効率的なものとも有利なものとも考えていなかった」と述べ、「資本に対する企業のニーズによって、金融証券に対する大衆の需要が自然に喚起されたわけではなかった」と指摘している。[3] ウィリアム・ラゾニックとメアリー・オサリバンも、「株式市場は、企業の長期的な投資のための資金源泉の役割を果たさなかった。企業が株式を公開する際、株式市場は、株式所有と、企業が内部で生み出す収益に対する戦略的管理を分離するための手段であった」と指摘している。[4]

株主民主主義は、政治的なプロジェクトであり、その国の政治的市民権を有する個人投資家を前提としていた。インベストメント・トラストやミューチュアルファンドのような機関投資家は、株式の所有者ではなく受託者であり、市民としての地位を有していないため、株主民主主義の対象ではなかった。機関投資家はまだ登場したばかりで、1929年の時点では米国株式市場の時価総額の約5パーセントしか保有していなかった。[5] 機関投資家は、投資を分散させることでリスクを管理しつつ資産運用投資の利回りを高めるという、大部分の個人投資家には不可能な選択肢を基本的な機能とする「資金運用者《マネー・マネージャー》」に過ぎなかった。こうした機関投資家の機能は、19世紀後半にスコットランドや英国で誕生した初期の合同運用信託の時代から十分に確立されていたものだった。[6]

また、ニューディール時代に制定された金融市場に対する規制は、一般株主の受動性を重視し、特に機関投資家アクティビズムを抑止するものであった。1929年のニューヨーク証券取引所の大暴落による混乱とその後の経済活動の崩壊に対する政策対応として、1933年証券法、および証券取引委員会（SEC）設立の根拠法である1934年証券取引所法が、金融市場を規制しようとした。ミューチュアルファンドに対する具体的な規制は、1940年投資会社法の成立を待たなければならなかった。ニューディール規制は、株主と企業の関係を統制する3つの恒久的な原則を具体的に示した。それは、（1）インサイダー情報によって利益を得ることを含む「詐欺および欺瞞」を禁止する、（2）株主が集団で行動することを厳しく規制し、投資家カルテルの形成を禁止する、（3）機関投資家に、投資先《ポートフォリオ》の分散を奨励し、経営への影響力を行使させないようにする、というものであった。

ニューディール規制は、その第1の原則の下、株主に財務情報を定期的に、正確に、適時に開示することを公開会社に義務付ける一方で、株主や経営者がインサイダー情報によって利益を得たり、企業資源を不正流用したりすることを禁じた。特に、「詐欺または欺瞞」および「相場操縦的または欺瞞的な策略もしくは術策」が禁止された[(7)]。インサイダー取引抑止のために、オーナー経営者であれ投資家であれ、インサイダーと見なされる者には、「会社証券の売買をすべて報告する」ことが義務付けられた。さらに、インサイダーが「ある会社の証券を購入して6カ月以内に売却することで、もしくは売却して6カ月以内に再び購入することで利益を得た場合、その利益を会社に没収されることを命ぜられる可能性がある」と定められた[(8)]。

第2の原則の下、投資家による「投票集団」の形成は、投資家カルテルであり、厳しく規制される行為だと見なされた。投資家集団の保有株式の合計が一定の基準を超えた場合、その構成員はインサイダーと同じ規制を受けることになった。集団を形成しようとする投資家たちは事前に連絡をとり合う必要があることから、投資家同士のコミュニケーションは厳しく監視された。例えば、1934年証券取引所法は、「ある機関投資家が〔規制の対象となる保有株式の基準を超えるのに〕十分な他の機関投資家に連絡をとった場合、その連絡は委任状勧誘と見なされることになる。……〔その場合、SECへの〕届出が必要となり、届出人は連絡を行った先に様式《スケジュール》14Aで指定された情報を伝えなければならない。同様に、証券諸法が、被支配会社の違法行為に対する支配者の責任を開始させる。支配者集団は、支配される投資先企業の不正行為に対して責任を負う可能性がある」と判断していた[(9)]。

第3の原則に従って、機関投資家は投資先の分散を奨励される一方で、経営支配の追求を禁じられた。連邦議会上院が行った証券市場の調査の結果をまとめた1934年のペコラ報告書は、機関投資家を経営から明確に排除して、ミューチュアルファンドは投資を行うことしか認められないと明言した[10]。この原則は、1936年の税法にも、「もう1つの予防策は、……インベストメント・トラストまたは投資法人が、ある企業の支配権を獲得し、その業務をコントロールするために設立されるのを防ぐことである」として盛り込まれた[11]。1940年投資会社法が制定された際には、SECの高官が「ミューチュアルファンドの有益な機能は〔投資対象の〕分散の提供だけであり、その機能の拡張は不法な取得行為になるリスクがある」と証言したほどだった[12]。

機関投資家に企業支配を認めれば、彼らはその立場を利用し、他の株主を犠牲にして自らの利益を追求する傾向があるため、経営と機関投資家を明確に分離したこの規制は、利益相反の可能性を排除する必要性に応えるものでもあった。さらに重要なことに、この規制の背景には、機関投資家と経営陣は根本的に異なる機能を果たす、つまり、前者が基本的にその規模や〔投資対象の〕分散の利用を通じて個人の株式投資を手助けする投機家あるいは貯蓄者であるのに対して、後者は、企業において、高品質で低コストの財やサービスを生産することにより価値を創造する、という明確な理解があった[13]。それゆえ、ミューチュアルファンド業界は、政府による規制に反対するどころか、「商品の販売を望んでおり、一般の人々に業界の役割を証明するための行動規範を必要としていた[14]」ため、規制を喜んで受け入れた。

これら3つの原則は十分に定着していたため、1980年代まで疑問視されることはなかった。例えば、年金に対する規制の必要性が高まってきたことへの政策対応として、1974年に従業員退職所得保障法（エリサ法）が導入された際も、同じ原則が支持された。第1に、エリサ法の規定は、雇用主やファンドマネージャーの自己取引行為を禁止した。第2に、年金基金が過剰なリスクをとらないようにさせ、投資ポートフォリオを非常に広く分散させるように奨励した。第3に、年金基金は、ポートフォリオ内の企業に支配権を行使しないことを義務付けられ、行使しようとした場合には非課税の資格を失う可能性があった。[15] こうしたことから、ピーター・ドラッカーは、年金基金に「『経営』を試みる権利はない。……例えば、取締役会の一員となり、取締役の義務を引き受けることは、1974年の年金基金改革法［エリサ法のこと］で明確かつ厳密に定義された……「受託者」としての義務と相容れない」と指摘した。[16]

しかし、1980年代に入ると、これらの原則は次第に攻撃を受けるようになった。第4章で述べたとおり、1982年のSEC規則10b-18の導入によって、企業経営者が自社株買いを通じて株価を操作できるようになり、第1の原則が著しく損なわれた。また、これらの原則は、急増する機関投資家の議決権の活用方法を見出した、企業乗っ取り屋をはじめとする物言う株主の攻撃によっても侵食された。こうした行動は、企業は「株主価値最大化」のために経営されるべきだというイデオロギーを支えるエージェンシー理論が広く受け入れられたことで正当化された。この後の節では、こうした変化を説明し、それがどのようにして価値抽出プロセスを可能にし、価値創造と抽出の不均衡の原因となったのかを示す。

5-2 機関投資家の議決権の増加

米国企業の所有構造は、従来「分散所有」が特徴だとされていた。1932年にアドルフ・バーリとガーディナー・ミーンズがこの古典的な説明を提示し、その結果として「所有と支配の分離」を指摘して以来、これがコーポレートガバナンスや経済パフォーマンスに関する議論の出発点となった。(17) 米国における株式保有自体が依然として分散していることは間違いない。しかし、その分散の特徴は質的変化を遂げていた。古典的な分散においては、株式の実際の所有者である個人投資家が株式を保有していたとすれば、現在の分散の顕著な特徴は、株式の最終的な所有者である貯蓄者の受託者、つまり機関投資家が株式を保有していることである。

こうした株式保有の機関化（institutionalization）は、20世紀後半を通じて進行し、21世紀に入っても継続している。図5-1に示したとおり、米国の公開株式の機関投資家保有比率は、1950年にはわずか7パーセントであったが、1960年には14パーセント、1970年には26パーセント、1980年には40パーセント、1990年には52パーセント、2000年には61パーセント、2017年には63パーセントにまで上昇した。なお、連邦準備制度理事会のデータセットから作成された図5-1では、ヘッジファンドやプライベート・エクイティ・ファンドは、そのほとんどが他人の資金をプールして運用することで機関投資家として機能しているにもかかわらず、「機関投資家」

図5−1　米国における機関投資家の株式保有比率の推移（発行済株式全体に対する割合）

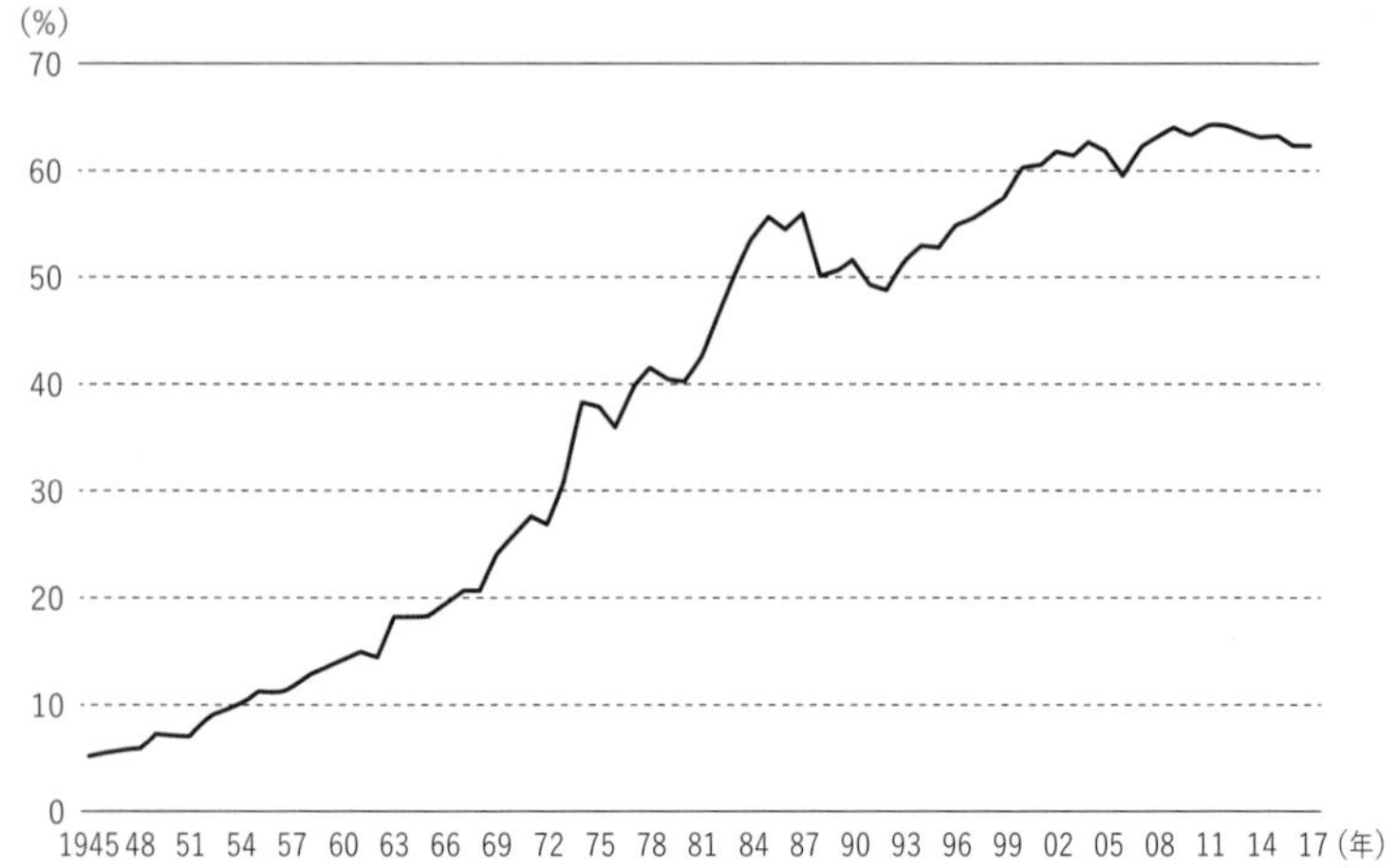

（出所）Board of Governors of the Federal Reserve System (2018), Federal Reserve Statistical Release Z. 1から推計。

ではなく「家計」に分類されていることに注意が必要である[18]。ヘッジファンドやプライベート・エクイティ・ファンドを機関投資家に含めれば、実際の機関投資家の保有比率は図5−1よりも大幅に高くなるだろう。例えば、『ペンション・アンド・インベストメント』紙は、2017年4月の機関投資家の株式保有比率を、S&P500種指数の時価総額の80・3パーセント、米国の市場を広範にカバーするラッセル3000種指数の78・1パーセントと推計している[19]。

株式保有の機関化における顕著な傾向は、機関投資家の数が爆発的に増加したにもかかわらず、株式が比較的少数の大手機関投資家に極端に集中したことだった。例えば、2018年9月には、株式保有上位10社の機関投資家が保有する株式が8・5兆ドルで、上位100社の機関投資家が保有する株式の半

表5-1　機関投資家の間における株式保有の集中（2018年）

順位	機関投資家	保有株式（10億ドル）
1	バンガード・グループ	2,203
2	ブラックロック	1,894
3	ステート・ストリート	1,111
4	キャピタル・グループ	793
5	フィデリティ・インベストメンツ	672
6	ティー・ロウ・プライス・グループ	567
7	ウエリントン・マネージメント・グループ	371
8	ノーザン・トラスト・グローバル・インベストメンツ	324
9	ジオード・キャピタル・マネジメント	307
10	バンク・オブ・ニューヨーク・メロン	297
	ビッグスリー	5,207（33.8%）
	上位5社	6,672（43.3%）
	上位10社	8,538（55.5%）
	上位25社	11,065（71.9%）
	上位100社	15,395（100%）

（出所）Capital IQ.

分以上（55・5パーセント）を占めていた。この上位10社の機関投資家の間でさえ、集中が著しかった。ブラックロック、バンガード、ステート・ストリートの「ビッグスリー」が、上位100社の機関投資家が保有する株式の3分の1以上（33・8パーセント）にあたる5・2兆ドルの株式を保有していたのである（表5－1）。ビッグスリーは、「すべてのS&P500企業の約20パーセントの株式について、議決権をまとめて行使している」と推計されている。[20] 米国の株式市場は、バンガードの創設者ジョン・ボーグルが「投資社会アメリカのキングコング」と呼んだものによって支配されているのである。[21]

従来の「分散所有」の説明では、一般株主は経営に影響を与える手段を持たない無力な「少数株主」だとされている。

表5-2　機関投資家が5パーセント以上の株式を保有している世界の企業数（2018年）

機関投資家	世界の企業数
ブラックロック	2,985
バンガード・グループ	2,067
フィデリティ・インベストメンツ	1,058
キャピタル・グループ	468
ティー・ロウ・プライス・グループ	451
ウエリントン・マネージメント・グループ	383
ステート・ストリート	217
バンク・オブ・ニューヨーク・メロン	75
ノーザン・トラスト・グローバル・インベストメンツ	13
ジオード・キャピタル・マネジメント	0

（出所）Capital IQ.

しかし、「キングコング」と呼ばれる機関投資家は、個々の企業に対してかつてないほど多くの議決権を集めていた。例えば、現在6兆3000億ドルの運用資産残高（AUM）を有する世界最大の機関投資家ブラックロックは、2018年9月の時点で、世界の2985社の発行済株式を各々5パーセント以上保有していた。また、バンガードも2067社、フィデリティも1058社の株式を各々5パーセント以上保有していた（表5-2参照）。2013年、『ニューヨーク・タイムズ』紙は「株主の巨人、ひそかにうごめく」と題した記事で、ブラックロックが「エクソンモービルやシェブロン、AT&Tやベライゾン、JPモルガン・チェースやシティグループ、GEを含む800社以上の米国企業において、5社に1社の割合で単独筆頭株主」であると報じた。また、ブラックロックは、米国の全上場企業およそ4300社の約40パーセントにあたる1803社の株式を5パーセント以上保有している[22]。

これらの巨大機関投資家が世界の歴史上最も分散した

株式投資を行っていることを考慮すると、それらの個々の企業に対する議決権はいっそう注目すべきものとなる。主要なミューチュアルファンドや年金基金は、インデックスファンドや上場投資信託（ＥＴＦ）での〔株式の〕保有に大きく依存しており、投資先企業が1万社を超えることもあるため、事実上「市場を所有している」ことになるのである。それらのポートフォリオはしばしば「過剰な分散」だと批判されるが、依然として非常に多くの上場企業の単独筆頭株主である。

インデックスファンドの議決権に関する重大な問題は、たとえインデックスファンドがすでに米国の公開企業の最も重要で力のある株主となっており、将来さらにそうなるとしても、インデックスファンドには議決権行使への関心もなければその能力もないことにある。２０１８年、ジョン・Ｃ・コーツは、「インデックスファンドは今や、米国のほぼすべての公開企業の20パーセント以上、ことによると30パーセント以上を所有している」と推計した。[23] 彼の推計値に大きな幅があるのは仕方のないことである。第1に、米国投資信託協会（ＩＣＩ）が公開しているインデックスファンドの公式統計には、「インデックスファンドとして登録された資産」しか含まれていない。しかし、年金基金、保険会社、非営利組織が保有する資産の大部分はインデックス型で運用されており、その割合も増加している。第2に、この統計には海外のファンドが含まれていない。海外のファンドは、米国株全体の約20パーセントを保有しており、国内のファンドと比べてインデックス型で運用されているものがずっと多い。[24] 第3に、「アクティブファンド」を名乗るファンド」の大部分が、実際にはインデックス型で運用されている。[25] コーツの推計値の下限〔20パーセント〕と上限〔30パーセント〕のどちらを採用するにせよ、米国の公開企業の株式保有におけるインデックスファンドの優位が、当分の間さらに強まることは避けられない趨勢にある。コーツは、「現在の増加率が続けば、……遅くとも2030年には、米国市場全体がこうしたファンドによって保有されることになるだろう。しかし、この増加傾向が収まったとしても、まもなくほとんどの企業の株式の過半数がインデックスファンドによって所有されることになるだろう」と推計した[26]。

1980年代の物言う株主たちは、次節で詳述するとおり、機関投資家の議決権の増加に依存し、また機関投資家にさらに力を与えることで、大企業の「独裁的な経営」とされるものを「是正する」ための改革運動を展開した。彼らの行動は、機関投資家をますます行動的にして、規制の大幅な変更をもたらし、投資家カルテルの禁止や公開株式の保有と企業経営の分離に関する従来の原則を侵食し、最終的にはそれを完全に破壊することに成功した。

株主行動主義の支持者は、機関投資家に力を与えることを主張するにあたり、機関投資家は、絶大な力を有する企業経営陣に対して懸念を表明する有効な手段を持たない、か弱い「少数株主」だと説明した。物言う株主たちは、事実上の投資家カルテル、株主間の自由なコミュニケーション、経営陣との「エンゲージメント」を禁じていた規則を変えることで、経営陣に対する機関投資家の力を強化しようとした。彼らは、「株主のために価値を創造する」という企業の重大な問題は、機関投資家アクティビズムに対する従来の規制を撤廃することでしか解決できないと主張した。一方、1980年代、株式保有は機関投資家に集中し、1980年には発行済株式全体の40パーセント、1990年には52パーセントにまでなっていた（図5-1）。1980年代から90年代にかけて物言う株主の扇動で導入された規制変更が、議決権の集約の障害を取り除くことで機関投資家の力をいっそう強める役割を果たした結果、ヘッジファンド・アクティビストが企業の世界をやすやすと歩き回って略奪的価値抽出を行うためのお膳立てが整ったのである。

株主行動主義の支持者は、機関投資家に力が与えられれば、機関投資家は最終的な顧客のため、また潜在的には株主の共通の利益のために議決権を行使するだろうと主張した。しかし、機関投資家は、しばしば企業経営者以上に、エージェンシー問題や利益相反を引き起こしやすいことが判明している。また、巨大機関投資家は、インデックスファンドに大きく依存するようになっており、個々の企業の経営上の意思決定を常に把握したり、保有する普通株式の議決権を理にかなった方法で行使する能力を高めたりすることにはほとんど関心がない。皮肉なことに、機関投資家の議決権行使の正当性は、機関投資家の議決権が増加するにつれて失われてきたと言って良い。こうした変化とその結果については、この後の節で検討する。

5-3 機関投資家アクティビズムの進化

1980年代には、自分たちが公共の利益だと考えるものを実現するために企業改革を推進する、さまざまなアクティビストの集団が存在した。同時に、企業を「改革する」プロセスから利益を得ようとする露骨な意図を隠さない、企業乗っ取り屋を含む株式市場のトレーダーの集団も存在した。こうした改革派と乗っ取り屋の連合体は、コーポレートガバナンスにおける「株主民主主義」の名の下

図5−2　機関投資家と企業の関係に関する規制の変化

ニューディール金融規制（1930 年代）

・公開株式の保有と企業経営の分離の原則の確立

エリサ法の規制（1974 年）

・ニューディールの原則の維持

機関投資家アクティビズムの形成（1985 ～ 86 年）

・機関投資家評議会（CII）の設立（1985年）
・インスティテューショナル・シェアホルダー・サービシーズ（ISS）の設立（1985年）
・ユナイテッド・シェアホルダーズ・アソシエーション（USA）の立ち上げ（1986年）

エイボン・レターと労働省・財務省指令（1988 年）

・年金基金に対する議決権行使の強制

SEC の委任状勧誘規則の改正（1992 年）

・事実上の投資家カルテルの容認
・「コミュニケーションとエンゲージメント」の無制限の自由

議決権代理行使に関する SEC の最終規則（2003 年）

・ミューチュアルファンドその他の投資顧問に対する議決権行使の強制

に、伝統的なニューディール金融規制に大きな変化をもたらすことに成功した[27]。本節では、こうしたコーポレートガバナンスや金融規制の変化のプロセスを要約し、その結果を批判的に検討する。規制変更の概要は、図5−2に示したとおりである。

5・3・1　ロバート・モンクス――機関投資家アクティビズムは必然だったのか？

後に「コーポレートガバナンスの概念の請負人」あるいは「コーポレートガバナンスの変革者[28]」と評されるようになったロバート・モンクスは、機関投資家アクティビズムを正当化し、機関投資家に力を与える上で最も重要なイデオローグ、行政官、実業家であったが、同時にモンクス自身この変革から利益を得ようとしていた。モンクスの主張とキャリアを詳細に検討することが、機関投資家アクティビズムの進化と結果を明らかにする。

モンクスは、1984年に年金・福祉給付プログラム局長として労働省に入省したが、それ以前は弁護士、実業家、銀行家として働き、政治家を目指していた。彼の伝記を著したヒラリー・ローゼンバーグによれば、「モンクスがこの仕事に就いた唯一の理由は、自らのコーポレートガバナンスの課題を推進するためであり」、「彼の主な関心事は、年金基金が企業の所有者として行動する受託者責任を負うという考え方の確立であった[29]」。彼は入省当初から、年金局長として1年だけ働き、政府での経験をコーポレートガバナンス分野でのビジネスキャリアに利用するつもりだった[30]。

モンクスは、後にコーポレートガバナンス・アクティビストの間で画期的だと考えられるようになった「企業市民としての機関株主」と題したスピーチで、年金制度担当職員に向かってこう述べた。

私には、機関投資家が行動主義的な企業市民でなければならないことが自明の理であるように思えます。……機関投資家がわが国のあらゆる大企業の株式を大量に所有していることを考えると、経営陣を黙って支持したり……経営陣の企業運営に賛成できない場合に〔株式を〕売却したりすることは、必ずしも現実的ではありません。……機関投資家は、企業市民権の行使により、率先して条項を提案し可決すべきではないでしょうか。……経営に問題のある企業から逃げ出したいと思っても、全員が同時に逃げ出すことはできません。……したがって、好むと好まざるとにかかわらず……実務上、機関投資家はますます積極的な株式の保有者かつ所有者になり、ますます受動的な投資家ではなくなっていかざるを得ないでしょう。[31]

このスピーチには、より強力なアクティビズムの要求と、「所有者」という言葉の使用という、2つの注目すべき点がある。1点目に関して、モンクスは、後のコーポレートガバナンス・アクティビストと同様に、機関投資家の株式保有の増加に伴って、投資家が「ウォールストリート・ウォーク」に頼ることがより困難になったのを当然だと考えていた。より強力な機関投資家アクティビズムの提唱は、このように困難さが増したことの当然の帰結だった、というのである。

しかし、分散投資を奨励した伝統的な機関投資家規制の観点からすれば、こうした主張は馬の前に荷車をつなぐものである。分散投資が奨励されたのは、資産ポートフォリオ全体のリスクを分散させるためだけではなく、機関投資家が、必要に応じてポートフォリオ内の株式を売却することで、容易にウォールストリート・ウォークをできるようにするためでもあった。機関投資家の株式保有が増えるにつれて、株式売却のための市場の流動性が高まり、実際に機関投資家が他の機関投資家に株式を売却してウォールストリート・ウォークをすることが容易になったのである。流動性の高い株式市場を前提にすれば、どんな機関投資家も特定のポートフォリオから「抜け出せない」理由はない。ところが、モンクスは、機関投資家の株式保有全体の増加を、機関投資家の株式保有が流動性に乏しいと主張する理由として持ち出し、この流動性が低いという前提を、より強力な機関投資家アクティビズムの必要性を正当化する口実に利用したのである。

こうしたより強力なアクティビズムを主張するにあたって極めて重要な作戦が、あたかも機関投資家がみな同質であるかのごとく説明することである。しかし、機関投資家は、年金基金、ミューチュアルファンド、大学その他の市民社会組織、保険会社、信託銀行、その他の投資会社を含む、多様な集団である。1984年から85年にかけてモンクスが米国政府の年金行政のトップとして影響力を有していた年金基金においてさえ、私的年金基金の間でも公的年金基金の間でも、投資目的や手法が各々異なる。機関投資家は一般的に、投資成績を向上させ、より多くの顧客を引きつけるために、互いに激しく競争している。こうした機関投資家を一括りにして、特定の企業に対するアクティビズムの強化を促すことは、投資家カルテルの形成を求めることに等しい。また、インデックスファンドの成長が示すように、機関投資家は一般的に個別企業の状況を詳しく知ることに関心を示さない方向に進化した。大部分の機関投資家の主たる関心事は依然として分散投資である。機関投資家の投資は、その目的や手法の点で、より焦点を絞った積極的《アクティブ》な方向ではなく、より分散した受動的《パッシブ》な方向に進化してきたとさえ言うことができる。

2点目に関しては、大量の株式が機関投資家によって「所有」されているというのは、意図的な虚偽の説明である。機関投資家は、運用資金の出し手である家計や組織の受託者もしくは被信託人である。ロースクールで学んだモンクス自身、こうした法的状況を明確に認識しており、著作やスピーチの中で「受託者」という言葉を少なからず使っていた。その一方で、「所有者」という言葉もしばしば使っていた。機関投資家を「所有者」と表現するこうしたレトリック戦術は、「所有者 対 経営者」という垂直的関係、つまり企業経営者はその企業を「所有する」機関投資家の代理人であるという関係が広く受容される一因となった。しかし、ひとたび法人格を与えられたならば、だれもその企業を所有することはできない。その企業は、法人として経営者と契約を結び、株主に証券を発行する。[32]企業経営者は企業の被雇用者である。機関投資家が資金運用の受託者であるのと同様、企業経営者は企業経営の受託者であり、企業経営者と機関投資家の関係は2つの異なる受託者間の水平的関係である。それにもかかわらず、モンクスや他の物言う株主たちは、公の言説においてこうした関係を歪め、政策立案者や学者、さらには実業家にも次第にその歪みを浸透させた。[33]

しかし、先に強調したとおり、機関投資家は資金運用の受託者であり、保有する株式の「所有者」ではない。同様に、企業経営者は、取締役会から権限を与えられた企業経営の受託者である。繰り返しになるが、機関株主と企業経営者の関係は基本的に、2つの異なる受託者間の水平的関係なのである。

5・3・2　機関投資家の連携——公的年金基金の主導的役割

ロバート・モンクスが主に、自らのコーポレートガバナンスの課題を通じて機関投資家アクティビズムを推進するイデオローグであったとすれば、公的年金基金はその実践者であり、企業に対して直接的な行動をとった。公的年金基金は、株主としての権利と影響力を行使し、自らのアクティビズムのための統括組織を設立し、アクティビズムを強化するような規制変更を米国政府に働きかけることで、これを実行したのである。1980年代、公的年金基金は「コーポレートガバナンスへの介入の最も熱心な提唱者」であり、あたかも自分たちがルールの決定者であるかのごとく振る舞い、投資先企業が採用すべき「最良のコーポレートガバナンス実務」の指針を作成した。[35]

1950年代以降、企業や政府の確定給付型年金制度が急速に拡大したため、年金基金が米国で最大の機関投資家集団として台頭した。年金基金は、1975年までに米国企業の株式の16パーセントを保有するようになったが、これはミューチュアルファンドの4倍であった。年金基金の中でも、私的年金基金は、全体として公的年金基金よりはるかに規模が大きかったが、機関投資家アクティビズムには関心がなかった。私的年金基金のほとんどは、企業が従業員のために運営するものであり、その運用責任者が自社や他の企業に対してアクティビスト的な立場をとることは一般的に考えられなかった[36]。

公的年金のファンドマネージャーは、企業年金とは異なり、企業部門の年金受給者を代表しているわけではないため、投資先企業に関してより自由にアクティビスト的な立場をとることができた。また、公的年金の顧客である公的部門の労働者の退職給付は、州政府または連邦政府によって事実上保証されており、企業部門の労働者に対する共感は比較的小さかった。そのため、公的年金は、労働者の利益と株主の利益が対立した場合には後者を優先し、一時解雇《レイオフ》や事業売却をもたらす企業乗っ取り屋主導の企業再編を支持することさえ自由にできた[37]。

さらに、公的年金は、そのほとんどが確定給付型年金制度を維持しており、確定拠出型年金制度への移行が非常に遅れていたが、企業では1980年代からこうした移行が勢いを増していた。確定給付型年金制度では、雇用主が年金制度の積立不足の可能性にさらされるが、確定拠出型年金制度ではそれがない。公的年金基金の理事たちは、集団的な株式保有の力を利用して株主行動主義を強化し、株式市場からより高い利回りを追求することでこうした積立不足の可能性を回避しようとした。また、公的年金基金は、私的年金基金を規制する連邦政府のエリサ法が適用されず州によって規制されていたため、またその理事や幹部の多くが地元の行政官、政治家、労働組合員などであったため、規制当局により緊密にアクセスできた。それゆえ、公的年金基金にとって、投資ポートフォリオの株式組み入れ比率を高め、株主行動主義を利用してポートフォリオの高利回りを追求することが可能になるような規制変更の実現が比較的容易だったのである。[38]

公的年金基金の中でも、1980年代に機関投資家アクティビズムのリーダーとして登場したのが、カリフォルニア州職員退職年金基金（カルパース）であった。当時、カルパースは世界最大の機関投資家であったため、その規模が力の行使を可能にしていた。また、カルパースは、最もコストの高い年金制度の1つとなっていたため、株式への投資を拡大し、投資先企業への影響力行使に積極的になることで、投資利回りを高める必要に迫られていた。[39] 1968年に毎年の生計費調整（COLA）を導入したカルパースは、その2年後に、65歳で退職した労働者に最終の給与額の90パーセントを生涯にわたって支払うという非常に手厚い年金方式を採用した。カリフォルニア州の有権者による1966年の住民投票の承認を受けて、ポートフォリオの25パーセントまで株式に投資できるようになっていたカルパースは、1980年代初頭、その上限を60パーセントまで引き上げるよう許可を求めた。有権者はこの提案を否決したが、1984年には別の提案を承認した。この提案は、「同様に、カルパースに［株式への］投資拡大を認める」一方で、［株式の組み入れ］比率の上限を明示せず、体裁を整えるために「カルパースの幹部は、慎重に行動しなかった場合、個人的に責任を負うという条項」を付け加えたものであった。[40] このような甘い制度は、他の公的年金基金に課せられた制限とは対照的であり、それらの公的年金基金の多くは、1990年代半ばまでポートフォリオにほとんど、あるいは全く株式を組み入れていなかった。[41]

1986年以降、カルパースは、前年に設立された機関投資家評議会（CII）と緊密に連携して大規模な株主作戦行動《キャンペーン》を開始した。カルパースは、CII加盟の機関投資家がアクティビスト・キャンペーンの標的を特定しやすくするための、「業績不振」企業リストの作成を主導した。[42] また、すべての株主が平等な議決権を有するという原則を定めた株主の権利リストを作成し、企業がグリーンメールの支払い〔買い占められた株式のプレミアム価格での買戻し〕を行ったり、ポイズンピル〔新株予約権等を用いた敵対的買収防衛策〕を導入したりする際には、事前に株主の承認を求めることを要求し、企業経営者の特別ボーナスその他の報酬については、社外取締役の過半数の承認を求めた。1989年には、カルパース自身が従来の委任状勧誘規則を改正するための運動を開始し、これが1992年のSECによる委任状勧誘規則の画期的な改正につながった。これについては、5・3・5項で詳しく述べる。

5・3・3　機関投資家と企業乗っ取り屋の連携――CII、USA、ISS

1985年に「コーポレートガバナンスを訴える手段」として設立された機関投資家評議会（CII）は、機関投資家の集団的利益を支持するために作られた最初の公的組織である。CIIは22の公的年金基金および組合年金基金によって設立され、カリフォルニア州財務長官ジェシー・ウンルー、ニューヨーク市会計監査官ハリソン・J・ゴールディン、ウィスコンシン州投資委員会委員長ジョン・コンラッドが初代共同議長に就任した。

カリフォルニア州で2番目に長く（1975年から87年まで）州財務長官を務めたジェシー・ウンルーは、CIIを創設し、カルパースとカリフォルニア州教職員退職年金基金（カルスターズ）を機関投資家アクティビズムの先駆者に育て上げた最大の立役者であった。ウンルーの指揮の下、カリフォルニア州はウォール街の銀行家を通じて大量の州政府保証債を発行したため、彼は「米国財務省を除けば、政治的に最も力のある財務官」と呼ばれ、「かつては地元の蚊の駆除区域の責任者と同じくらいの政治的影響力しか得られなかった……仕事を、カリフォルニアからウォール街にまで届く財政的・政治的な力の源泉に……変えた」と評価された[43]。

本人の説明によれば、ウンルーは、「カルパースをはじめとする」カリフォルニア州の年金基金が大株主であったテキサコやウォルト・ディズニー・プロダクションが、1984年にグリーンメールの支払いを行ったことに激怒していた。こうした行動をきっかけに、ウンルーは全米の公的年金基金に対して、基金の財政に害を及ぼすような企業経営上の意思決定に反対するための新しい株主組織を支持するよう呼びかけた。また彼は、当時労働省で私的年金制度を監督する責任者の立場にあったモンクスと緊密に連携していた。モンクスは、「大手機関投資家の結集の必要性」についてウンルーと意見が一致し、彼が超党派の組織としてCIIを設立するのを支援した[44]。その後、CIIは「125以上の公的年金基金、組合年金基金、企業従業員年金基金、寄付財産《エンダウメント》、財団《ファウンデーション》」から成る世界的組織に成長した[45]。

CIIが機関投資家の株主行動主義の運動を展開していたとすれば、1986年に企業乗っ取り屋のT・ブーン・ピケンズによって設立され、6万5000人以上の会員を擁するユナイテッド・シェアホルダーズ・アソシエーション（USA）は、表向きは小株主の利益を代表していた。USAは、「業績が振るわず、企業業績に影響されにくい経営トップの報酬制度や、ガバナンスの問題に対する株主の意見具申を制限する方針」を有する企業の「標的《ターゲット》50社」リストを作成することで、企業に圧力をかけた[46]。USAは、標的企業に対して、株主の利益により敏感に反応するようにガバナンス構造を修正するよう交渉を試みた。また、標的企業が要求に応じない場合には、株主提案を行うために会員の票を動員した。USAは個人投資家の代表であると主張していたが、カルパース、大学退職株式基金（CREF）、ニューヨーク市職員退職年金基金（NYCERS）といったいくつかの大口機関株主がUSAに代わって提案を行った。USAは、1992年、SECの委任状勧誘規則が大幅に改正されると間もなく、「ミッション完了[47]」と言って勝利を宣言し、1993年に解散した。

モンクスは、1985年に労働省を辞めるとすぐに議決権行使助言会社インスティテューショナル・インベスターズ・サービシーズを設立し、同年インスティテューショナル・シェアホルダー・サービシーズ（ISS）に社名変更した。モンクスは、年金局長時代にはすでにISSのアイディアを提示しており、1984年12月の講演で次のように論じていた。「現在の受託者は、所有者として行動する気もないし、そのための訓練も受けていない。受託者がそれ「議決権を行使する能力」を手に入れるか、あるいは新しい制度が開発されなければならない[48]」。後に、彼は労働省の公聴会でこの「新しい制度」についてより詳しく説明し、「エリサ法が適用される企業年金基金の提供者《スポンサー》とその運用者《マネージャー》は、議決権行使を中立的な第三者に委ねる……時が来た」と述べた[49]。

モンクスは、自身が公共の利益だと考えるものを追求する物言う株主であっただけでなく、「ファンドのために議決権行使の業務を行う会社というアイディアを売ること」で利益を得ようとする実業家でもあった。彼は当初から、少なくとも家族に対しては、労働省には1年だけ在籍し、その後は実業界で自らのコーポレートガバナンスの課題を追求するつもりだと明言していた。あるファンドマネージャーは、労働省の年金局長として「中立的な第三者」が議決権行使について助言する必要性を説いたモンクスを、利益を得ようと企んでいるとして直接こう咎《とが》めた。「モンクス、ちくしょうめ。貴様は、政府に入り込んで山火事を起こし、それから俺たちに消火器を売りに来る気だな(50)」と。

その後モンクスは、〔DNAの〕二重らせんに基づくアナロジーを用いて、個人的な利益追求を機関投資家が行う株主行動主義の公共の利益と両立し得るものだとして正当化した。モンクスは、ねじれた梯子《はしご》のように並ぶ2本の分子の鎖から成るDNAの構造を示して、1本の鎖はアクティビズムの「使命」を、もう1本の鎖はアクティビズムから得られる「お金」を表していると主張した。モンクスは、「儲かるビジネスの構造を通じて、コーポレートガバナンスの発展を追求」したいと述べ、「私のアイディアは、ビジネスとして、自分にとって実際に金銭的価値のあるものにしか金を出さないことに慣れている人々にとって意味があるものにしなければならなかった。私は、良いガバナンスが良いビジネスであることを絶えず証明しなければならなかった。……平行な二重らせんの力は、接することはないものの、互いに不可欠なものである」と説明した(51)。

モンクスのビジネスに対する野望は概ね達成された。彼は、利益相反の疑いでSECの取り調べを受けた後、1990年にはISSを書類上退いて、300万ドル相当の同社株式を撤回不能信託に譲渡し、甥のニコラス・ヒギンズと息子のロバートを受託者とした。[52] その後は、レンズ・ファンドのような「コーポレートガバナンス・ファンド」を設立して、「二重らせん」方式でコーポレートガバナンス・アクティビズムを継続した。[53] ＩＳＳは今や、「13カ国の19事務所に１２００人の従業員［を擁しており］、毎年１１５カ国の約４万２０００の株主総会を対象として、３兆７０００億株に相当する９６０万以上の票［のために］……プロキシー・リサーチ［株主総会の議案の分析］と議決権行使に関する推奨を行う」グローバル企業にまで成長した。[54] しかし、この後で詳述するとおり、公共の利益に貢献するというモンクスの試みが成功したかは、極めて疑わしい。

5・3・4　機関投資家に受託者責任としての議決権代理行使を義務付ける

１９８０年代の機関投資家アクティビズムの高まりがもたらした最初の大きな規制変更が、１９８８年のいわゆる「エイボン・レター」だった。この書簡は、労働省の副次官補が、エリサ法の下での年金基金の受託者責任に関する労働省の見解を明確にするため、エイボン・プロダクツ社の退職者委員会に送ったものである。この書簡は、受託者責任としての議決権行使に対する労働省の見解を初めて文書で示したもので、「この事例で示された問題に関して、議決権がどのように代理行使されるべきかの判断は、年金資産運用の受託者の行為である」と述べている。その後のスピーチで、労働省の当時の次官補は、「この義務を果たすために、エリサ法が適用される年金制度の提供者《スポンサー》は、議決権代理行使に関する詳細な方針を作成し、すべての議決権行使とその理由を記録しておかなければならない」と主張した。[55] こうした見解は、１９８９年に労働省と財務省が発表した「年金基金の投資に関する声明」でも繰り返し述べられている。こうしてエイボン・レターは、「年金基金の運用者が受託者として運用中の株式の議決権を行使する義務に対する、労働省の公式見解として広く引用された[56]」。

これらの行政指導を通じて、議決権代理行使は年金基金の運用者の受託者責任として確立され、彼らは「年金制度の加入者および受益者にとって最善の経済的利益」と考えられるものに票を投じることを義務付けられた[57]。これこそがまさに、モンクスが労働省の年金基金の局長だったときに実現しようとしたことだった。年金基金は、自らの意思によってではなく、新しい規制の下で、〔株式の〕所有者として行動する能力を身につけるか、さもなければ「中立的な第三者」の専門的な助言を求める必要に迫られたのである。

年金基金に義務付けられたこの受託者責任としての議決権行使は、その後、SECの規制の下でミューチュアルファンドを含む他のすべての機関投資家に拡大された。SECは、2003年の議決権代理行使に関する決定で、「投資顧問は、議決権代理行使を含めて……各顧客に対して注意義務および忠実義務を負う受託者である」ことを明確にし、投資顧問に対して、「顧客にとって最善の利益となるように議決権を代理行使するための方針と手順を採用し、実行すること、その手順を顧客に説明すること、その投資顧問が顧客の議決権を実際にどのように代理行使したかについての情報を入手する方法を顧客に伝えること」を義務付けた[58]。このSEC規則の精神は、基本的に約15年前の年金基金に対する労働省指令と同じであり、機関投資家アクティビズムを強化することで、企業の問題とされているものを「是正」しようとするものだった。2003年のSEC規則改正までは、ISSが事実上独占的な議決権行使助言会社だったが、同年には、現在業界第2位のグラス・ルイスが議決権行使助言サービス市場に参入した[59]。

5・3・5 自由なコミュニケーションとエンゲージメントを容認する

機関投資家アクティビストは、議決権代理行使を機関投資家の受託者責任として確立する一方で、機関投資家の集団的な意見を企業経営陣と一般大衆の両方により効果的に届けられるように、委任状勧誘制度に関する規制の変更を要求した。1989年、SECに委任状勧誘制度の包括的な見直しを要請する書簡を送り、こうした動きを始めたのはカルパースであった。この書簡は、「委任状勧誘規則に48の個別の修正を提案する」もので、カルパースの主な目的は、「委任状勧誘書類の提出と処理に関する株主と経営陣の間の不均衡を解消すること」だと主張していた[60]。

カルパースの陳情に続いて、CIIやUSAを含む他の団体も陳情を行った。例えば、USAは同様の書簡をSECに送り、「株主がコーポレートガバナンスに重要な役割を果たせるように委任状勧誘プロセスを改革すれば、現在対立している経営陣の利益と株主の利益を根本的に再調整することができる。……こうした再調整は、1回限りの改変手続きを通じてではなく、恒常的に価値を最大化することになる」と主張した[61]。この委任状勧誘規則の改正は、ジャンクボンド市場の崩壊により企業乗っ取り屋が撤退し、アイヴァン・ボウスキーやマイケル・ミルケンといったジャンクボンド市場の重要人物が収監された時期に行われた。州政府は敵対的買収を制限する規制を設け、企業は「ポイズンピル」などの手段により企業乗っ取り屋に対する防御を固めていた。1980年代後半に企業支配権市場が急激に変化したことで、機関投資家アクティビストは「企業経営に影響を及ぼすために残された数少ない拠り所の1つ」として、委任状勧誘に関する連邦規制の変更を求めるロビー活動を活発化させたのである[62]。

SECは、2つの提案を行い、それに対してさまざまな団体や個人からコメントを得るなどしながら、3年以上検討を重ね、1992年に委任状勧誘に関する規制の転換点となる改正を最終決定した[63]。先に述べたとおり、この改正案が採択された直後の1993年にUSAが「ミッション完了」を宣言して解散したことが、機関投資家アクティビストや、とりわけ企業乗っ取り屋にとってこの改正が重要だったことを証明している。この改正が、なぜそれほどに重要だったのか。

注目すべきは、従来の機関投資家に対する規制が、投資家同士のコミュニケーションは「委任状勧誘」であると規定し、投資家カルテルの形成を明確に禁止していたことである[64]。そのため、まずSECに申請して承認を得ない限り、株主が10人以上の他の株主と会社の問題について話し合うことは違法であった。しかし、1992年の改正では、投資家同士だけでなく、企業経営陣や一般大衆との議決権行使に関するコミュニケーションの規制が大幅に緩和された。この改正は、ニューディール規制の精神とは全く相容れないものであり、コミュニケーションとエンゲージメントの自由な流れを通じて、「市場原理によって米国の役員室により良いバランス感覚を取り戻す」という名目の下、ニューディール規制は破棄されたのである[65]。

新しい規則は、3つの点で投資家に対する規制を緩和した。第1に、ある企業に投資している者たちは、各々がその企業の株式を5パーセント未満しか保有しておらず、その企業と特別な関係がなければ、お互い自由にコミュニケーションをとることができるようになった。つまり、5パーセントの上限の範囲内で、投資家カルテルを結ぶことが認められたのである。しかし、当時も現在と同様に、とりわけ大手上場企業の株式を保有している場合、この上限は投資家にさほど制約を与えるものではなかった。機関投資家が保有する株式は一般的に発行済株式の5パーセント未満であり、5パーセント以上の株式を保有する機関投資家はごくわずかであった。最近の例を挙げれば、2018年11月20日時点で、アップルの株式を5パーセント以上保有している機関投資家は、バンガード・グループ(7・2パーセント)とブラックロック(6・4パーセント)の2社だけだった。(66)

第2に、投資家は、インサイダー情報へのアクセスに関する違反の可能性を心配することなく、経営陣と自由に「対話《エンゲージ》」できるようになった。こうしたより自由なエンゲージメントは、より多くの、より良質な企業情報を投資家に提供し、おそらくは「リレーションシップ・インベスティング」につながると期待された。(67) 第3に、投資家は、委任状勧誘書類提出義務に違反することなく、議決権代理行使の対象議案について公言するのみならず、投票の意向を公表することさえ自由にできるようになった。

SECが委任状勧誘の検閲の任を降りることを明らかにしたのは、議決権代理行使で争う者は、「タイムリーかつ費用対効果に優れた方法で[相手の]発言に応じ、その主張の根拠に異議を唱え、追加の委任状勧誘書類の配布を通じて、議案に対する自らの見解で反論する自由を有するべきだ」と考えたからだった。(68) 一部の機関投資家アクティビストは、憲法が保障する言論の自由に対する制限を取り除くという名目まで持ち出して、委任状勧誘規則の改正を主張し、SECも最終的にこの主張に同意したのである。

１９９９年、ＳＥＣは委任状勧誘規則（規則14a−12）に新たな要素を加え、コミュニケーションを完全に自由化した。[69]投資家は、たとえ最終的に委任状勧誘書類提出を断念したとしても、投資家同士だけでなく、報道発表などの形で一般大衆に対しても無制限に勧誘を行えるようになった。また、口頭でのコミュニケーションは自由に認められており、「書面にして提出する」必要もなかった。この規則改正により、投資家は、法的拘束力のある文書でその意図を表明する義務を負うことなく、企業経営陣や一般大衆とより自由に対話できるようになった。[70]とりわけ、物言う株主は、この規則によって委任状勧誘書類の提出前に「他の株主からの支持の度合いを判断」できるようになり、それゆえ「費用のかかる委任状争奪戦で負けるリスクを軽減」できるようになったのである。[71]

5−4　なぜ機関投資家アクティビズムはうまくいかなかったのか？

モンクスは、コーポレートガバナンス・アクティビストとしての長いキャリアを終えようとしていた２０１３年、あるインタビューの中で「全くうまくいっていない」ことを認め、「所有《オーナーシップ》は虚構《フィクション》であり、統治《ガバナンス》は幻想《ミラージュ》である」と付け加えた。[72]モンクスは、２０１５年に書いたスピーチ原稿の中でも、「コーポレートガバナンスの基本的な力学《ダイナミクス》は、実質的に無意味なものに薄められてしまった」と認めた。[73]彼は、こうしたコーポレートガバナンスの状況は主に「経営者王《マネージャー・キング》」の力と機関投資家の受動性に起因するものだとして、以下のように述べた。「これらの受託者は、フォーチュン500の各企業の議決権付株式の50パーセント以上を保有している可能性が高いが、その影響力は自らの選択によって取るに足らないものになっている。つまり、公開企業を支配できるだけの割合が、経営者王の舞台で無力を演じる受託者の手に委ねられているのである[74]」。

しかし、モンクスが認めているように機関投資家アクティビズムがうまくいかなかった理由は、もっと慎重に検討する必要がある。機関投資家アクティビズムの失敗の責任を、力の強いCEOであれ受動的な機関投資家であれ、個々の関係者に負わせるのは建設的でない。われわれは、こうした失敗の体系的な理由を調査すべきである。機関投資家アクティビズムには、機関投資家と企業の実際の関係の理解における根本的な誤りがある。特に、機関投資家アクティビズムは価値創造と価値抽出を区別しておらず、したがって両者がどのように均衡し、あるいは不均衡になり得るのか理解していないのである。

5・4・1　価値創造と価値抽出の区別に対する無知

機関投資家は企業の問題の解決に対する能力、関心、正当性を有しているというのが、機関投資家アクティビズムの重要な前提である。しかし、この前提には重大な誤りがある。企業が抱えているとされる問題は、企業が価値をどのように創造するか、または企業から価値がどのように抽出されるか、言い換えれば、経営成績と生み出された所得の分配という2つの現象の、いずれかに関連している。第3章で述べたとおり、株式市場は価値抽出制度であり、機関投資家は、ほとんどの場合、価値創造者としてではなく価値抽出者として株式市場に関わっている。機関投資家は本質的に、企業の難題を解決する能力もなければ、解決に熱心に取り組むこともない。

純粋な価値抽出の領域においてさえ、機関投資家は、問題の重大さの認識も、問題に取り組む意欲や能力も多様であるため、何をすべきかについて合意することが困難である。経営者報酬の問題を例にとってみても、企業経営者よりもはるかに高い報酬を得ていることが多い大型ミューチュアルファンドのマネージャーはより寛容な傾向にある一方で、企業経営者よりもはるかに低い報酬しか得ていない年金基金の理事や個人投資家はより批判的な傾向にある。(75) 同様に、より長期的な視点を有する機関投資家は、どの程度の配当支払いが適切なのかについての考え方が、短期的な視点を有する機関投資家とは異なる。均質ではない機関投資家が、共通の認識や共通の処方箋を形成することは容易でない。

また、価値抽出は、株主だけの問題ではない。価値抽出の問題には、経営者、労働者、下請け業者、顧客、納税者、金融機関といった、当該企業に請求権を有するさまざまな利害関係者《ステークホルダー》が含まれる。株主の力を強化するだけでは、所得の公平な分配は保証されない。それどころか、株主が強化された影響力を行使して、抽出された価値全体のうち自らの取り分を増やせるようにすることで、「株主独裁制」や「株主ご都合主義」に陥る可能性が高まる。実際、過去30年にわたる機関投資家アクティビズムの強化は、自社株買いや配当支払いの急増と相まって、他の利害関係者の犠牲の上に株主と企業経営者に大きな利益をもたらした。さらに、自社株買いの場合、「価値抽出のインサイダー」である経営幹部に加えて、自社株買いによる利益のほとんどではないにせよ、その多くがタイミングを計ることを生業とする株式市場のトレーダーたち（第6章で論じる「価値抽出のアウトサイダー」）、とりわけヘッジファンドの手に渡ったのである。

価値創造の領域においては、機関投資家のほとんどがそこへの介入に対する能力、関心、正当性を有していない。機関投資家の専門能力は主に、銘柄選択《ストック・ピッキング》、マーケットタイミング、株価動向の追跡を含むポートフォリオ管理にある。これらの株式取引の能力は、戦略的管理、組織的統合、資金調達コミットメントの組み合わせに根ざした価値創造に必要な経営能力とは大きく異なる。また、機関投資家のほとんどは、価値創造プロセスに貢献できるように投資先企業を十分に注意深く監視することにも関心がない。というのも、こうした監視には相当なコストがかかるだけでなく、機関投資家が、訓練では容易に得られない、革新的企業の社会的条件を理解する能力を獲得する必要があるからである。

機関投資家が抽出される価値の取り分を増やそうとして価値創造プロセスに介入することは、価値創造に悪影響を及ぼす可能性があり、しばしば悪影響を及ぼしている。株主価値イデオロギーとそれを支えるエージェンシー理論は、第3章で述べたとおり、企業の目的は株主の価値抽出を最大化することであり、企業経営者がこの目的に全力を注げば、企業業績すなわち価値創造が最大化されるという誤った前提に基づいている。しかし、機関投資家は、価値創造を通じて企業業績を改善させたいのであれば、個々の企業で行われている価値創造プロセスを理解する能力と、「株主価値最大化」の名の下に価値抽出がどのように価値創造プロセスを損なう可能性があり、どのように一般的に損なっているのかを理解する能力の開発に投資する必要がある。

「株主価値最大化」イデオロギーを受け入れたSECも同様に、価値抽出と価値創造を区別できないという過ちを犯した。SECは、ミューチュアルファンドの議決権行使の強制に関する2003年の最終規則の中で、「資本形成」について次のように言及した。「本規則および規則改正は、議決権代理行使の透明性を高め、投資顧問が議決権代理行使を重要視するよう促すことで、投資顧問に対する投資家の信頼を高めるであろう。資本形成は市場に対する投資家の信頼に影響されるため、本規則は資本市場に良い影響を与え得ると考えられる」。ここでは、本質的に価値抽出に対する機関投資家の信頼である「投資家の信頼」が、経済レベルでの価値創造である「資本形成」を含む、あらゆる問題に対する解決策として扱われている。価値創造と価値抽出が根本的に異なる2つのプロセスであることからすれば、第7章で詳述するとおり、機関投資家アクティビズムに関する実証研究が、機関投資家アクティビズムと企業業績の間に明確な正の関係を立証できないことは、驚くに値しない。

5・4・2 的外れな議決権行使の強制――失敗に終わった株主民主主義

モンクスは、機関投資家の議決権行使の強制を要求するにあたり、政治的民主主義から「市民権」の概念を援用した。株主民主主義の支持者のほとんどは、モンクスのように、政治的民主主義に由来するアナロジーを用いる傾向があった(76)。しかし、モンクスがこのアナロジーを用いたのは決定的な誤りであった。なぜなら、ほとんどの国において、強制投票は政治選挙の規範ではないからである。彼は、なぜほとんどの政治的民主主義国で投票が強制されていないのか、あるいは議決権行使の強制が株主民主主義にとってどのような意味を持つのかを検証していなかった。さらに重要なのは、彼が、議決権行使の強制を受託者責任として課すことが機関投資家の行動に与える実際の影響の評価を回避したことである。

◉5・4・2・1　間違った、独断的な政治投票のアナロジー

政治選挙における強制投票には、確かにメリットとデメリットがある。投票率が上がることで、代表制の強化という良い影響を与える可能性はある。しかし、選挙に関心がなく、候補者について知らない有権者からの白票、適当に書かれた票、無効票が増えるため、選挙結果に悪影響を与える可能性もある。また、こうした無関心な有権者は、イデオロギーや政策の選好に合わせて投票しようとするのではなく、その時々の論争の的となっている問題や政治スキャンダルに反応して投票しがちである。[77]

こうしたメリットとデメリットのバランスがどうであれ、強制投票制度を導入している国はわずかしかないというのが世界の政治の現実である。2015年時点で投票を強制していたのは、全世界でオーストラリア、ブラジル、シンガポールを含む10カ国と2つの地方自治体だった。[78] ほとんどの国で、投票は国民に強制すべき義務ではなく権利だと考えられている。また、多くの国は、投票を棄権することも政治的選好の表明であり、言論の自由という憲法上の権利に基づいて認められるべきだという立場をとっている。ほとんどの国が政治選挙において強制投票を採用していないという事実は、それらの国がメリットよりもはるかにデメリットを意識していることを物語っている。

ところが、モンクスをはじめとするコーポレートガバナンス・アクティビストやSEC、労働省といった規制当局を含む、機関投資家に対する議決権行使の強制の支持者は、こうした立場をとるにあたって、潜在的なメリットのみを提示し、デメリットや、メリットとデメリットの正味の影響を考慮

も提示もしなかったのである。機関投資家による議決権代理行使の本質とプロセスを検証すれば、議決権代理行使の強制のデメリットが政治投票の強制のデメリットよりもはるかに大きい、と理解するのは難しいことではない。

政治選挙では、無記名投票が一般的である。つまり、有権者は投票の秘密が保証されており、自らの投票判断の説明を強制されない。こうした状況では、適当に投票することの悪影響は大数の法則によって緩和され得る。一方、議決権代理行使においては、機関投資家はどのように議決権を行使したか公表するだけでなく、自分たちの議決権行使の判断が正当だとする理由を示すことが求められる。つまり、〔議決権行使に〕無関心な機関投資家は、自らの議決権行使の判断が正当だとする理由を作り出すか、第三者からその理由を購入するか、あるいはその両方を行わざるを得なくなる。議決権行使に関心のある機関投資家でさえ、自らの議決権行使の判断に対する一般大衆の反発が大きそうな場合、自らの選好に反した判断を行う可能性がある。

また、機関投資家による議決権行使は、機関投資家が顧客に代わって議決権を行使する議決権代理行使すなわち代理投票である。しかし、議決権代理行使は利益相反の余地が大きく、議決権を代理行使する者の正当性には疑問がある。これは、（1人の人間を分割できない限り）利益相反の余地がない政治投票とは対照的である。さらに言えば、金融市場と機関投資の驚異的な成長は、機関投資家の投資に関わる介在者の連鎖を非常に長く複雑にしてきた。例えば、年金基金の投資では、この連鎖は年金受給者から年金管理者、年金投資顧問、ファンド・オブ・ファンズ、外部の資産運用会社などへと伸びている。こうして雇われた専門家たちは、株式の売買や保有の最善のタイミングを判断する専門家ではあるかもしれないが、企業の意思決定の専門家ではない。また、1つのミューチュアルファンドの中でさえ多数のサブファンドが存在するため、介在者間の関係も非常に複雑になっている。こうした連鎖の長さと複雑さを考えると、連鎖の末端にいる者が本当に、資金を預けた顧客のために議決権を行使するのか疑問である。本来の顧客から遠く離れたところにいる機関投資家は、その代理権を有している顧客の利益ではなく、自らの利益のために議決権を行使する機会がある。その可能性は、公的年金基金の場合に典型的なように、本来の顧客が介在者に取って代わる力を持っていない場合により大きくなる。エージェンシー理論研究者の言葉を借りれば、機関投資家は、企業経営者のエージェンシー問題の解決を試みるという名目で議決権を行使する場合に、自らがエージェンシー問題を引き起こしがちである。

それにもかかわらず、SECは2003年の最終規則で、議決権代理行使の強制の透明性がもたらすメリットについて安易な期待を表明しており、その姿勢は今でも変わっていない。

われわれは、議決権代理行使プログラムを含むコンプライアンス・プログラムによって、投資顧問が本来なら本業に利用できる資源を費やさなければならなくなる可能性を認識しているが、本規則および規則改正が、さまざまな形で間接的に効率性を高めることを期待している。投資顧問は、組織的かつ体系的な方法での議決権代理行使を求められることになるが、これは現在のやり方よりも効率的かもしれない。議決権行使の権限を有するすべての投資顧問に、議決権代理行使の方針および手順を採用し、記録義務を果たすよう求めることは、業界関係者が議決権代理行使の手順を制定、改善、実施する際に参照可能な新しい判断材料や指針の第三者による作成を奨励することで、さらに効率性を高める可能性がある。(79)

このSECの見解は、機関投資家が「組織的かつ体系的な方法」で議決権行使の判断ができる分析能力を開発し、「第三者」には客観的な立場から助言を与える能力があるだろう、という楽観的な期待に基づいていた。現実は、こうした楽観論が根拠のないものだったことを示している。巨大機関投資家、とりわけインデックスファンドは、新規則にまじめに従うどころか、かろうじて口先だけ《リップサービス》同意して、形ばかりの調査部門設置に取り組んだだけだった。また、「第三者」である議決権行使助言会社も、十分な業務体制を整えていないにもかかわらず、機関投資家の議決権行使の判断、ひいては企業に対して不当な影響力を行使している。さらに、利益相反の可能性もかなり高い。まずは、大手機関投資家の「体系的な」議決権行使の能力の実態を検討しよう。

◉5・4・2・2　大型インデックスファンドの「コーポレートガバナンス・チーム」——口先だけ《リップサービス》の議決権行使の組織

大型ミューチュアルファンドの大部分は、2003年に義務化されるまで、企業に対してほとんど議決権を行使していなかった。ミューチュアルファンドの資産の大部分がインデックスファンドで保有されていたことを考えれば、これは当然かつ適切な態度であったというのがわれわれの見解である。個別企業を調査するのではなく、単に指標《インデックス》の動きを追うことが、極めて重要な競争力となり、ミューチュアルファンドの非常に低い運用報酬、ひいては運用資産残高（ＡＵＭ）の急速な増加を可能にした。

ＳＥＣが、議決権代理行使は受託者責任の１つであると定めると、ミューチュアルファンドは当初、議決権行使助言会社の推奨に大きく依存した。つまり、議決権代理行使の判断およびそれを正当とする理由を「購入」したのである。しかし、すぐにこうした行為や議決権行使助言会社に対する批判が噴出した。そのため、大型ミューチュアルファンドは、政策立案者、顧客、そして一般大衆に対して、この新しい受託者の義務をきちんと果たしていることを示す必要に迫られた。そこで、ミューチュアルファンドの多くは、運用中のアクティブファンドとパッシブファンドの議決権行使の判断を分離する、そして後者のためにコーポレートガバナンス・チームやスチュワードシップ・チームを組織する、という2本の柱から成る手法を採用した。

この点に関しては、ブラックロックが最も分かりやすい事例を提供している。ブラックロックは現在、世界最大の機関投資家であり、世界最大のインデックスファンド運用会社でもある。同社の２０１７年の総運用資産は６・３兆ドルで、そのうちインデックス関連ファンドが４・１兆ドルと、全体の約65パーセントを占めている。[80]ブラックロックは、議決権行使の判断をアクティブ運用ファンドとパッシブ運用ファンドで分けている。前者の議決権代理行使の判断は主に、当該投資先企業を担当するファンドマネージャーが行う。これに対して、後者の議決権代理行使の判断は、スチュワードシップ・チーム（旧コーポレートガバナンス・チーム）の管轄である。[81]つまり、ブラックロックのインデックス関連ファンドの全投資先企業に対する議決権行使の判断は、このチームが一元的に行っているのである。

対外的には、このチームは十分な情報に基づいた議決権行使の判断を行い、専門家として投資先企業と対話するための能力を備えていると説明されている。しかし現実は、こうしたバラ色のイメージとはかけ離れたものである。ブラックロックは、２０１２年の株主総会シーズンに、たった20人のコーポレートガバナンス・チームで、世界中の１万４８７２の株主総会の12万９８１４件の議案に対して議決権を行使したのである。[82] ブラックロックは、２０１７年末までにチームの人員を36人に増やした。しかしこれは、運用資産残高が２０１２年の３・39兆ドルから２０１７年の６・28兆ドルへとほぼ倍増したことに伴うものに過ぎなかった。[83] このように限られた人員でこれほど多くの議決権行使の判断を処理する唯一実行可能な方法は、個別企業の議案の具体的な背景を検討するのではなく、いくつかの一般的なコーポレートガバナンスの評価基準を適用することである。

例えば、『ニューヨーク・タイムズ』紙は、このチームの意思決定を「スピードデート並みのコーポレートガバナンス」と表現し、次のように報じた。「これらのアナリストたちには、取締役が多数の取締役会のメンバーとなって手を広げすぎている可能性がある場合に使う「オーバーボーディング」、問題が重大な局面に差しかかってブラックロックのアナリストが訪問する必要がある場合に使う「エンゲージメント」、エンゲージメントが奏功せず取締役を解任しなければならない場合に使う「リフレッシュメント」といった、気軽に交わす独自の言葉があった[84]」。コーポレートガバナンス・チームの内部運営を一見しただけで、巨大インデックスファンドにとって、このチームをできるだけ小さく保つことが、議決権代理行使という受託者責任を誠実に果たしていることを世間に示すための、安上がりで、おそらく唯一の選択肢なのではないか、という疑念が強まるばかりである。その意味では、コーポレートガバナンス・チームは、機関投資家に対する議決権行使の強制から生まれた「リップサービス」部門だと言えるかもしれない。

それにもかかわらず、このような「リップサービス」の議決権代理行使は、実際の結果に大きな影響を与える。特に、一部の機関投資家はそれぞれ非常に大きな力を有しており、本章の第2節で述べたとおりすでに多くの企業の筆頭株主となっている。また、たとえ明らかな共謀行動がないとしても、議決権行使の判断は機関投資家の間で暗黙のうちに調整されている。というのも、こうした機関投資家のコーポレートガバナンス・チームは、同じようなコーポレートガバナンスの評価基準を採用する傾向があるためである。さらに、機関投資家は、「議決権行使の方針」を明確にするよう世論の圧力を受けるようになってきており、議決権行使やエンゲージメントに関する方針を公表する傾向にある。そのため、機関投資家は、議決権行使の判断を行うに際して、他の機関投資家の方針の表明や過去の類似案件における議決権行使の判断を考慮する可能性が極めて高い。ジョン・コーツが指摘しているように、「[機関投資家たちが] お互いに、もしくは投資先企業の経営陣に対して、自らが欲するものについての極めて似通った合図を送るのに、明確な共謀は必要ない」のである(85)。

◉5・4・2・3　ISS、議決権代理行使のモンスター
——その能力不足、偏向、正当性なき権限

また、議決権行使助言会社の能力が、巨大機関投資家の社内コーポレートガバナンス・チームの能

力と比較して、さほど優れているわけでもなかった。SECは、自らが課した議決権代理行使義務に服する機関投資家のために「新たな判断材料や指針を生み出すこと」を議決権行使助言会社に期待していた。現在、議決権行使助言サービス市場の61パーセントをISSが、35パーセントをグラス・ルイスが握っており、市場は事実上の複占となっている。しかし、大手機関投資家に対する影響力においては、一時は「上位25のうち24」のミューチュアルファンド、「上位25のうち17」の年金基金に助言を行っていると主張していたISSに並ぶものはない[86]。ISSが議決権行使助言サービス市場で支配的な立場にあることを考えると、同社の事例にのみ注目すれば、ここでのわれわれの目的にとっては十分であろう。

ISSは現在、115カ国で年間4・2兆株に相当する1020万以上の票について、賛否の判断の推奨を行っているが、従業員は管理部門を含めてわずか1800人である[87]。ISSは、世界中の非常に多くの企業の多種多様な議案について、十分な情報に基づいた議決権行使の判断をこれほど多く行う能力や専門知識を、いったいどうやって伸ばすことができたというのだろうか。企業経営陣や株主が株主総会に議案を提出するのは、たいていの場合その議案の賛否が分かれるからであり、さもなければ、議案について調査を行う必要も、議決権行使助言会社に助言を求める必要もないだろう。こうした賛否の分かれる問題のメリットとデメリットを比較するだけで良ければ、理路整然とした報告書を作成することは難しくない。しかし、こうした問題について明確に「賛成」か「反対」かを判断する報告書を書くことは、非常に難しい。従業員のこれほど少ないISSが、これほど多くの議案について信頼できる推奨を行えるだけの複雑で高度な専門知識を構築できたとは、とうてい信じがたい。

事実、ＩＳＳは、巨大インデックスファンドのコーポレートガバナンス・チームと同様に、一般的かつ機械的なコーポレートガバナンスの評価基準を議決権行使に関する推奨に適用する傾向がある。実のところ、機関投資家は、ＳＥＣが議決権行使を義務付けるまでＩＳＳを気にすることも、頼りにすることもなかった。そのため、当時唯一の議決権行使助言会社であったＩＳＳは、事業の継続に必死だった。しかし、議決権行使の強制がＩＳＳに大きな権限と大量の取引をもたらした。なぜなら、機関投資家が専ら自らの議決権行使の判断を正当化するためにＩＳＳのサービスを必要としたからである。１９８８年のエイボン・レターは、ＩＳＳにその影響力とビジネス上の覇権を確立する大きなチャンスを与えた[88]。ＳＥＣの２００３年の委任状勧誘規則は、議決権行使助言サービスに対する新しい需要の波に乗ることを期待したグラス・ルイスの市場参入を招いたものの、ＩＳＳの影響力と覇権にとって２度目の追い風となった。

大多数のインデックスファンドにとっては、「自らの分析に投資する理由が正当だと株主に説明できないため」、議決権行使助言会社の推奨に単に従うことが受託者責任を果たすのに最も便利な方法である[89]。社内コーポレートガバナンス・チームを組織しているのは、ブラックロックやバンガードのような巨大インデックスファンドだけである。それより小さなインデックスファンドは、議決権行使助言会社の助言に大きく依存する以外に選択肢がない。アクティブファンドでさえ、その多くが議決権行使助言会社の推奨に従う傾向があり、ファンドマネージャーにとっては、議決権行使助言会社の分析や議決権行使に関する推奨の綿密なチェックが通常の最初の手順である。さらに、大手機関投資家の社内の慣例では、ファンドマネージャーが議決権行使助言会社の推奨に従いたくない場合、自らの判断が正当だと説明するための長文レポート（推奨に従うだけなら、必要ないもの）を上司に提出することになっている。したがって、議決権行使助言会社の推奨に従わないとしたら、自身が運用するポートフォリオのため利益の上がる取引を行うことに忙しいファンドマネージャーには、勇気と努力が必要となる。この点で、ＩＳＳの権限や影響力の根源は、その業務の質ではなく、望まれていない規制上の議決権代理行使義務を果たすための負担を軽減することで同社が機関投資家に提供する利便性にある。

また、議決権行使助言会社は、規制を受けない民間企業体として、自社の顧客以外の誰にも責任を負わないため、簡単に利益相反が生じてしまう。議決権行使助言会社は一般的に、議決権行使助言サービスとコンサルティングサービスを同時に提供している。自社の顧客と顧客でない者との間で委任状争奪戦があった場合、顧客の側に付いて、顧客に対する支持を「客観的な」評価として提示することはさほど難しくない。議決権行使助言会社は規制を受けない民間の主体であるため、その議決権行使に関する推奨が客観的になされたのか、あるいは自らのビジネス上の利益のために行われたのかを、外部の人間が判断する方法はない。

さらに、議決権行使助言会社は、そのオーナーの投資哲学を反映した議決権行使に関する助言を行う傾向がある。コーポレートガバナンス・アクティビストであるロバート・モンクスによって設立されたＩＳＳは、アクティビスト・ファンドと企業経営陣が対立する論戦では、アクティビスト・ファンド側に付く可能性が高いだろう。後に、ＩＳＳの所有権は、ファースト・ボストンのレバレッジド・バイアウト・チーム出身の企業乗っ取り屋が設立したプライベート・エクイティ・ファンド、ベスター・キャピタルに、そして２０１７年には別のプライベート・エクイティ・ファンドのジェンスター・キャピタルに譲渡された。１９８０年代から90年代の企業乗っ取り屋に当たる連中が所有し運営するアクティビスト・ヘッジファンドが産業企業と委任状争奪戦を行った場合、ＩＳＳが前者を支援するのは至極当然のことであろう。

実質的には、機関投資家に対する議決権行使の強制がＩＳＳに正当性なき権限を与えてきた。ＩＳＳは、公式には、株主総会で承認を得なければならないような企業の決定に影響力を行使する正当な根拠が全くない、「助言」会社に過ぎない。しかし、その影響力は無視できるものではなく、経営陣の提案に対してＩＳＳが否決を推奨した場合、〔その提案に対する〕機関投資家の支持率が最低でも13・6パーセント、最大では20・6パーセント低下することが分かっている。[90] 株主投票では、最終的な投票結果が10パーセント未満の差で決まることが多いため、企業経営者はこの2桁の差を極めて深刻に受け止めなければならない。ピーター・イリエフとミシェル・ラウリーは、ミューチュアルファンドの25パーセント以上が、議決権行使の際、ＩＳＳの推奨に「ほぼ完全に」依存している、と報告している。[91]〔財界ロビー団体である〕ビジネス・ラウンドテーブルの調査は、その会員企業の株式の40パーセントが、ＩＳＳの議決権行使に関する推奨に基本的に従う機関投資家によって保有されていることを明らかにした。[92] ＩＳＳの影響力が非常に大きいのは、機関投資家に議決権行使の判断を推奨しているからだけでなく、そうした推奨を行うにあたって機関投資家と協調しているからである。ジョン・Ｃ・コフィー・ジュニアとダリウス・パリアが述べているように、「［ＩＳＳとグラス・ルイスは］……機関投資家とのやりとり（および機関投資家からの聞き取り調査）に基づいて議決権行使の方針を決定しているため、議決権行使助言会社とその顧客は相互に影響を及ぼし合っている」[93]。それゆえ、デラウェア州最高裁主席判事のレオ・ストラインが述べたように、「[強大な力を持つ] CEOたちがISSにやって来て、自分たちの意見のメリットをISSのマネージャーに納得してもらおうとひざまずく」と言っても過言ではないのである[94]。

議決権行使助言会社の正当性なき権限は、議決権行使助言サービス市場が複占状態にあり、2社のうちISSが明らかに支配的な存在であるため、生じたものである。同じような評判の議決権行使助言会社が多数存在し、機関投資家がそれらの多様な推奨の中から選択できるのであれば、それらのサービスは「助言」と定義され、「助言」にとどまるかもしれない。しかし、議決権行使の強制が導入され、それまで存在していた機関投資家の議決権行使の空白を埋める必要が生じると、その仕事の大部分が、企業の活動領域における議決権行使の判断に影響を及ぼす正当な権限を誰からも与えられていないISSに委ねられた。ISSは、議決権行使の強制によって生み出されたモンスターである。ISSに株主総会の正式な招集通知を送る企業など、世界中のどこにもない。しかし、ISSは事実上、株主総会に出席して票を投じており、そして誰も、株主総会の投票結果に正当性なき影響力を行使したとしてISSを追い払おうとはしない。モンクスは、自ら認めていたとおり自身のアクティビズムの課題を実現できなかったかもしれないが、それまで誰も想像できなかった議決権代理行使のモンスターを生み出すことに成功した起業家であることに疑いの余地はない。

5・4・3 自由なコミュニケーションとエンゲージメントの結果
——事実上の投資家カルテルの形成、およびコミュニケーションとエンゲージメントの悪用

物言う株主も、1992年の委任状勧誘規則改正の実現にあたって、政治的民主主義に由来するアナロジーを利用した。物言う株主は、企業経営陣を、言論の自由や集会の自由に対する大衆の要求を無視して、経営陣に不当に有利だと彼らが非難する委任状勧誘書類提出手続きの形で、厳しい検閲を設ける独裁者だと説明した。その一方で、彼らは自分たちを、検閲を廃止して自由なコミュニケーションとエンゲージメントの権利を手に入れることで、「真の株主民主主義」の実現に努力していると説明した。そして彼らは、委任状勧誘規則改正が株主と経営陣の間の不均衡を是正し、より効率的な市場の成果をもたらすと主張することで、規則の改正を正当化した。

しかし、こうした期待は、より自由で容易な情報交換には市場の効率性を高める効果があるという極めて重要な仮定に基づいている。この仮定は、能力や情報へのアクセスが同等の市場参加者《プレーヤー》間の相互作用が効率的な結果を保証する鍵であるという仮定に基づく、従来の競争市場経済モデルから導かれるものである。しかし、これまでの章で述べてきたとおり、市場全般、とりわけ株式市場は、こうした新古典派モデルに従って機能するわけではない。市場は、「有力プレーヤー」から過度に影響を受ける可能性があり、特に株式市場では、相場操縦が行われやすい。結果的には、従来の規制が自由なコミュニケーションやエンゲージメントを禁じることでまさに抑止しようとしていた、「詐欺また

は欺瞞」や「相場操縦的または欺瞞的な策略もしくは術策」といった行為が、委任状勧誘規則改正や議決権代理行使の強制によって、より広く行われるようになったのである。

◉５・４・３・１　事実上の投資家カルテルを容認し、相場操縦を容易にする

１９９２年の委任状勧誘規則改正以降、ヘッジファンドが標的企業に対して突然に共同作戦行動《キャンペーン》を展開する「ウルフパック（狼の群れ）現象」が新常態《ニュー・ノーマル》となった。[95] ウルフパックは事実上の投資家カルテルとしか考えられないが、カルテルは、従来の経済学では効率的な資源配分の実現に対する重大な障害と考えられているため、資本主義経済を採用するほとんどの国で厳しく規制されている。ＳＥＣが「市場の効率性」の主張を用いて投資家カルテルに門戸を開いた以上、結論は次の2つのうちのいずれかでなければならない。つまり、ＳＥＣはこの主張に本当に同意していたが市場の現実を知らなかった、あるいは別の理由で行った規則改正を正当化するために市場の効率性のレトリックを利用した、のいずれかである。

前者の場合、ＳＥＣは、いずれも標的企業の株式を5パーセント未満しか保有していない株主から成る投資家カルテルを自由に認めても、「市場の効率性」を損なうことはないと考えたのかもしれない。しかし、大手上場企業の株式保有が広く分散していることからすれば、5パーセントの株式を保有する者は容易に筆頭株主となり、経営に強い影響力を行使することが可能である。[96] また、5パーセントルールは、ウルフパックの形成を通じて簡単に回避できる。ヘッジファンドが、標的企業の周辺にいるファンド同士あるいは他の投資家と協力し合い、戦略や戦術を調整することは今や当たり前で

ある。協力し合っているファンドや投資家のそれぞれが標的企業の発行済株式の5パーセント未満しか保有していなくても、それらの持ち株を合わせれば、支配株主の地位を容易に手に入れることができる。また、先頭を行く1匹の狼が5パーセントを超える株式を取得し、キャンペーンを行う意思を公表して、姿の見えない保有比率5パーセント未満の狼を募り、攻撃を支援させることも可能である。例えば、バーンズ・アンド・ノーブル社の支配権をめぐる戦いでは、主導的アクティビスト投資家の株式保有比率は18・7パーセントだったが、実際のウルフパックは36・14パーセントの株式を支配していたことが分かった[97]。ナイト・リッダー社が身売りを余儀なくされたキャンペーンでは、「最初は19パーセントだった株式保有比率が、わずか48時間で事実上37パーセントにまで跳ね上がった。このキャンペーンはほとんど一瞬のうちに成功した[98]」。

また、ウルフパックの形成が容易になったことで、第6章で論じる「アイカーンの株価上昇（Icahn lift）」と似た現象である「ウルフパック効果」を通じた相場操縦が容易になった。ウルフパックの形成についての発表《アナウンスメント》や情報リークがあると、株式市場は一般的に好意的な反応を示す。例えば、ウルフパック効果に関する国際的な研究では、「〔発表日の〕前後それぞれ20日を期間《ウインドウ》とする異常アナウンスメントリターンは、米国では7パーセント」、また「ヨーロッパとアジアではそれぞれ6・4パーセントと4・8パーセント」と報告されている[99]。群れの中の狼たちは、自分たちだけがいつウルフパック効果を引き起こすか知っているので、前もって容易に取引戦略を立てることができる。ウルフパックの形成が公知となった後は、狼たちが一緒に動いている様子に市場も反応することになる。群れの中の狼たちは、ここでも自分たちがどのように行動するか前もって分かっており、自分たちが作り出す市場の動きを先回りすることで利益を得られる。狼たちは、デリバティブ市場の発達により、監視機関に相場操縦を見抜かれることなく、先回り取引《フロントランニング》で利益を得ることが極めて容易になっていたのである。

5パーセントルールのカルテル防止の精神と相場操縦防止の精神の両方が、こんなにも簡単に損なわれるのだとすれば、SECに残された選択肢は次の2つになる。つまり、市場での共謀行動の規制を完全にあきらめるか、委任状勧誘規則を厳格化してウルフパックの形成を困難にするか、のいずれかである。しかし、SECはこれまでどちらも行っていない。こうした不作為は、SECが委任状勧誘規則改正について説明する際に「市場の効率性」の主張を持ち出したことについてのわれわれの2つ目の説明、つまり、実際の動機を隠すために改正を決定した理由を偽っていたことを示唆している。これは、規制機関としてのSECが、自分たちの力と自由の拡大を要求するばかりの物言う株主に取り込まれ、事実上、金融関係者の後援者として機能しているのではないか、という疑念を強めるだけである。

◉5・4・3・2　利益を目的とした、自由なコミュニケーションとエンゲージメントの悪用

経営陣との自由なコミュニケーションやエンゲージメントを認めても、同様に、「市場の効率性」の成果は出なかった。その主な理由は、1992年の自由化策にもかかわらず、すべての株主が経営陣に平等にアクセスできるわけではないためである。企業経営者は、大手機関投資家とのコミュニケ

ーションやエンゲージメントには真剣に取り組まざるを得ないが、大口投資家のようなリソースを持たない小株主の要求に対しては、単に無視したり形だけの回答をしたりすることが可能である。ここで重要な問題は、大手機関投資家をはじめとする影響力のあるアクティビストが、株主一般の利益の中立的な代表者として経営陣と対話《エンゲージ》するのか、それとも主に自らの利益のために経営陣へのアクセスを利用するのか、である。常識も、機関投資家が経営陣とのコミュニケーションやエンゲージメントを自己の利益のために利用していることを示す広範な事例証拠も、後者の答えを支持している[100]。

　これに関連して、ジョセフ・カリオとラファエル・ザラルディンの研究は、経営陣との自由なコミュニケーションとエンゲージメントが、「メディアの監視や個人投資家の認識の及ばない水面下で行われるため、経営陣や小株主に対する戦術的優位性」を機関投資家に与える、と指摘している[101]。ジョン・シオフィも同様にこう結論付けている。「1992年の委任状勧誘規則改正は、機関投資家によるガバナンスの強化を促進したが、透明性が犠牲にされたように思われる。機関投資家は、一部の顕著な例外を除いて、公にならない私的なコミュニケーションの中で経営陣に懸念や批判を表明することを好んだ。そのため、こうしたコミュニケーションは、経営者が機関投資家の代表や、投資銀行や証券会社のアナリストに重要な情報を開示する好機となった[102]」。

　また、株主と一般大衆の間の自由なコミュニケーションが可能になったことで、前述した株主と経営陣の間の不均衡は解消されるどころか、いっそう拡大し、さらに株主に偏ったものになってしまった。株主は、「その発言が詐欺的でない限り」、企業経営陣を自由に批判できるようになったのである[103]。議論の分かれるような問題の場合、経営陣はメリットとデメリットを比較検討して判断を下す。しかし株主は、自らがデメリットと感じるものだけに焦点を当てて、「詐欺的でない」範囲で経営陣を批判することができる。当該企業の業績が好調な場合、「株主価値最大化」の名の下に、さらに良い業績を達成していないと経営陣を批判することさえ可能である。一方、株主の発言や行動に重大な問題がない限り、経営陣が株主を批判するのは容易でない。

　自由なコミュニケーションのルールのおかげで、ヘッジファンド・アクティビストの間では今や、書簡を送るだけでなく、「経営改善提案書《ホワイトペーパー》」を公表したり、記者会見まで開いたりすることで経営陣を批判するのが慣例となっている。この種の公開での批判は経営陣に大きなプレッシャーを与えており、企業経営者は公開での戦いを続けるよりも、アクティビストの要求の一部を受け入れることで彼らに譲歩することを好む傾向にある。サード・ポイントのダニエル・ローブによるダウ・ケミカルへの攻撃は、その一例である。ローブは、ダウ・ケミカルの経営陣、および彼らの「約束違反」だとされるものを批判することを明確に意図したウェブサイトを開設した。同社の経営陣はこれに屈して、ウェブサイトの閉鎖を含む1年間の休戦と引き換えに、ローブが指名した2人の取締役を受け入れた。この2人の取締役は、ローブの「金の鎖《ゴールデン・リーシュ》」*14につながれており、２０１５年12月に行われたデュポンとの合併・分割契約締結をダウ・ケミカルに促す上で、すぐに中心的な役割を果たした。[104]

　第4章では、１９８０年代以降、企業の経営幹部が、インサイダーとして「株主価値最大化」イデオロギーを受け入れ、株式型報酬に動機付けられて株価を上げることに集中するようになったことを明らかにした。本章で述べてきたとおり、１９８０年代末までに大規模な公的年金基金は、企業経営陣が、過大な経営者報酬で私腹を肥やし、「グリーンメール」に屈している（つまり、自らの企業支配に対する、アウトサイダーのアクティビストからの脅威を抑え込むために、彼らが取得した株式に対して会社にプレミアム価格を支払わせることで、こうした「グリーンメーラー」を追い払おうとしている）と批判するようになった。ロバート・モンクスを筆頭とするコーポレートガバナンス改革主義者たちに刺激された機関投資家は、1920年代の「株主民主主義」の考え方に立ち返って、すべての株主の利益のために企業経営を行うよう企業経営者への圧力を強められる投票者集団《ボーティング・ブロック》を形成できるようにするため、議決権代理行使や株主のエンゲージメントに関する規則を改正するよう米国政府に対してロビー活動を行った。皮肉なことに、機関投資家は、SECを説得して、議決権代理行使に関する規制の緩和や一般株主と企業経営陣の直接のコミュニケーションの自由化を通じた投資家カルテルを認めさせたことで、企業略奪者に、必ずしも一般株主のためではなく、自らのために企業から価値を抽出するための途方もない力を与えてしまったのである。

その結果、第6章で述べるとおり、米国企業の略奪が激化し、世界がかつて経験したことのない価値抽出の大狂乱の中、インサイダーとしての企業経営者とアウトサイダーとしての企業乗っ取り屋が事実上連携することになった。このプロセスで敗者となったのは、次のようなそれぞれ立場の異なる米国の家計であった。すなわち、直接的であれ間接的であれ企業の株式に資金を投じた貯蓄者としての家計と、価値創造プロセスに貢献しているにもかかわらず、自分たちが得るべき利益が、上位0・

＊14　株主（ここでは、サード・ポイント）の意向に沿った意思決定を取締役に行わせることを目的として、株主から取締役に与えられる報奨パッケージのこと。

1パーセントのうち最も多くの（そして多くの場合、最も富裕な）メンバーが属する新たな価値抽出階級に吸い上げられてしまう、労働者や納税者としての家計である。価値抽出のアウトサイダーに関する次章では、1980年代の企業乗っ取り屋から、2000年代、2010年代の「ヘッジファンド・アクティビスト」まで、行きすぎた企業略奪の歴史をたどる。また、〔第7章では〕主にハーバード大学ロースクールから生まれた、ヘッジファンド・アクティビズムを擁護する最も著名な学者たちの研究を批判する。これらの学者たちには、価値創造の理論、すなわち革新的企業の理論が欠けているため、価値創造と価値抽出を区別する手段がない。端的に言えば、ヘッジファンド・アクティビズムを正当化するこれらの学者たちは、企業経営がどのようにして優れた経済パフォーマンス、すなわち安定的かつ公平な経済成長をもたらし得るか、および略奪的価値抽出がどのようにして雇用の不安定、所得の不平等、革新的な能力の低下をもたらし得るかについて、関心がないようである。

第６章

価値抽出のアウトサイダー

第4章の図4‐3や表4‐2で示したとおり、米国における略奪的価値抽出は、1990年代半ばから加速した。これは、1980年代の企業乗っ取り屋の流れを汲む新種の価値抽出のアウトサイダー、「ヘッジファンド・アクティビスト」の台頭とタイミングが一致する。株主行動主義の強化を目的とした1980年代後半から90年代前半にかけての規制変更、とりわけ第5章で述べたような議決権行使の強制の導入、「自由なコミュニケーション」の容認といった変更に乗じて、企業乗っ取り屋は「アクティビスト」に生まれ変わり、価値抽出のインサイダーとしての企業経営者や価値抽出のイネーブラーとしての機関投資家と連携して、産業企業を略奪的価値抽出の対象としたのである。

本章では、ヘッジファンド・アクティビズムの進化と現状を検討し、それが価値創造と価値抽出に与える影響を批判的に評価する。ヘッジファンド・アクティビズムの起源と拡大を説明した後、カール・アイカーンが最も派手な企業乗っ取り屋から最も著名なヘッジファンド・アクティビストに変貌を遂げたことを別途検証して、新たな価値抽出のアウトサイダーの特徴と手法を鮮明に描写する。第7章では、学界でヘッジファンド・アクティビズムの主要な擁護者の役割を果たしているルシアン・ベブチャックとその同僚たちの著作を批判的に評価する。

6-1 ヘッジファンド・アクティビズムの起源と拡大

呼び名というものはしばしば不正確で、時として全くの誤解を与えることがある。ヘッジファンド・アクティビストや一般的なヘッジファンドは、その好例である。「アクティビスト」は、社会的大義のために尽力し、そうした大義を追い求めて自らを犠牲にすることすらある人たちに付けられる呼び名として最もよく知られている。しかし、ヘッジファンド・アクティビストは、自らの活動が公共の利益のために行われているように見せかける傾向があるとしても、自己の利益のために全力を尽くしており、しばしば他人を犠牲にすることで目的を達成する。同様に、「ヘッジファンド」という言葉は、アルフレッド・ウィンスロー・ジョーンズが1949年に史上初のヘッジファンド、A・W・ジョーンズ・アンド・カンパニーを設立した際に初めて採用した取引戦略である、リスクの「ヘッジ」による金融ポートフォリオの運用に関係している。しかし、この言葉は今や、「絶対リターン」を求めてグローバルな金融市場を行き来する投機家や株価操作を行う者に対して使われている。[1]

最初のヘッジファンドの誕生から半世紀弱の間、ヘッジファンド業界は拡大期と縮小期を繰り返したが、全体としてその成長は微々たるものだった。[2] しかし、1990年代以降、ヘッジファンドはその規模も数も爆発的に拡大した。ファンドの数は、1990年の約610から2015年の約1万1000まで増えた。運用資産残高（AUM）は、1990年の約390億ドルから2016年の3

の両方があった。

1990年代初頭、ヘッジファンド業界のこうした爆発的な成長には、プル要因とプッシュ要因

兆ドル超まで増加した。(3) ヘッジファンドの華々しいサクセスストーリーがいくつか世間に知られるようになった。ジョージ・ソロスが1992年の暗黒の水曜日《ブラックウエンズデー》に、英国ポンドの空売りを通じて「イングランド銀行を打ち負かす」ことで、およそ10億ドルの利益を上げたのは、センセーショナルなストーリーであった。それだけでなく、彼のソロス・ファンドは創設以来、年平均30パーセント以上のリターンを上げていたと言われている。ジュリアン・ロバートソンは、当時最大のヘッジファンドであったタイガー・マネジメントを運営していたことで、「ウォール街の魔術師」の異名をとっていた。タイガー・マネジメントは、1980年の800万ドルの投資を1996年には72億ドルにまで増やし、そのリターンは年率30パーセント以上だったと言われている。(4) ヘッジファンドは、持続的な「アルファ」、すなわちベンチマークを上回る追加的な利回りを生み出せる特別な投資媒体《ビークル》として認められ始めていた。現在では、ヘッジファンドが顧客のために「アルファ」を実際に生み出しているか否かが論争の的になっており、多くの年金基金が既存のヘッジファンド投資から撤退している。(5) しかし、1990年代には、ポートフォリオの一部をヘッジファンド投資に割り振ることが、より高い利回りを求め続ける機関投資家、寄付財産、個人富裕層にとって、有望な「代替投資《オルタナティブ》」として注目されるようになった。特に、空売り、スワップ、レバレッジの利用を厳しく規制されていた機関投資家にとって、ヘッジファンド投資は、これらの投資手法の利用に代わるものとしての役割を果たした。

6・1・1　1996年全米証券市場改革法——ヘッジファンドへの「代替投資《オルタナティブ》」を無制限に認める

クリントン政権期の金融市場自由化の一環である1996年全米証券市場改革法（NSMIA）も、ヘッジファンドの成長に勢いを与えた。ヘッジファンドが私募《プライベート》ファンドとして1940年投資会社法の規制を免れるためには、顧客とする「富裕層」投資家（純資産が100万ドル以上ある人、あるいは過去2年間の所得が年間20万ドル以上の人）が100人未満でなければならなかった。[6] しかし、全米証券市場改革法第209条は、1940年投資会社法を修正して、長年続いてきた顧客数の規制を撤廃し、純資産500万ドル以上の個人投資家や金融資産2500万ドル以上の機関投資家などの「適格購入者」についてはその数を無制限とする、適用除外規定を設けた。[7] その結果、1996年全米証券市場改革法は、ヘッジファンドを引き続き私募の主体として扱う一方で、その運用資産をかなり多くの投資家、特に機関投資家の資金源泉から引き出せるようにしたのである。こうした変更は、「当時、ほとんど注目されず」、「ウォール街の幅広い支持を得て、連邦議会の抵抗もほとんどなく進められた」ものので、これによってヘッジファンドは事実上、その会社の体制の開示を義務付けたり過度に投機的な投資を禁じたりする規制を受けることなく、機関投資家からの資金源泉を利用できるようになった。[8]

図6-1が示すように、ヘッジファンドの運用資産残高は、1997年の1180億ドルから2004年には1兆2000億ドル超と、全米証券市場改革法の制定からわずか7年で10倍以上に増えた。それ以降も、運用資産残高は2倍以上に増え、2016年には3兆ドルを超えた。A・W・ジョーン

図6-1　ヘッジファンド業界の成長（運用資産残高、1997～2016年）

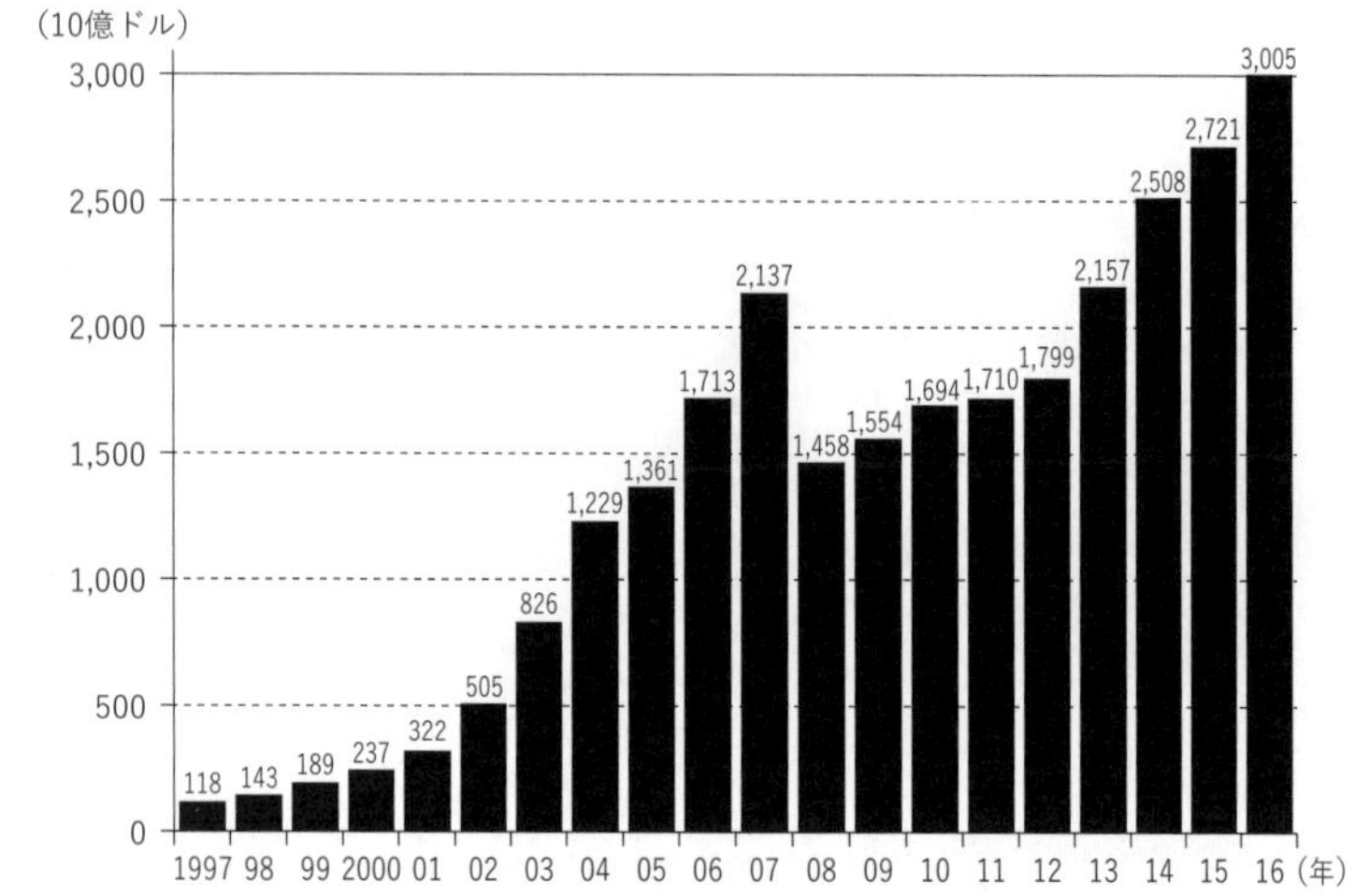

（出所）BarclayHedge.

ズのヘッジファンドは、１９６６年に約７０００万ドル（２０１６年のドル価値換算では5億ドル超）を運用していたが、今日では10億ドル超を運用するヘッジファンドがいくつかある。世界最大のヘッジファンドはおそらく、レイ・ダリオのブリッジウォーター・アソシエイツで、約１５００億ドルを運用している。

こうした爆発的な成長と巨大化の主な要因は、１９９６年全米証券市場改革法以降の機関投資家による投資であった。２０１６年に発表されたプレキン・グローバル・ヘッジファンド・レポートによると、現在、約５０７３の機関投資家がヘッジファンドの「運用資産残高の」およそ60パーセントに資金を割り振っている。[9] 機関投資家向け投資ファンド（institutional funds）の主要な資金源泉は、公的・私的年金基金や寄付財産で、ヘッジファンドの総資産の約53パーセントを占めている。現

図6-2　アクティビスト・ヘッジファンドの拡大（運用資産残高、1997～2016年）

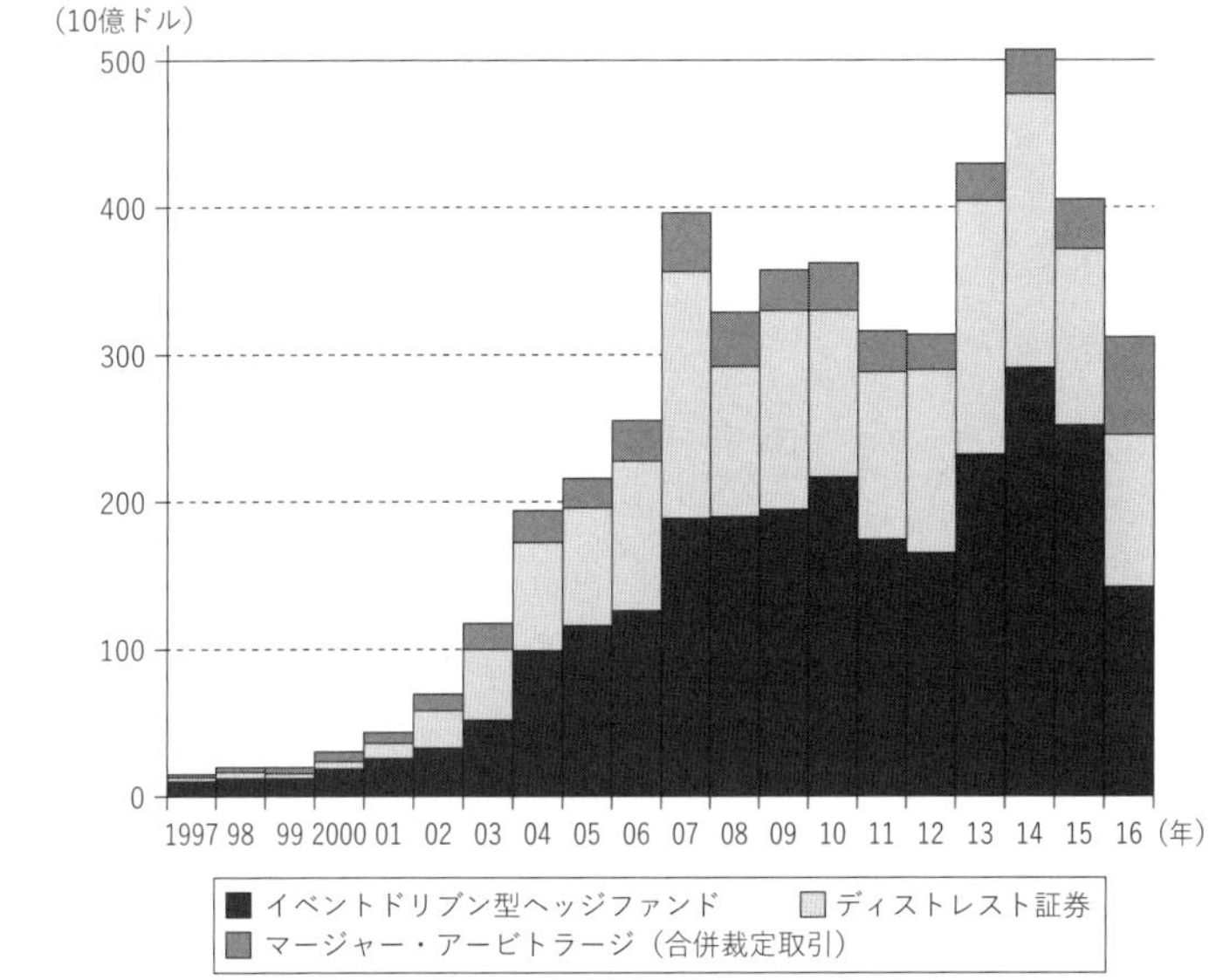

（出所）BarclayHedge.

在、大学基金の５分の１の金額がヘッジファンドに投資されている[10]。

ヘッジファンド・アクティビズムの台頭は、１９９０年代に始まったヘッジファンド業界全体の爆発的な成長を反映した現象であった。われわれの推計では、アクティビスト・ヘッジファンドの総運用資産は、図６－２が示すように、１９９７年の１５０億ドルから２００３年の１１７０億ドルへと、６年間でほぼ８倍になり、その後11年間で４倍以上に増えて２０１４年には５０７０億ドルに達した。ヘッジファンド・アクティビストの運用資産残高の成長の全体的な傾向は、他の推計でもだいたい同じである[11]。

また、アクティビスト作戦行動《キャンペーン》の発生が急増し、その成功率も急激に上が

図6-3　様式13D提出で発表されたアクティビスト・キャンペーンの件数の増加（1994～2015年）

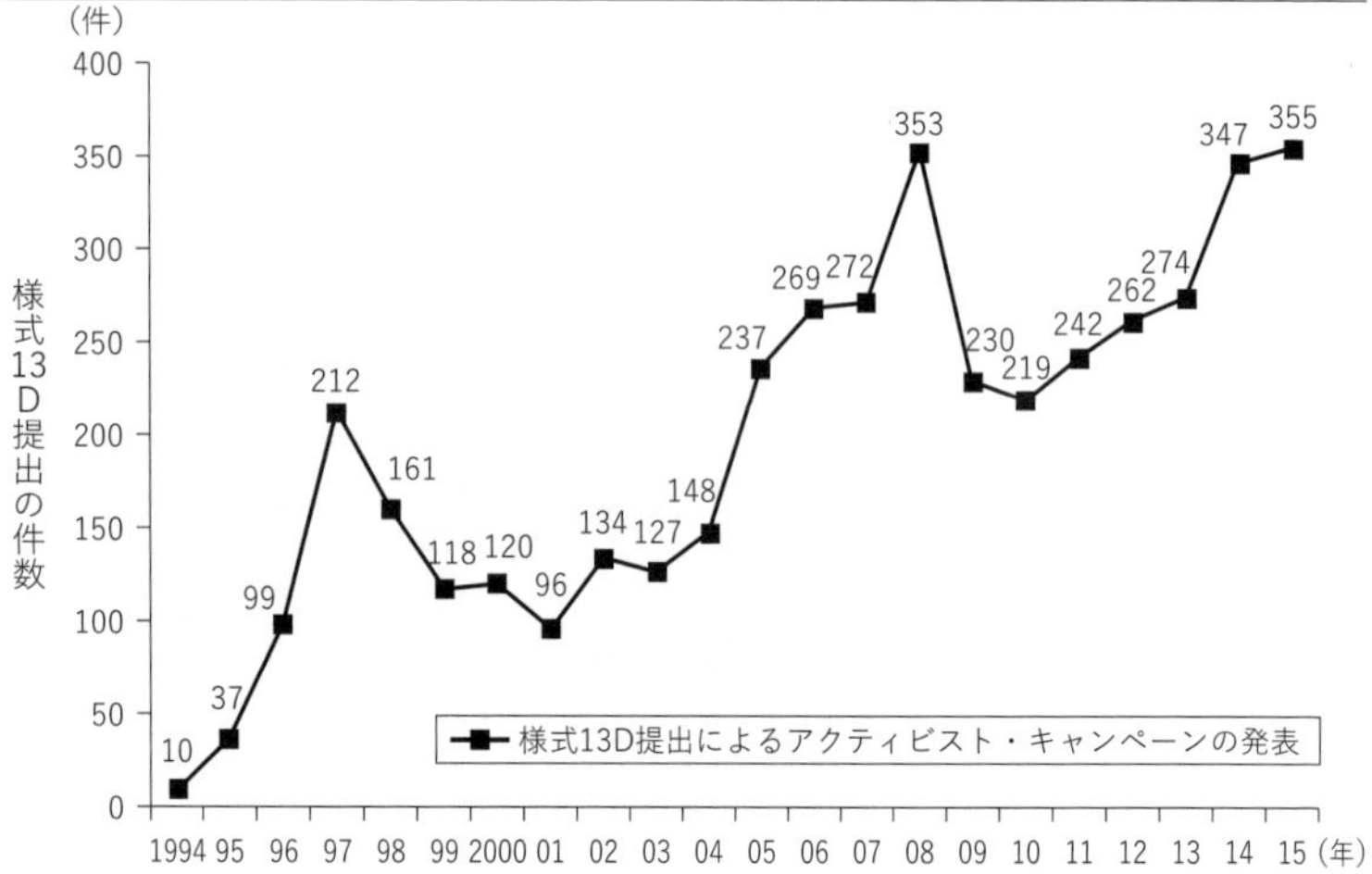

（注）様式13D提出の件数はすべてを網羅していない可能性があるが、他の類似の調査よりもキャンペーンの件数が多い情報源を選択した。
（出所）2008年から16年については、sharkrepellent.net（August 31, 2016）を、2017年1月8日に、https://www.sharkrepellent.net/で閲覧。1994年から2007年については、Bebchuk et al.（2015）。

った。SECへの様式《スケジュール》13Dの提出は、しばしばアクティビスト・キャンペーン〔の発表〕に代わるものとして利用される。なぜなら、投資家が企業の発行済株式を5パーセント以上買い集めた場合、様式13Dを提出しなければならず、投資家は買い集めの目的も開示しなければならなくなるためである。[12] 図6-3が示すように、アクティビズムを目的とする様式13D提出の発生は、1994年の10件から1997年には212件に増加した。[13] その後、2008年には353件にまで増加した。2008年から09年の世界金融危機の間に急激に減少した後、2015年には355件まで回復した。2003年には、取締役の椅子《いす》をめぐる委任状争奪戦の39パーセントが和解またはアクティビストの勝利に終わった。この成功率は、2013年には60パーセントにまで上昇した。(14)

1990年代半ばに始まったヘッジファンド業界の規模の飛躍的な拡大は、ヘッジファンド・アクティビズム台頭の重要な要因であった。ヘッジファンド業界全体の規模が拡大していくにつれて、上場企業の攻撃に特化したヘッジファンドが登場し、大きく分けてイベントドリブン型ヘッジファンド*15に分類されるアクティビスト・ヘッジファンドは、業界の中でも特殊な資産《アセット》クラスとしての地位を確立していった。SECは現在、ヘッジファンドをその戦略によって以下のように分類している。エクイティ（1兆5280億ドル、35・3パーセント）、レラティブ・バリュー（7220億ドル、16・7パーセント）、マクロ（5460億ドル、12・6パーセント）、イベントドリブン（アクティビスト）（3770億ドル、8・7パーセント）、クレジット（2790億ドル、6・4パーセント）、マネージド・フューチャーズ／CTA（980億ドル、2・3パーセント）、他のファンドへの投資（450億ドル、1・0パーセント）、その他（7350億ドル、17・0パーセント）。(15) ヘッジファンドが実際の運営においてこれらの戦略を組み合わせているのは、間違いない。とはいえ、ヘッジファンド業界の成長に伴い、業界内では専門化が進んだ。

*15　イベントドリブン（event-driven）は、ヘッジファンドの投資戦略・手法の1つで、企業再編、M&A、倒産といった、個別企業の経営に重大な影響を与える出来事（イベント）を収益機会と捉えて投資するものを言う。

6・1・2　企業乗っ取り屋からヘッジファンド・アクティビストへの変容

ヘッジファンド・アクティビズム台頭のもう1つの重要な要因は、「自由なコミュニケーションとエンゲージメント」を認め、機関投資家の「議決権行使の強制」を導入することで株主行動主義を強化した規制改革であった。1992年に委任状勧誘規則が改正されるやいなや、有力な企業乗っ取り屋のT・ブーン・ピケンズが設立したロビー団体、ユナイテッド・シェアホルダーズ・アソシエーション（USA）が「ミッション完了」を宣言して解散したことは、第5章で述べたとおりである。[16] こうした規制改革により、企業乗っ取り屋はヘッジファンド・アクティビストに進化できたのである。

1980年代後半、企業乗っ取り屋は、従来の企業買収活動やグリーンメールで利益を得る能力が大幅に低下した。企業や労働者に対する彼らの脅迫的な行為は、次第に世間の厳しい目にさらされるようになり、グリーンメール対策や企業買収対策の法整備を促進したのである。[17] 企業は、「ポイズンピル」のような手段を導入して、敵対的買収に対する防衛力を強化した。また、各州も「フリーズアウト法」のような規制を可決し、敵対的買収をより困難なものにした。企業乗っ取りの主な資金源泉であったジャンクボンド市場は、アイヴァン・ボウスキー、マイケル・ミルケン、デニス・レビンが起訴、収監されると、崩壊した。

委任状勧誘規則改正を求めたユナイテッド・シェアホルダーズ・アソシエーションのロビー活動は、逆境下にあった企業買収活動のために、規制に隙間を空けようとする試みだったと理解することができる。[18] 1992年の委任状勧誘規則改正の最も重要な点は、「反乱軍」や「反体制派」（一般にこう呼ばれる）が、たとえ少数の株式しか保有していない場合でも、企業経営陣に攻撃をしかけられるようにしたことだった。１９８０年代の敵対的買収運動においては、反乱軍は、取締役会の勢力図に変化をもたらす可能性があるという確かな脅威を経営陣に与えるために、標的とする企業の株式の大量保有を実現することでキャンペーンを開始した。例えば、１９８５年にカール・アイカーンがトランスワールド航空（ＴＷＡ）の株を買い占めた際は、まず普通株式の25パーセントを取得し、最終的にはさらにシェアを増やして支配権を握った。その後、彼はＴＷＡを非公開化し、１９９２年に倒産させてしまった[19]。

２０１３年から15年にかけて、同じアイカーンがアップルに対して１５００億ドルの自社株買いを行い、その他の「株主優遇」措置をとるよう要求した際、彼の持ち株比率は０・９パーセントを超えていなかった[20]。１９８０年代の「企業買収《ディール》の10年」の間だったら、これほど小さなシェアの株式しか保有していない者が、大企業の経営陣を「脅す」ことなど夢にも思わなかっただろう。しかし、現在では、ヘッジファンド・アクティビストが、全発行済株式のごくわずかしか保有していないにもかかわらず介入を行うことが当たり前になっている。

ヘッジファンド・アクティビストは現在、企業に対して途方もない力を行使している。法律学の教授で『ニューヨーク・タイムズ』紙のコラムニストでもあるスティーブン・ダビドフ・ソロモンが指摘するように、２０１５年12月にヘッジファンドが仕組んだダウ・ケミカルとデュポンの合併が発表されてから、「率直に言って、企業はびくびくしており」、今では「企業の支配権をめぐる争いになる前にヘッジファンドと和解するのが株式会社アメリカのモットーになっている」。彼は、「歴史家がこの時代を振り返ったら、この「ダウとデュポンの」合併を、企業のリーダーたちが物言う株主に両手を上げて降伏した転換点だと捉えるだろう」とさえ主張した。(21)

企業の株式をわずかな割合しか保有していないにもかかわらず行使できる、こうしたヘッジファンド・アクティビストの力は主に、1992年の委任状勧誘規則改正が事実上の投資家カルテルの形成を可能にしたことに由来する。アクティビストたちは今や、そのうちの1人の持ち株比率が5パーセントの基準に達するまで、自由にコミュニケーションを取り合い、標的企業に対して共同戦線を張ることができるようになった。これに対して、経営陣は、「ウルフパック」の実際のもしくは潜在的な規模が分からず、何も知らされぬままである。「自由なエンゲージメント」も少数派の反乱軍の立場を強化した。アクティビストは、企業の株式をわずかに保有するだけで、経営陣と自由に対話し、「懸念」を表明しながら経営陣の潜在的な反応を推測することができる。また、「言論の自由」もアクティビストを支援した。つまり、彼らは今や、記者会見、ウェブサイト、広告、その他の公の表明手段を通じて、自由に経営陣を批判できるようになったのである。

1992年の委任状勧誘規則改正の結果、アクティビストの策略はより「政治的」になった。それまでの企業乗っ取り屋は、他の株主を説得して株式を売ってもらうだけで良く、その後は、株式の大量保有と最終的に標的企業を買収する意思を武器に、その企業の運命を決定することができた。それに対して、ヘッジファンド・アクティビストは、取締役会に影響力を行使できる議決権の水準に達するのに十分な株主を募り、広範な統一戦線を組むだけで良い。このプロセスは、政治的大義のために有権者を募り、選挙に勝つための共同戦線を張ることに似ている。また、企業に対して少数株主として行動を起こすことには、政治的なメリットがあることにも注意すべきである。ヘッジファンド・アクティビストは、企業を丸ごと買収し、自らの富を増やすために資産を剝ぎ取った強欲な企業乗っ取り屋との差別化を図るために、経営陣の犠牲になり、すべての株主のための正義を約束する、か弱い「少数株主」を演じることができるのである。このようにして、ヘッジファンド・アクティビストは、自分たちを企業乗っ取り屋ではなく、株主民主主義の支持者に位置付けている。

6・1・3 ヘッジファンド・アクティビストと機関投資家の「共同投資」

事実上の投資家カルテルの最も重要な構成要素は、ヘッジファンド・アクティビストと機関投資家による実際の、および潜在的な「共同投資」である。第5章で述べたとおり、機関投資家は1980年代から90年代にかけてより行動的になった。1988年のエイボン・レターと2003年の議決権代理行使に関する最終規則によって機関投資家に課された議決権行使の強制が、機関投資家全体のアクティビズム強化にさらに勢いを与えたのである。また、企業株式の保有が極めて少数の「キングコング」機関投資家に集中するようになった。こうした状況下では、大手機関投資家の支援を得られれば、ヘッジファンド・アクティビストは企業に対して力を行使しやすくなる。また、機関投資家は現在、ヘッジファンドの運用資産残高の約60パーセントを供給しており、共同投資の可能性が著しく高まっている。もちろん、機関投資家は、ヘッジファンド・アクティビストとは独立に議決権を行使すると主張しており、本来そうするべきである。しかし、機関投資家がアクティビスト・ヘッジファンドの標的となった企業の株式とそのヘッジファンド自体の株式の両方を保有している場合、機関投資家はヘッジファンドの予定行動を事前に知り、ヘッジファンド投資から得られる利回りを高めるためにヘッジファンドに協力する動機を有することになる可能性が極めて高い。共同投資の事例証拠はあまたある。

例えば、デュポンとトライアン・パートナーズの委任状争奪戦の間、年金基金アクティビストのリーダーであり、2017年1月時点で運用資産残高が1987億ドルと米国で3番目の規模を誇る年金基金であったカリフォルニア州教職員退職年金基金（カルスターズ）が、トライアンのキャンペーンに当初から協力していたことが明らかになった。デュポンの経営陣は、カルスターズが長年にわたる株主であり、同社は「一般的に年金基金とは協調関係にあった」ため、こうした可能性など考えたこともなかった。しかし、カルスターズは、2015年にトライアンがデュポンを攻撃した際、トライアンを支持する初期の書簡に連署しており、後にトライアンに対する主要な投資家の1人であることが分かった。『フォーチュン』誌は、デュポンがトライアンと争うことになった経緯を詳述した際、「このようなつながりがあったため、デュポンのような企業が、アクティビストに味方することは株主の利益にならないと主張することが難しくなった」と報じた[22]。

これまでに公になった共同投資の中で最も詳細な事例は、おそらく、カルスターズとリレーショナル・インベスターズとの間のものだろう。リレーショナル・インベスターズは、企業乗っ取り屋仲間としてT・ブーン・ピケンズと一緒に働いていた、ラルフ・V・ホイットワースとデイヴィッド・H・バチェルダーが設立したアクティビスト・ヘッジファンドである。2013年、カルスターズは、リレーショナルに10億ドル、トライアンに3億ドル、スターボードに1億ドルの資金を投じた。リレーショナルとカルスターズは当初から連携して、高品質な鉄鋼とベアリングを製造する5世代目の同族企業ティムケンに対する持ち株比率を、様式13D提出の基準である5パーセントにそれぞれ達するまで増やした。リレーショナルとカルスターズは、ティムケン一族に対して会社を2つの別個の事業体に分割し、自社株買いを増やすように迫る試みの一環として、ティムケンの経営陣を公に批判するウェブサイト「アンロック・ティムケン・コム」を開設した。カルスターズの投資責任者は、リレーショナルが企画した巡回キャンペーンに参加し、同業の年金基金の運用者《マネージャー》たちに会うためニューヨークに飛んだ。ティムケンの取締役の椅子の1つはカルスターズの代表者が占めており、「長い間コーポレートガバナンス改善の急先鋒であったこの年金基金は、ティムケンの取締役会が一族によって支配されており、彼らは高額な報酬を得て、株主の利益よりも自分たちの利益を優先していると主張した[23]」。2012年4月、〔株主総会での〕議決権行使の3週間前に、リレーショナルとカルスターズは、ティム・ティムケンの900万ドルという2011年の報酬パッケージは、「同業他社の会長たちの水準から、著しく乖離している」とする報道発表を行った[24]。会社をティムケンとティムケンスチールに分割するという彼らの提案は、最終的に株主投票で53パーセントの票を獲得した[25]。ティムケンの事例は依然として、「金融が製造業をどのようにしゃぶり尽くしたか」を示す最も顕著な事例の1つである[26]。

共同投資が広く行われるようになった背景には、共同投資を可能にした規制の変更以外にいくつかの要因がある。第1に、金融投資家、ヘッジファンド、年金基金は「株主価値」を重視する同じような世界観を共有している。これは、高品質・低コストの財やサービスを生産することで企業価値を創造するという、企業経営者の責任とは異なるものである。第2に、「株主価値最大化」の考え方が投資家や経営者の間で支配的になるにつれて、ヘッジファンド・アクティビストと機関投資家がこのイデオロギーを共通の旗じるしに協力し合うことが容易になった。第3に、たとえ機関投資家が長期的な利益を追求するべきだとしても、そのファンドマネージャーは、短期的な実績評価に基づいて報酬を得ているため短期的な利益を追求する傾向があり、それゆえヘッジファンド・アクティビストと手を組む傾向がある。ブラックロックの代表であるローレンス・フィンクがCEOたちに宛てた、長期的な取り組みを促す書簡を公表したことを受けて、『フォーチュン』誌が報じた記事は、そのことを如実に示している。「S&P500企業を対象にごく小規模な調査を行ったところ、すぐに、ブラックロックの担当アナリストは短期的な（四半期ごとの好業績の）要求を行っているとする企業2社に出くわした。そのうちの1社のCEOは、「わが社の担当アナリストは狂信者だ」と報告した。したがって、フィンクの書簡がブラックロック全体にまで影響を与えたとは言いがたい[27]」。

6-2 ヘッジファンド・アクティビストの略奪的価値抽出の手法

過去10年間で、ヘッジファンド・アクティビズムの及ぶ範囲とその力は、米国でその攻撃の影響を受けない企業はないほどに拡大した。それどころか、ヘッジファンド・アクティビズムはグローバル化し、フィンランドのノキア[28]、フランスのアルカテル・ルーセント[29]、韓国のサムスン[30]、日本のセブン-

イレブン[31]やファナック[32]、英国とオランダのユニリーバ[33]、オランダのアクゾノーベル[34]、オーストラリアのＢＨＰビリトン[35]、ドイツのティッセンクルップ[36]などが標的となった。攻撃手法はさまざまで、ヘッジファンド・アクティビストが利益を得るのにかかる時間もばらばらである。こうした略奪をもたらす価値抽出の手法を知ることは、米国経済に存在する価値創造と価値抽出の著しい不均衡を理解する上で極めて重要である。

当然のことながら、物言う株主は、株券を銀行の貸金庫に預けて、その会社が決めた配当を受け取り、株式をタイミングよく売却する機会を無視して、傍観しているわけではない。それどころか、アクティビストにとって都合の良い取締役の椅子の要求をめぐる委任状争奪戦の暗黙の脅しを通じたものであれ、そこから先に進んで実際の委任状争奪戦を通じたものであれ、彼らは企業の分配方針に影響を及ぼすための行動をとる。多くの場合、こうした価値抽出のアウトサイダーは、価値抽出のインサイダーとして行動する動機をすでに与えられている経営幹部と遭遇し、両者は協調して企業からの略奪を行う。アウトサイダーがインサイダーに対して株価の押し上げを目的とした行動をとるよう圧力をかける必要があれば、一般的に価値抽出のイネーブラーの役割を果たす準備と意思がある機関投資家に委任状による支援を依頼することができる。

ヘッジファンド・アクティビストが企業の意思決定に影響を与えようとする目的は、しばしば逆の主張がなされるものの、標的企業の経営や財務の安定性を改善することでは**ない**。また、次の高品質・低コストの製品を生み出す可能性のある革新的な投資戦略の策定に専門知識を提供することでもない。ヘッジファンド・アクティビストには、企業の生産能力や競争可能性をよく理解した上で本質的に不確実な成果を求めて巨額の資金を投じる必要がある革新的な戦略に、企業資源を配分する能力も動機もない。彼らのアクティビスト・キャンペーンは次々と業界を変えて行われるため、彼らはいかなる業界においても、経営の成功に必要な技術、市場、競合他社に関する深い知識を得ることがない。さらに重要なことに、彼らには価値創造の能力を獲得し、生かし、維持する動機がない。つまり、彼らの目的は、過去に創造された価値を抽出することであって、将来、価値を創造する可能性がある革新的な戦略に取り組むことではないのである。

第3章で述べたとおり、価値創造プロセスは、企業が投資する集団的・累積的な学習の有効性に依存している。しかし、ヘッジファンド・アクティビストは、その価値抽出の手法を通じて、そうした学習の組織的プロセスを破壊する傾向がある。一般的な原則として、アクティビストの手法は、第1に、企業が管理するキャッシュフローを増やすこと、第2に、こうして増やされたキャッシュフローをできるだけ多く自分たちに分配することを目的としている。

アクティビスト・ヘッジファンドが抜き出せる企業資金の量を増やす方法としては、大量の従業員の一時解雇《レイオフ》、法人税の回避、顧客に対する価格のつり上げ、企業資産の売却、資金の潤沢《キャッシュリッチ》な企業の買収などがある。価値抽出者への資金の吸い上げは、配当（多くの場合、多額の、1回限りの特別配当を含む）や自社株買いを通じて達成され得る。配当は、ヘッジファンド・アクティビストが株式を長期間保有する場合の重要な価値抽出方法であり、株主が実際に株式を保有している間、所得の流れを提供することで、他の株主とともにヘッジファンド・アクティビストの懐を潤す。一方、自社株買いは、株主が株式の売却を決定した場合にのみ利益をもたらす。自社株買いでさらに大きな利益を得るには、自社株買いによって株価が操作されて一時的に上昇しているときにタイミングよく売却が行われるようにしなければならない。

第4章で述べたとおり、SEC規則10b-18の下では、米国の上場企業は自社株買いを行った特定の日を、その時点においても事後においても開示する必要がない。もちろん経営幹部はこうした情報を持っており、またSECは自社株買いがいつ行われるか監視しているわけではないため、彼らには発覚を心配することなくこうしたインサイダー情報を基に取引を行うあらゆる機会がある。アウトサイダーとして、ヘッジファンド・アクティビストは、こうした非開示の情報にアクセスできないはずである。しかし、ヘッジファンド・アクティビストが株式の売買によって利益を得ることを生業としていることを考えれば、インサイダー情報にアクセスしたり（その企業の取締役会に代表者を参加させることは、この点で非常に有益なものとなり得る）、規則10b-18がその日の公開市場での自社株買いはすべて1社のブローカーを通じて行わなければならないと定めているため、その企業のブローカーの動きを観察したり、規則10b-18の「ゼロ・プラス・ティック要件(37)」に関連する取引パターンを見つけたりすることで、自社株買いがいつ行われるか割り出せると考えるのが妥当であろう。ヘッジファンドが企業から抽出できる価値にとって株価の上昇が重要なことからすれば、ヘッジファンド・アクティビストは例外なく自社株買いに賛成である。

われわれが「略奪的価値抽出者」と呼ぶ連中は、しばしば「短期主義者」だと非難される。しかし、特にかなりの収益を上げている企業の場合、ヘッジファンド・アクティビストにとって、キャッシュフローの強化と抽出という2つのプロセスが行われる可能性がある間は、株式を長期的に保有する価値があるかもしれない。また、この方法では、期待したようなキャッシュフローの増加や株価の上昇が得られず、価値抽出の好機が実際に訪れるまで何年も待たなければならないかもしれない。そしてもちろん、価値抽出のためにキャッシュフローを増やす手法が失敗し、状況によってはヘッジファンド・アクティビストが巨額の損失を被る可能性もある。最近の代表例としては、ウィリアム・アックマンのパーシング・スクエア・キャピタルが、2015年3月から17年3月まで続いた製薬会社バリアントの案件で、40億ドルの損失を出したことが挙げられる。[38] バリアントは、ボトックス製品群から生み出される豊富なキャッシュフローがあったアラガン社の買収の試みに失敗した後、その極端な価格つり上げ戦略が世間の不評を買っていた。[39] 2015年3月に207ドル近くに達していたバリアントの株価は、アックマンが撤退した2017年3月には平均12ドル以下となった。

巨大ヘッジファンド・アクティビストは常に、明らかに損失よりもはるかに多くの利益を計上していた。表6-1は、2016年初頭におけるヘッジファンド・アクティビスト上位10社のリストである。これら10社の運用資産残高を合計すると1300億ドルになる。圧倒的なトップは、カール・アイカーンが運営するアイカーン・エンタープライゼズである。彼の企業略奪者としてのキャリアは1970年代まで遡るが、80年代初頭においても衰える気配はなかった。それどころか、アイカーンは、友人のドナルド・トランプがホワイトハウス入りした最初の8カ月間、企業問題に関する大統領顧問（正式な肩書きは、「規制改革に関する大統領特別顧問」）の地位に就いて、アイカーン自身が長年実践してきた価値抽出というブランドにとって障害となっている政府規制を全廃するために、それを特定することを任された。[40] しかし、アイカーンは、大統領顧問に就任してわずか3カ月余り後に、民主

表6–1　ヘッジファンド・アクティビストの運用資産残高（AUM）上位10社（2016年）

順位	会社名	主要なマネージャー	運用資産残高（10億ドル）
1	アイカーン・エンタープライゼズ	カール・アイカーン	32.3
2	サード・ポイント	ダニエル・ローブ	22.6
3	バリューアクト	ジェフリー・アッベン	19.4
4	パーシング・スクエア	ウィリアム・アックマン	14.8
5	セビアン・キャピタル	クリスター・ガーデル	11.7
6	トライアン	ネルソン・ペルツ	11.3
7	セイチェム・ヘッド	スコット・ファーガソン	4.7
8	スターボード・バリュー	ジェフリー・スミス	4.7
9	MHR	マーク・ラチェスキー	4.6
10	ブルーハーバー・グループ	クリフトン・ロビンス	3.8

（出所）Rachel Butt, "Here are 10 biggest activist money managers and some of their most impressive bets," *Business Insider*, June 17, 2016.

党の上院議員たちの注目を集め、自身の個人的利益のために政治的影響力を利用していると非難された[41]。２０１７年８月、アイカーンは世間の厳しい目にさらされ続けるよりも、特別顧問の職を辞することを選んだ[42]。

アイカーンがそのキャリアを通じて用いてきた略奪的価値抽出の方法を調査することで、ヘッジファンド・アクティビストがどのようにして「軍資金」（アイカーンが自身の運用資産を表すのに長年使ってきた言葉）を築き、あちこちでかなり分の悪い賭けを行う余裕さえ持ちつつ、企業を食い物にするより強力な立場にいられるのかが明らかになる。この後の節で、われわれは、１９８０年代にアイカーンが非常に目立つ、大成功を収めた企業乗っ取り屋として登場したが、悲惨な結果を招いたＴＷＡの買収で一時的とはいえそのキャリアがつまずいたことを確認する。その後、毎年発表される米国の長者番付「フォーブス４００」のデータを用いて、1990年代後半から2000年代にかけてアイカーンが、TWAに関わっていた期間およびその直後の財産の減少を反転させ、2002年以降は常に米国の富豪30傑に名を連ねるまでに、純資産を劇的に拡大できたことを指摘する。過去20年にわたってアイカーンに莫大な富をもたらした源泉を徹底的に分析するにはまるまる1冊の本が必要になるだろうが、この後の節で、アイカーンが関わってきた活動の種類を紹介する。彼が最初のヘッジファンドを設立したのは2004年になってからのことだったが、2011年には閉鎖した。これは、外部の投資家に借りがあったり、彼らから制約を受けたりすることがないように、アイカーンが直近に補充した個人のリソースだけを使って価値抽出の才能を発揮できるようにするためだった。

6-3 企業乗っ取り屋《コーポレート・レーダー》としてのカール・アイカーン

1936年にニューヨークで生まれたアイカーンは、プリンストン大学で哲学の学士号を取得し、ニューヨーク大学の医学部で2年間学んだ後、1961年にウォール街で働くようになった。1968年には、リスク・アービトラージやオプション取引を行うアイカーン・アンド・カンパニーを設立した。1976年、アイカーンは銘柄選択の専門家《ストックピッカー》のアルフレッド・キングスレーとともに、株価が割安だと思われる企業に狙いを定め、株価が上昇したら株式を売却して利益を得ることを目的とするファンドを宣伝する文書を、投資家候補先に送った。アイカーンの伝記作家であるマーク・スティーブンスが「アイカーン・マニフェスト」と呼んだこの文書には、提案された試みの目的と基本的な手法が次のように示されていた。

> われわれの主張は、「割安な」株式に大きなポジションをとり、次のようにしてその企業の運命をコントロールしようとすることで、かなり大きな利益が得られる、というものである。
> (a)経営陣に対して、会社を清算するか、「ホワイトナイト」に売却するよう説得を試みる、(b)委任状争奪戦をしかける、(c)株式公開買付《テンダーオファー》けを行う、あるいは、(d)われわれのポジションを会社に売り戻す。[43]

アイカーンの企業乗っ取り屋としてのキャリアが実際にスタートしたのは、１９７７年、オハイオ州を本拠とするキッチン家電メーカー、タッパンの株式を買い占め始めたときだった。[44] アイカーンにとって、その会社が何を生産しているかは重要でなかった。重要なのは、自身のマニフェストにある手法の１つ以上を用いて、利益を得ることだけだった。アイカーンは、タッパンの株式の10パーセントを集め、１９７９年4月にはタッパンの取締役に就任した。彼は、タッパンの買収提案合戦が株価をつり上げることを期待して、取締役の立場から、会社を売りに出すよう同社に迫った。[45] １９７９年12月、タッパンがスウェーデンのエレクトロラックス社に50パーセントのプレミアムを乗せた株価で売却されると、アイカーンは２７０万ドルの利益を手にした。[46]

１９８０年代初頭までに、アイカーンは、その注目度が上がったことで、所有株式の価格プレミアムを引き出すために企業の取締役の椅子を手に入れて、会社売却の企てを支援する必要が必ずしもなくなっていた。アイカーンは、極めて攻撃的で、信用できず、その企業乗っ取りは執拗だとの評判を確立し、挑戦を受けた現経営陣が事実上、彼に立ち去ってもらうために金を支払う可能性を高める手法を開発した。これは、１９８2年にアイカーンが攻撃したアンカーホッキングとオーウェンズ・イリノイの2社で、実際に起こったことである。[47] こうした行為は「グリーンメール」として知られるようになり、この言葉は１９８3年7月、ＳＥＣの株式公開買付けに関する諮問委員会が主催しアイカーンも参加した前月の会議に基づいて、同委員会が作成した報告書の中で活字として登場した。この報告書の「用語集」は、グリーンメールを「敵意を持って企業を買収しようとする者が、自らが支払った金額にプレミアムを付けて株式を買い戻すよう対象企業に強要することを主な目的として、対象企業の相当量の証券を購入すること」と定義していた。[48]

アイカーンは、１９７9年の『ビジネスウィーク』誌のインタビューで、次のように述べた。「私は企業民主主義に対する、つまり株主が自らの投資に求めるものについてより大きな発言権を持つことに対する思い入れが強い。……企業の業績が振るわない場合、株主の収益を確保するために、その経営陣に何かが起こるべきである」。[49] しかし、アイカーンがグリーンメールに積極的なことから、彼の「アクティビズム」が「株主民主主義」とは何の関係もないことは明らかである。

アイカーンは、彼の伝記作家のマーク・スティーブンスに次のように語った。「交渉の席に着いた両当事者が何か、例えば1億ドルをどう分けるかを決着させる場合、社会通念上は、公平に、理想的には50対50に分けるのが常に最善だとされている。しかし、私は１００パーセント欲しい。それ未満では、満足できるはずがない」。[50] 単なる強欲さの問題ではないものの、アイカーンが、オリバー・ストーン監督の映画『ウォール街』のゴードン・ゲッコーのように「強欲は善である」と信じていたのは間違いない。アイカーンは、自分は「一匹狼」であり、企業から価値を抽出する力を得るためには、自身が管理する資金源である「軍資金」を築く必要があると考えていた。この資金のおかげで、彼は、標的企業に恐怖心を与え、必要であれば、株式がもともとの購入価格よりもはるかに高い価格で売れるまで持ちこたえて、粘り勝ちすることができた。彼は、軍資金を使うたびに、それをさらに増やすことができたのである。

1978年、アイカーンは長い歴史を有するシカゴの不動産投資信託（REIT）、ベアード&ワーナー・モーゲージ&リアルティ・インベスターズの株式を買い集め始めた。この事例でのアイカーンの狙いは、グリーンメールだけではなかった。彼は、会社の清算を要求し、その収益で自身の軍資金をさらに増やせるように、取締役の椅子を欲したのである。価値抽出に成功するたびに、彼はより多くの自己資金を蓄積することができ、自身のファンドに対する投資家からの資金や、信用取引での株式購入を含む借入金でそれにレバレッジをかけていた。[51] スティーブンスは、1982年にアイカーンが小売業者のマーシャル・フィールドに襲いかかるために、それまでで「最大の軍資金」をどのようにして築いたか詳しく述べている。1982年の冬にマーシャル・フィールドの株式の29パーセントを取得したアイカーン・グループは、同社に対して「ホワイトナイト」であるブリティッシュ・アメリカン・タバコ（BAT）への身売りを模索するよう促した。BATは、マーシャル・フィールドの筆頭株主であるアイカーンが同社の売却に同意するまでに、2度にわたって買値を引き上げた。

また、アンカーホッキングやオーウェンズ・イリノイへのグリーンメールを成功させた直後の

1982年、アイカーンは、企業城下町であるバージニア州ダンビルに本社を置く老舗の大手繊維メーカー、ダンリバーの株式の7パーセント近くを取得した。アイカーンは、最終的に議決権付株式の22％にまで持ち株比率を高め、[52]安定株主の持分が2パーセントしかなかったダンリバーを買収されやすい状態にした。[53]ダンリバーの経営陣は、ダンビルの町全体を動かしてこの企業乗っ取り屋に対抗し、アイカーンによる支配権獲得の企てを阻止するためにいくつかの法的手段を試みた後、「ホワイトナイト」を探し求め、従業員を説得してその年金を企業拠出の従業員持株制度（ESOP《イソップ》*16）と交換させた。ESOPはアイカーンの所有する株式を購入し、彼に800万ドルの利益をもたらした。[54]

1986年、アイカーンが当時米国の有力航空会社であったTWAの発行済株式の40パーセントを買い集めた際には、それまでに動かしたことがあるいかなる軍資金よりもはるかに大きな軍資金が必要になった。TWAのCEOエド・マイヤーによれば、アイカーンは、「TWAの4億から5億ドルのキャッシュフローに魅了された」のである。マイヤーは、このキャッシュフローに関して、この企業乗っ取り屋に、「カール、これでは君が買わなければならなくなる航空機の代金すら賄えないよ」と言ったと述べている。[55]TWAの株価が下落すると、アイカーンはこの航空会社の支配権を自ら握らなければならず、この発言が真実だと思い知ることになった。

アイカーンは、TWAの株式を買い集め、1981年のコンチネンタル航空をはじめとする航空会社買収のための媒体《ビークル》であるテキサス・インターナショナル航空のオーナー、フランク・ロレンツォに競り勝って、最終的に支配権を握ることになった。ロレンツォは労働組合潰し屋《ユニオンバスター》として知られていたため、TWAの労働組合はアイカーンの方がましだと考え、アイカーンが支配権を握った場合に発効する賃金や福利厚生の譲歩に関する協定を彼と結んだ。こうした組合との合意と、それが約束する価値抽出の機会が、ＴＷＡ株を買い増すようアイカーンを誘導した。[56]

そしてアイカーンは、ＴＷＡ株への巨額投資から抜け出すために、その航空会社を実際に経営しなければならなくなった。ビジネス・ジャーナリストのキャロル・ルーミスは、１９８６年2月の『フォーチュン』誌のカバーストーリー「カール・アイカーンの当然の報い」で次のように述べた。「アイカーンがおよそ3億ドルで買った株式の価値は、2億２７００万ドルである。信用取引で株式を購入した彼は、追加証拠金《マージンコール》の請求を受け、多額の債務維持コストで身動きがとれなくなっている」[57]。ルーミスはこう続けた。「アイカーンはＴＷＡの支配権を握っているが、その資金を吸い取ることはできない。アイカーンは、金融機関や複数の労働組合（そのうちの2つは彼に対して賃金の大幅な譲歩をしていた）との合意により、自身や他の株主に配当を支払ったり、自社株買いによって株主に資金を分配したりする能力を制限されている。アイカーンが他の株主を犠牲にして利益を得ることを防ぐため、2年間はＴＷＡの元取締役で構成される特別監視委員会が、ＴＷＡと他のアイカーンの事業体との間の取引を承認しなければならないのである」

アイカーンがＴＷＡを6年間経営した後の１９９２年、同社は破産を宣言した。アイカーンのキャリアにおけるＴＷＡの時期は、彼にとって最高の時間（より正確には、最高の6年間）ではなかった。

＊16 Employee Stock Ownership Planの略。これは、従業員に対する退職給付制度の一種で、企業が信託を利用して自己株式を買い付け、それを従業員への給付に用いる手法が一般的である。

1980年代後半にアイカーンが大いに注力したもう1つの案件（TWAの大失敗のような規模の損失こそ出さなかったものの、利益はごくわずかだった）は、USスチールから生まれたコングロマリット、USXの株買占めであった。1986年に始まり91年に終わったこの出来事について、アイカーンの伝記作家はこう述べている。「この取引の粗利益はおよそ1億8300万ドルに過ぎなかった。ここから、多額の委任状争奪戦の費用や、投資期間中の信用買いの利息を差し引かなければならなかった。USXの配当を考慮しても、同じ期間、国債に投資した方が、結果は良かっただろう」[58]

一方、1980年代の「企業買収《ディール》の10年」は、その最大の運営者であったマイケル・ミルケンとアイヴァン・ボウスキーの2人がインサイダー取引で収監されたため、崩壊した。1985年、アイカーンは、フィリップス・ペトロリアムの買収提案に際してミルケンの「ジャンクボンド」ネットワークの支援を受けた。[59] しかし、アイカーンはボウスキーを信用していなかった。ボウスキーは、ミルケンがとりまとめる株買占めにおいて、株を買い集めて、後にそれを実際の乗っ取り屋（このケースではアイカーン）に引き渡すという、裁定取引者《アービトラージャー》の役割を果たしていたのである。アイカーンは、ミルケンとは間接的にしか接触しておらず、ジャンクボンドの帝王の取り巻きに加わるには独立心が強すぎた。1985年2月、標的となったフィリップスは、乗っ取り屋が発行済株式の30パーセントを買い集めた場合、株主資本が多額の債務に変わることになる「ポイズンピル」を採用した。3月初めまでにアイカーンは買収提案を取り下げたが、その後フィリップスが株主に対して株式公開買付け（による自社株買い）を実施して、その企業乗っ取り屋は5000万ドルの利益、および買収提案に要した費用として2500万ドルを手にした。[60]

フィリップスの株買占めにより3カ月間で5000万ドルの利益を得たアイカーンは、その後1987年から89年にかけて世界最大級の石油会社テキサコを攻撃し、それをさらに上回る利益を上げた。このケースでは、アイカーンはTWAに対する戦略的支配の立場を利用して、TWAの資金でテキサコ株を買い集め、自身の買収提案を支援した。アイカーンは、テキサコの経営陣が1989年に24億ドルの特別配当で株主に訴えかけたこともあって、その後の委任状争奪戦で勝利できなかった。[61]それでも、アイカーンは、1989年6月にテキサコ株を売却した際には、19カ月間の戦いで5億ドル以上の利益を計上した。[62]

アイカーンは、1980年代の敵対的買収運動から誕生した、最も有名な企業乗っ取り屋だった。アイカーンは、1987年に米国の長者番付「フォーブス400」に、純資産5億2500万ドル、順位120位でランクインしたが（表6−2参照）、この年の彼の資産は、『フォーブス』誌のリスト入りを惜しくも逃した1986年の3倍に達していた。1989年には、彼の推定資産は2倍以上の12億ドルにまで増え、63位となったが、TWAの損失を吸収するにつれて減少し、その最低額は1994年の4億ドルであった。その後、アイカーンは『フォーブス』誌のリストの順位を上げ始め、2001年には31位に達し、2017年までそれよりも上位にランクされていた。2018年、『フォーブス』誌は彼の純資産を163億ドルとし、米国で31番目の大富豪に位置付けた。[63]

1996年6月の『ニューヨーク・タイムズ』紙の記事は、「企業乗っ取り屋たちは、いったいどこに行ってしまったのか?」と問いかけた。[64]その記事は、当時をこう振り返った。「彼らは、1980年代の企業買収戦争の指揮官として大いに恐れられ、しばしば非難された。彼らは、ジャンクボン

表6–2　カール・アイカーンの推計純資産額および米国の長者番付の順位（1986〜2018年）

年	アイカーンの純資産額（百万ドル）	「フォーブス400」の順位	年	アイカーンの純資産額（百万ドル）	「フォーブス400」の順位	年	アイカーンの純資産額（百万ドル）	「フォーブス400」の順位
1986	175	惜しくもランク外	1997	2,000	70	2008	12,000	20
1987	525	120	1998	2,600	62	2009	10,500	22
1988	940	55	1999	4,200	41	2010	11,000	24
1989	1,200	63	2000	4,500	53	2011	13,000	25
1990	1,000	65	2001	5,000	31	2012	14,800	21
1991	660	138	2002	5,800	27	2013	20,300	18
1992	650	83	2003	7,300	26	2014	26,000	16
1993	575	164	2004	7,600	21	2015	20,500	22
1994	400	306	2005	8,500	24	2016	15,700	26
1995	500	264	2006	9,700	24	2017	16,700	27
1996	950	164	2007	14,500	18	2018	16,300	31

（出所）雑誌『フォーブス』の各版の「フォーブス400」リスト。

ドを推進力にして、株式会社アメリカに一見気の向くままに襲いかかり、莫大な富を築いた。絶頂期には、ジャンクボンドの帝王マイケル・Ｒ・ミルケンが毎年開催していたイベント「略奪者たちの舞踏会《プレデターズ・ボール》」で、彼と親しく交流していた」。そしてこの記事は、カール・Ｃ・アイカーンをはじめとする１９８０年代の最も著名な価値抽出者たちの消息や活動に関する最新情報を提供していた。

アイカーン氏はおそらく、その中で最も多忙だろう。彼は現在、ＲＪＲナビスコ・ホールディングスの支配権を奪い取って、食品事業のたばこ事業からの分離独立《スピンオフ》（彼が、株主を大儲けさせると主張している動き）を推し進めようとしている。アイカーン氏は、４月に、協力者のベネット・Ｓ・ルボウと組んでＲＪＲナビスコ・ホールディングスの取締役会を掌握することに失敗したが、今月初めには、ウォール街で次第に評判が悪くなっていたルボウ氏との契約を解除した。また、アイカーン氏は時とともに変化し、良い投資になり得る経営危機に陥った企業の株式を探し求めるようになった。１９９５年には、ロックフェラーセンターに13億ドルの抵当権を設定している〔不動産投資〕信託、ロックフェラーセンター・プロパティーズの債務を買い取った。また、アイカーン氏は、かつて所有していたトランスワールド航空との取引の中で混載業者《コンソリデーター》事業にも参入した。ＴＷＡは、破産再建の一環として、額面で6億１０００万ドル分の航空券を割引価格で購入し、転売する権利をアイカーン氏に与えた。同社は、彼に航空券を売って得た資金で、彼に対する債務1億９０００万ドルを返済する計画である。

１９９７年、『フォーチュン』誌でアイカーンについてたびたび報じていたアンドリュー・セルワーは、こう記している。

> カール・アイカーンは、決して消え失せなかった唯一の乗っ取り屋である。確かに、彼はフィリップス・ペトロリアムのような案件にはもう手を出さないし、間違っても、数年前にＴＷＡの経営権を握って悲惨な目に遭ったときのように、もう実際に企業を経営しようとはしない。しかし彼は、たいていの場合、うまくいかなくなった取引の周辺によく姿を現す。彼は常に、金儲けに利用できる状況を求めてうろついている。彼の主な手口は、破綻またはそれに近い状態にある企業の社債を買い漁ることである。そうすれば、彼は大口社債券者としての影響力を利用して、自分が確実に儲かる条件を引き出すことができる。[65]

6-4 ヘッジファンド・アクティビストとしてのカール・アイカーン

表6-2の「フォーブス400」のデータから分かるとおり、アイカーンは、1990年代後半以降、企業乗っ取り屋として達成したものをはるかに上回るまでに純資産を増やすことができた。『フォーブス』誌が推計した彼の純資産は、1994年から名目ベースで毎年増加して、2007年には145億ドルに達し、彼は「フォーブス400」リストの18位になった。彼の推計資産は2008年から09年の金融危機の間に若干減少したが、アイカーンはそれを反転させ、2014年には純資産を260億ドルまで増やし、自己最高の16位に浮上した。2014年以降、『フォーブス』誌の推定によるアイカーンの資産は大幅に減少したが、依然として米国の大富豪にとどまっている。

『フォーブス』誌が推計したアイカーンの資産およびその経時的な変化の正確さは保証できないが、われわれは、1996年以降のアイカーンの主要な活動と、報じられたこれらの取引の損益に関するデータを集めて、表6-3に示した。表6-3は、すべてを網羅しようとするものではない。むしろ、われわれの目的は、過去20年間のアイカーンの企ての範囲と、それらの損益の規模を示すことである。表6-3の情報は、ヘッジファンド・アクティビズムの時代に、この新種の企業乗っ取り屋の中で最も経験豊富な人物が、どのようにして米国の企業経済から数百億ドルを抽出したかに関する研究課題の基礎と見なされるべきものである。

表6-3　カール・アイカーンの主要な価値抽出活動と、報じられた損益の結果（1995～2017年）

時期	企業名	アイカーンの価値抽出活動の説明	報じられた損益の結果（百万ドル）
1995～2000年	RJRナビスコ	委任状争奪戦、スピンオフの要求、複数回の株式の売買	893
2004～2005年	マイラン・ラボラトリーズとキング・ファーマ	キングとの合併を阻止、そのニュースで「ロング／ショート」ポジションが利益をもたらす	40～70
2004～2006年	カーマギー	自社株買い、会社売却や化学品事業のスピンオフを主張	470以上
2006～2008年	イムクローン	イーライリリーによる買収を画策したとされる、50パーセントのプレミアム付きでの買収につながる	418
2004～2010年	ブロックバスター	CEOの解任、取締役の交代を含むアクティビズムの後に破産	－180
2007～2011年	モトローラ	スピンオフ、知的財産の売却、自社株買い	1,340
2009～2011年	ジェンザイム	委任状争奪戦、自社株買い、サノフィに対する会社売却の価格つり上げを支援	300
2008～2012年	アミリン	委任状争奪戦、自社株買い、ブリストル マイヤーズ スクイブへの会社売却	115
2010～2014年	フォレスト・ラボラトリーズ	アクタビスによる買収	600
2012～2015年	ネットフリックス	株式の10パーセントを取得して会社売却を訴え始める、しかし結局、株価の急騰に乗じて1年後に保有株式を8億ドルで売却し、2015年に残っていた4.5パーセントの持ち株を10億ドル以上で売却する	1,900
2010～2016年	チェサピーク・エナジー	「税目的」で損失を計上	－500
2013～2016年	トランスオーシャン	特別配当、損失計上、「税目的」でキャピタルロスを申告	－1,100
2013～2016年	アップル	大量の自社株買いを要求、アップルは史上最大の自社株買いに応じる	2,000

（出所）産学研究ネットワークのマット・ホプキンズが、さまざまな公開情報から本報告のために収集したデータ。

アイカーンがこの20年間で最も儲けた策略は、公開市場で2年半あまり保有していた36億ドルのアップル株を56億ドルの現金に換え、全株式を売却した2016年3月31日までに20億ドルの利益を得たものだった。[66] 2013年8月、アイカーンは、アップルの公開株式を2712万5441株購入したと発表した。[67] アイカーンは、2014年1月末までに、アップル株の保有を同社の発行済株式の0・9パーセントに相当する5276万848株にまで増やし、その購入総額は36億ドルとなった。われわれは、アイカーンのヘッジファンド・アクティビストとしての価値抽出の手法を、この最も顕著な事例に着目して分析する。[68]

2013年8月13日、アイカーンが最初のアップル株購入を発表したとき、彼はインタビューで、アップル株は、終値が463ドル（2014年の株式分割後の株価に調整すれば66ドル）の日に、「利益が伸びていなくても、625ドル［同じく89ドル］の価値があるはずだと考えている」ため、「楽な仕事」だと述べた。[69] アップル株が「楽な仕事」（アイカーンが、アップルの株主に宛てた2014年1月の公開書簡や、いくつかのツイートで繰り返していた言葉）だったのは、アップルには、株価をつり上げられる大規模な自社株買いを行うための資金と借入能力があったためである。

アイカーンが最後の株式を売却した4週間後、そしてアップルが13年ぶりに四半期の売上が前年同期比で減少したことを発表した2日後の2016年4月28日、アイカーンはCNBCに対して、アップル株を処分したのは、不安定な事業環境のせいでアップル株が購入したときのように「楽な仕事ではなくなって」おり、また「中国について心配」なためだと語った。[70] アイカーンはこのとき、アップル株への32カ月間に及ぶ投資で20億ドルの利益を得たことを明らかにした。

アイカーンは、一見わずかな知的努力で、どのようにして32カ月で約20億ドルの利益を得たのか。この疑問に対する答えは、帝王アイカーンを見習いたいと思っている物言う株主にとって、間違いなく興味深いものである。[71] しかしそれは、米国経済の明確な特徴となっている所得の上位層への極端な集中に歯止めをかけたいと考えている立法者、監視機関、知識のある国民にとって、いっそう興味深いものにちがいない。

実際には、アイカーンの「楽な仕事」は、数十年の経験によって磨かれた、企業株式（ここでは、アイカーンが関わる前、歴史上最も成功した企業の1つであったアップルの株式）を購入、保有、売却するための綿密な戦略を伴っていた。この戦略の実行は、少なくとも、（1）資産、（2）注目度、（3）誇大宣伝、（4）影響力という、4つの要因に依存していた。また、それは5つ目の要因、すなわち重要なインサイダー情報を利用した取引にも基づいていた可能性があることを示す状況証拠がある。

6・4・1 アイカーンの資産

1つの会社の株式はもちろんのこと、株式市場に投じるために36億ドルもの資金を持っているアメリカ人はほとんどいない。『フォーブス』誌でのアイカーンのランキングに関する表6－2は、2013年には、彼にそのような資産があったことを示している。実際には、前述のとおり、2011年に、アイカーンは2004年に立ち上げたヘッジファンドを外部の投資家に対して閉ざしていたため、彼は軍資金の配置を自分以外の誰にも説明する責任がなかった。彼は、75歳にして、すでにおよそ半世紀にわたって金融市場で投資を行っていた。

アイカーンは、アップルの2013年度（2013年6月29日終了）の最初の3四半期間の売上が、前年同期9カ月間の1204億ドルから1354億ドルにまで増加したにもかかわらず、同社の株価の日次の最高値平均が2012年9月の90ドルから2013年6月の57ドルまで下落するのを、間違いなく注視していた。この9カ月間のアップルの利益は、2012年度の335億ドルから2013年度の295億ドルに減少したが、それでも2013年6月29日時点で、同社は1466億ドルの現金、現金同等物、および市場性のある有価証券を帳簿上示していた。アップルのバランスシートにほとんど負債がないのを見たアイカーンは、これらの流動資産を自社株買いに大量に変換して、適切なタイミングで株式を売却すれば、「楽な仕事で」利益が得られると考えて、2013年8月、16億ドルの資金をアップル株に投じることを決めた。

6・4・2 アイカーンの注目度

1980年代の傑出した企業乗っ取り屋であったアイカーンは、ウォール街のトレーダーや機関投資家の間で依然として非常に注目されていた。彼は常に勝っていたわけではないが、彼が億万長者になった方法を考えると、他の株式市場参加者が無視しがたい実績を有していた。アイカーンは、2013年10月から15年5月にかけて、アップルに関する37のツイート（フォロワー数28万3000人）を投稿したほか、[72] アップルは大量の自社株買いを行うことで「株主価値を高める」ことができるし、そうすべきであると専ら主張する6通の書簡を公開した。[73] 2013年10月1日、彼はこうツイートした。「昨夜はティムと和やかな夕食を共にした。私たちは、1500億ドルの自社株買いに向けて懸命に努力した。およそ3週間後に引き続き話し合うことを決めた」。アイカーンの夕食のゲストは、アップルのCEOティム・クックだった。

10月23日、アイカーンは自身のウェブサイトにクックCEOへの公開書簡を投稿し、そこで以下のように述べた。「これほど大きな評価の乖離《バリュエーション・ギャップ》があり、バランスシート上にこれほど巨額の現金があるにもかかわらず、取締役会が、〔債務、または債務とバランスシート上の現金の組み合わせによって賄われる〕1500億ドルの株式公開買付けを即座に発表することで、自社株買いをもっと積極的に進めない理由が想像しがたい(74)」。アイカーンが株式公開買付けを望んだのは、それが発表されれば、〔集団心理に基づいて行動すると言われる〕タビネズミのような機関投資家が大量の自社株買いを期待してアップル株を購入するようになり、ひいてはアップルが自社株買いを行う株価を押し上げることになるためである。また、公開市場での自社株買いのみを規定するSEC規則10b-18は、相場操縦罪のリスクを冒すことなく実施できる1日の自社株買いの量を制限しており、アップルの1日の購入額はわずか14億ドルに制限される。アイカーンは、それよりもはるかに大規模かつ迅速な自社株買いを望んでいた。また、アイカーンは自分のことしか考えていないと思われた場合に備えて、彼は公開書簡をこう締めくくった。「私は、提案された1500億ドルの株式公開買付けに応募しないことに、ここに同意する。ここでの私の目的は短期的なものではない」。

6・4・3 アイカーンの誇大宣伝

もちろん、アイカーンは、自社株買いの後押しがあれば、アップル株を売り払う好機をうかがっていただろう。彼は、アップルが２０１２年に支払い始めた配当を受け取るのは構わなかったが、保有するアップル株の一部または全部を売却しなければ、億万長者にふさわしい利益を実現することはできない。しかし、クックと取締役会がアイカーンの１５００億ドルの株式公開買付けの要求を無視したため、彼は否応なく長期戦に入ることになった。

アップルの株価が65ドルから75ドルの範囲にあったため、アイカーンは、時期を選んで（まず２０１３年10月、さらに14年1月に）アップル株を追加購入し、２０１４年1月23日には、彼のアップル株の最大保有数に達した。同日、彼は株主に対して、彼の拘束力のない株主提案を支持するよう促す書簡を公開した。この提案は、２０１３年４月に取締役会が承認した自社株買いプログラムの（１００億ドルから６００億ドルへの）増額分、５００億ドルの自社株買いを２０１４年度中に完了するようアップルに指示するものだった。[75] １５００億ドルの株式公開買付けの要求は無視されており、アイカーンは、アップルが株価を押し上げる自社株買いの実施に少しもたついていると感じていた。

1月27日、アップルは２０１４年度第１四半期（２０１３年10月から12月）の期待外れな業績を発表した。[76] ２０１２年9月のｉＰｈｏｎｅ５発売は、２０１３年度第１四半期の売上を過去最高の５４５億ドルに押し上げていた。２０１３年9月のｉＰｈｏｎｅ５cとｉＰｈｏｎｅ５sの発売は、２０１４年度第１四半期に５７６億ドルの売上をもたらして、再び記録を更新したが、アップルの株主にとって当たり前になっていた爆発的な成長にはほど遠かった。また、第１四半期の純利益は、前年同期の１３０億７８００万ドルから１３０億７２００万ドルへと、実際にはわずかに減少した。こうした業績が、アップルの株価を終値で1月27日の74・87ドルから、1月28日の68・88ドルへと8パーセント下落させたのである。

2月6日、クックは『ウォール・ストリート・ジャーナル』誌のインタビューに応じ、「アップルは、ウォール街を失望させる決算を発表してから2週間で140億ドルの自社株買いを行った」ことを明らかにし、アップルはこうした自社株買いを「積極的」かつ「機を逃さず」に行ったと語った[77]。こうした動きを受けて、議決権行使助言会社のISSは、アイカーンの500億ドルの自社株買いの提案に反対意見を表明した。ISSの見解を踏まえ、アイカーンは2月10日付の株主宛て書簡で、「ティムと取締役会は、われわれが定着させたかった、「機を逃さない」、「積極的な」自社株買いの手法を示した」と述べ、提案を撤回した[78]。結局、アップルは2014年度に（当時、一企業としては過去最高額となる）450億ドルの自社株買いを行い、2014年4月には、同社の取締役会は自社株買いの承認額をそれまでの600億ドルから900億ドルに引き上げた[79]。

利益が増えれば株価も上昇する可能性があるが、大幅な増益を達成するには一般的に売上を大幅に増やす必要がある。アイカーンは、2月10日付の書簡で、アップルの株主に対して、「ティム・クックが、（既存カテゴリーの新製品に関する、エキサイティングな製品発売スケジュールに加えて）今年中に新しいカテゴリーの新製品を発売する計画を明らかにしたことから、われわれはアップルの将来に大きな期待を寄せている」と伝えた。2014年度の残りの9カ月間、アップルの売上および利益の伸びは小さかったにもかかわらず、その株価は1月の70・23ドルから9月には103・30ドルまで上昇し、2012年9月に達成した95・80ドルの記録を上回った。株価の押し上げに貢献したのは、アップルが示した自社株買いや配当への取り組み、および2014年6月の1対7の株式分割だけではなく、おそらくより重要だったのは、２０１４年９月に待望のｉＰｈｏｎｅ６とｉＰｈｏｎｅ６ Ｐｌｕｓが発売されることによる売上増加への期待だった。

　ｉＰｈｏｎｅ６の登場から約３週間後の２０１４年10月９日、アイカーンは「大安売り――アップル株が半額」と題した、別のクック宛て公開書簡を投稿した。[80] 98ドルというアップルの株価は過去最高に近い水準であったにもかかわらず、アイカーンは２０３ドルになるはずだと主張した。アイカーンは、株式公開買付けを再び要求し、あるインタビューではそれを１０００億ドルに設定した。[81] さらに、アイカーンは、クックを「アップルにとって理想的なＣＥＯ」と称賛しつつも、アップルの株価がすぐに２倍になることを自らの見解によって正当化する、売上および利益の予測を示した。彼は、２０１５年２月11日のツイッターのフォロワー宛て公開書簡[82]や、同年５月18日のさらに別のクック宛て公開書簡[83]で、こうした行為を繰り返した。これらの予測は、２０１５年度には約25パーセント、２０１６年度と17年度にはそれぞれ約20パーセントの売上増加を見込んでいた。アイカーンは、アップルの株価について、２０１５年２月の書簡では２１６ドル（実際には１２２ドルだった）、５月の書簡では２４０ドル（実際には１２８ドルだった）になるはずだと述べた。

　問題は、アイカーンの２０１６度年と17年度の売上および利益の予測が、アップルの将来の成長の原動力についての疑わしい前提に基づいていたことである。アイカーンの「エキサイティングな製品発売スケジュール」の中の重要な新製品は、２０１５年４月24日に発売されたＡｐｐｌｅ Ｗａｔｃｈだった。アイカーンは、２０１４年10月と15年２月の予想で、Ａｐｐｌｅ Ｗａｔｃｈの売上について、２０１５度年は90億ドルと、また２０１６年度は２００億強、２０１７年度は３３０億ドル強に増加すると予測した。2015年5月の予想では、Apple Watchがすでに発売されていたため、2015度年の売上予想を60億ドルに引き下げたが、2016年度には225億ドル、2017年度には450億ドルに増えると見ていた。今考えれば、これらの売上予測がいい加減で、都合の良い推測だったことは明らかである。アップルはApple Watchの売上の公表を拒んでおり、それはアクセサリーやiPodを含む「その他の製品」のカテゴリーに一括りにされている。しかし、公開されている数字は、スマートウォッチ市場を支配してきたApple Watchの売上が2015年度も16年度も約50億ドルだったことを示している。(84)

アップルの主力製品は、もちろんiPhoneである。アイカーンの2014年10月の予想では、2015年度のiPhoneの売上は1300億ドルだった。実際には、2015年度の売上は、前年同期の325億ドルから大幅に増加した第1四半期の512億ドルを含めて、1550億ドルだった。アイカーンは、2015年5月の予想でこの誤差を調整し、2015年度のiPhoneの売上を1460億ドルと予測した。アイカーンは、アップルが他のスマートフォンメーカーとの競争においてiPhoneのプレミアム価格を維持するという前提で、2016年度のiPhoneの売上を1490億ドル、2017年度の売上を1590億ドルと予想した。2016年度第1四半期のiPhoneの売上は516億ドルで、2015年度第1四半期をわずかに上回った。しかし、2016年度第2四半期のiPhoneの売上は、2015年第2四半期の403億ドルから329億ドルへと急激に減少し、これはアップルの第2四半期売上の前年同期比減少分のほぼすべてを占めていた。

アイカーンは、iPhoneの売上予想において明らかに何かを無視していたが、その何かとは中国であった。2016年度第2四半期にアップル株を売り払った言い訳が「中国について心配」なためだったにもかかわらず、アイカーンがクックやアップルの株主に宛てた書簡の中で中国に言及したのは2回だけで、アップルに関するツイートでは中国に全く言及していなかった。彼の売上および利益の予想は3回とも、地理的セグメントを無視していた。アイカーンは、2014年1月の書簡で「悲観派は、特にグーグル、サムスン、マイクロソフト、アマゾン、中国メーカーとの競争の中で、アップルが価格設定や粗利率を犠牲にせずにこうした成長に加わることができるかどうか、疑っている」と述べていた。確かに、悲観派は正しかった。アイカーンは、2014年10月の書簡で次のように述べた。「アップルは現在、競合他社の製品とほぼ同じサイズの画面を持つより大型のスマートフォンを提供しており、4Gの運用が始まった中国本土をターゲットにしていることから、われわれはアップルが大きな市場シェアを獲得することを期待している」。

確かに、アップルの大中華圏《グレーターチャイナ》における売上は、2014年度から15年度にかけて319億ドルから587億ドルに増加しており、これはアップルの総売上の伸びの63パーセントを占めていた。また、2015年度第1四半期と2016年度第1四半期を比較すると、大中華圏での売上は161億ドルから184億ドルに増加しており、これは同時期におけるアップルの売上の伸びの175パーセントに相当した。しかし、2015年度第2四半期と2016年度第2四半期を比較すると、大中華圏での売上は168億ドルから125億ドルに減少しており、これは（13年ぶりに前年同期比で減収となった）アップルの第2四半期の前年同期比減収額である75億ドルの58パーセントを占めていた。

２０１６年4月、アイカーンは、「中国について心配」なためアップル株をすべて売却したと明言した（彼が２０１６年5月16日に〔SECに〕提出した様式13Fが、彼が２０１６年3月末時点でアップル株を全く保有していなかったことを示している）。もしかしたら、彼は、アップル株の誇大宣伝に費やした20カ月ほどの間に、中国についてもっと心配すべきだったのかもしれない。とはいえ、騒動のさなかに中国の話を持ち出せば、彼の誇大宣伝に乗ってもらわなければならない機関投資家に対して警告を発することになる可能性があった。

また、アイカーンにとって、アップルの２０１６年度第2四半期の決算報告書が公表された2日後のインタビューで、（実際に、アップルには中国について心配すべきことがあったことを示して）中国について心配だったと言うのは簡単である。しかし、アイカーンは、四半期報告書が公表される約4週間前の２０１６年3月31日までに、アップル株をすべて売却していたことが分かっている。一方、われわれはファクティバやレクシスネクシスなどのニュースデータベースを検索したが、２０１６年3月末までに公開された、アップルが中国で抱えていた問題に関する情報は見つけられなかった。こうした問題を知っていたために、アイカーンが２０１６年3月末までにアップル株をすべて売却できたのだとすれば、彼はどこでそのインサイダー情報を手に入れたのか。ことによると、アイカーンが「テイムと取締役会」と呼ぶ人たちに対する、彼の影響力が関係していたかもしれない。

6・4・4　アイカーンの影響力

アイカーンのアップル株に関する誇大宣伝の中心にあったのは、彼が２０１５年2月の書簡で述べた、次のような主張であった。つまり、「株式市場は、評価の非常に基本的な原則、すなわち、ある企業の将来収益がS&P500の将来収益よりもはるかに速いペースで増加すると期待される場合、その企業をより高い株価収益率で評価すべきだという原則を、どういうわけか見落としている」ため、アップルの現在の株価収益率は「全く不合理」だ、という主張である。株主価値イデオロギーに則ったアイカーンの考え方は、企業利益はすべて株主に帰属するというものであり、彼がこの公開書簡で他の株主に主張しているのは、アップルの現在の株価は、アップルの将来の収益に対するカール・アイカーンの期待を反映すべきだということである。もし「全く不合理」な市場が彼の期待を認識できないならば、企業（この場合、アップル）は市場価格を合理的なものにするために大量の自社株買いを実施すべきだ、と言うのである。

もちろん株主は、「期待」収益からの利益をすべて手に入れたら、極めて合理的に株式を売却するだろう。それは、アイカーンが自らの資産、注目度、誇大宣伝を駆使して、「ティムと取締役会」に売りつけようとしたインチキ商品であり、彼は書簡やツイートで、アップルのCEOにいつでもアクセスできることを喧伝した。アイカーンのクックに対する影響力は、彼を1500億ドルの株式公開買付けの協力者として確保しておくのに十分なものではなかった。とはいえ、アイカーンがアップルの資源配分の決定に影響を及ぼしたことは明らかである。クック率いるアップルが配当を開始した2012年から2016年の第2四半期にかけて、アップルは過去最高の1166億ドルの自社株買いを実施し、391億ドルの配当を発表した。

アップルは、こうした株主への分配を「資本還元」プログラムと呼んでいる。しかし、アイカーンのアップルへの関与に関するわれわれの説明は、企業に資本を供給していない者たちにどうやって資本を還元できるのか、という明白かつ重大な疑問を明らかにする。ラゾニックが示したように、アップルがこれまでに株式市場から資金を調達したのは、1980年の新規株式公開を通じた9000万ドルだけである。[85] こうした最初の一般株主は、とっくに株式を売却して利益を得たのではないか？創業者のスティーブ・ジョブズでさえ、1985年に会社を追われた際、アップル株を（1株を除いて）すべて売却していたのである。[86]

1986年から96年にかけて、アップルのCEOとその取締役会は「株主価値最大化」の名の下に自社株買いと配当を実施し、アップルは1996年から97年にかけて倒産寸前の状態にまで追い込まれた。[87] ジョブズは、1997年にアップルに復帰して、2011年に亡くなるまでの14年間、株主への分配を回避し、代わりに会社の資金源泉を留保し、再投資することで、世界でこれまで最も成功した企業の1つを築き上げた。

iPod、iPhone、iPadが開発されているとき、アイカーンはどこにいたのか。彼は、すでに成功している他の企業から価値を抽出し、後にアップルの発行済株式の購入を通じて同社から価値を抽出するために利用することになる何十億ドルもの資金を増やすのに忙しかった。カール・C・アイカーンがアップル株の購入を「楽な仕事」だと考えたのは、アップルが企業としてすでに成功していたからであり、また、2013年初めにヘッジファンド・アクティビストのデビッド・アインホーンに攻撃された後、[88] アップルの取締役会が同社に資本を一切提供したことのない株主に資本を「還元」する意思をすでに示していたからであった。

アイカーンは、これまで述べてきたとおり、何がアップルの成長の原動力なのかほとんど分かっていなかったにもかかわらず、株価が低いときにアップル株を買い高くなったときに売ったため、その株式の売買で20億ドルを抽出した。もし彼が株式の売買において本当に全知であったならば、アップルの売上が伸び悩むとすぐに撤退し、株価が１３４・54ドルのピークを打った２０１５年４月28日にはアップル株を売却して、実際に手にした20億ドルではなく35億ドルの利益を得ていただろう。アイカーンの20億ドルの「楽な仕事」の一部は、アップルの成長ではなく、２０１３年度第２四半期から２０１６年度第２四半期にかけて同社の発行済株式数を16パーセント減らし、その過程で一株当たり利益を押し上げて株価上昇を支えた、同社の過去最高の自社株買いによってもたらされたものである。

しかし、「ティムと取締役会」が、アイカーンのような連中の相手をする時間を減らし、革新的な製品の開発とマーケティングにもっと時間を使っていれば、革新的な製品の販売によるアップルの利益がいっそう好調になっていた可能性が十分にある。アイカーンは、２０１３年10月のクック宛て書簡で、アップルのＣＥＯに対して、「われわれは、企業の取締役会には株主価値を高める機会を認識する責任があり、そうした機会には大規模かつ時宜を得た自社株買いを実行するための資本配分が含まれる、と考えている」と述べた。これは、価値抽出を生業とする者が、価値創造が生業だとされる者にルールを押し付けたものであり[89]、また明らかに、カール・アイカーンが話せば、ティム・クックが耳を傾けるということであった[90]。それにしても、経済においてより一般的に、何百万人もの労働者が日々創造している価値が、なぜこれほど多く億万長者階級の手に渡り続けるのだろうか。

第7章

革新的企業がエージェンシー問題を解決する

ハーバード大学ロースクール教授で経済学博士のルシアン・ベブチャックとその同僚たちは、経営者の力に立ち向かい、企業業績を改善させる手段としてのヘッジファンド・アクティビズムを支持する最も影響力のある学者として、この10年ほどの間に登場した。ベブチャックは、一般株主は「プリンシパル〔代理関係における本人〕」であり、企業経営者はプリンシパルのために株主価値を最大化するよう企業の資源を管理する「エージェント〔代理人〕」であると主張する、〔新古典派の〕エージェンシー理論の特別バージョンを提唱している。ベブチャックの研究は、１９８０年代から90年代にかけて「株主価値最大化」の最も重要な提唱者だったマイケル・ジェンセンの研究を基礎としている。しかし、ベブチャックは、21世紀にヘッジファンド・アクティビズムを支援し、けしかけることで、企業の合法的な略奪をさらに推し進めている。

本章では、イノベーション理論を用いて、こうしたヘッジファンド・アクティビズムの学術的な弁護に焦点を当てることで、エージェンシー理論に対する一般的な理論的批判と選択的な実証的批判の両方を行う。われわれは、経済の運営とパフォーマンスを分析するためには、イノベーション理論がエージェンシー理論に取って代わる必要があると主張する。エージェンシー理論研究者は、１９８０年代以降、米国で所得が最富裕家計層に極端に集中し、中流階級の雇用機会が失われている理由について、説明しないどころか、検討すらしていない。同時に、「短期主義」や「四半期資本主義」の議論は、生産性が低く、不安定で、不公平な米国経済の説明としては不十分なことが分かっている。それよりも、われわれは、経済パフォーマンスを支え、あるいは損なうコーポレートガバナンスの役割を理解する上で重要なのは、生産能力の開発と利用に携わる「利害関係者《ステークホルダー》」にとっての価値創造と価値抽出の関係であると主張する。われわれは、革新的企業がエージェンシー問題を解決すると主張する。革新的企業は、真の価値創造者に動機と報酬を与えることで、高品質・低コストの製品を生み出すのに必要な技能、努力、資金を動員でき、(安定的かつ公平な経済成長の観点から定義される)経済パフォーマンスの改善を可能にするのである。

7-1 エージェンシー理論と経営者の力の持続

エージェンシー理論の観点からは、21世紀に入ればエージェンシー問題は解決していると考えられていただろう。1997年から2000年にかけてのインターネットブーム期には、企業利益が急増し、410社のS&P500企業が純利益の45パーセントを自社株買いとして、34パーセントを配当として分配した。2000年の時点で、米国の報酬額上位500人の経営者の平均総報酬額は3230万ドルで、そのうち約80パーセントがストックオプション行使による実現利益、5パーセントがストックアワードの評価額によるものだった。経営トップの動機は株主と一致していると考えられており、こうした経営者は巨額のキャッシュフローを株主に分配していた。「株主価値最大化」イデオロギーは、ほとんど疑問視されることなく、企業の役員室やビジネススクールに浸透していた。[1] １９９７年から２０００年にかけてのインターネットブームの間、エージェンシー理論の適用と米国経済の繁栄は密接に関連しているように見えた。

しかし、１９９０年代後半のブームは、２００１年から02年にかけて破綻《バスト》に転じ、２００１年後半に起こったエンロンのスキャンダル、翌年のワールドコムの破綻により、自己取引を行う企業経営者は非難されやすくなった。インターネットバブルの崩壊後、ハーバード・ビジネススクール教授で、１９８０年代から90年代にかけて、経営トップの利益と株主の利益を一致させるために経営トップの株式型報酬を増やす必要性を訴える、最も著名な「株主価値最大化」の研究者だったマイケル・ジェンセンでさえ、１９９０年代後半の行きすぎを受けて株式の過大評価を批判した。[2] しかし、２００２年にジェンセンがコンサルティング会社の経営者ジョセフ・フラーと共同執筆した論文、"Just Say No to Wall Street: Putting a Stop to the Earnings Game（ウォール街にただノーと言おう――利益獲得ゲームを終わらせる）" では、より高い株価を正当化するため企業により高い利益を報告することを求める、ウォール街の金融アナリストの要求に抵抗するようＣＥＯたちに呼びかけた。[3] ２人は、ウォール街と連携して自社株を過大評価し、その結果、資源配分を誤ったとして、企業経営者を非難した。フラーとジェンセンは、２つ挙げた事例のうちの１つとして（もう１つはエンロンである）、１９９７年から２００１年にかけて主に現金ではなく過大評価された株式を用いた企業買収に３２０億ドル以上を費やしたものの、後に償却や事業閉鎖を余儀なくされたことで、通信機器企業のノーテルネットワークスを批判した。フラーとジェンセンは、ノーテルの経営トップにこうした行動をとるように促したのは、「経営者や従業員のストックオプションの価値を維持しようという動機」だと認識していた。[4]

したがって、エージェンシー理論研究者にとって、インターネットブームとその破綻《バスト》の経験は、株主にとって都合が良いとされる株式型報酬にもかかわらず、企業経営者があまりに大きな力を保持していることを示唆していた。ルシアン・ベブチャックとジェシー・フリードは、2004年の著書『業績連動型報酬の虚実』[5]の中で、「経営者の力」に関する主張を提示している。同書での彼らの主張は明快である。

1. 企業の経営幹部は、取締役の選任を支配し、経営者が株主の利益に貢献せずに「帝国を築く」（2人が繰り返し使っている言葉）ことがないように経営者に影響を与える株主の力を制限している。
2. 経営幹部はこの力を用い、株主を犠牲にして高水準の経営幹部報酬、手厚い福利厚生、低利または無利子の融資を取締役会に承認させている。
3. 経営者報酬を株主の利益から「切り離す」上で特に重要なのは、株式市場ブームによって経営者に棚ぼたの報酬を与え、水面下で行われるリプライシング〔行使価格を（下げて）再設定すること〕のような行為を通じて悪用されやすい、ストックオプションという形の株式型報酬である。

ベブチャックとフリードは、次の2点の改善を求めている。すなわち、(i) ストックオプションを株式市場に連動させることを通じて、ストックオプションによる利益が、株式市場のより一般的な変動性《ボラティリティ》による報酬やそれに対する反応ではなく、株主価値に対する経営者の実際の貢献を反映するように経営者報酬を改善すること、(ii) 取締役会が、株主のエージェントであるはずの経営者ではなく、株主の利益に貢献するようにコーポレートガバナンスを改善すること、の2つである。

ベブチャックとフリードは、最後にこう訴えている。

取締役会の力、および取締役会の株主からの隔離は、広く分散所有された現代企業にとって必然的な結果だとしばしば見なされる。しかし、こうした取締役会の力は、経営陣を株主の介入から隔離する法的ルールに起因するものでもある。こうしたルールを変更すれば、取締役会が株主の利益から逸脱し得る範囲が狭まり、コーポレートガバナンスが大幅に改善するだろう[6]。

経営者の力やそれがもたらす法外な報酬についてのベブチャックとフリードの主張には、多くの真実が含まれている。しかし、彼らの分析には大きな欠陥がある。彼らは、経営者の力の行使や「法外な」経営者報酬が、実際どのようにして株主に損失を与えるかについて全く論じていない。彼らは、経営者が株式市場ブームから棚ぼたの利益を得たとしても、なぜ株主がそのブームから同様に利益を得られないのか説明していない。また彼らは、株式市場の下落時にリプライシングされたストックオプションを与えられる経営者に、株価をつり上げる戦略を推進しようとする強力な動機が生じ、その結果、株主に利益がもたらされることを考慮していない。

彼らの分析でとりわけ明らかに欠落しているのが、配当による株主への分配という重要な問題である。彼らは配当政策について全く論じておらず、彼らの著書に「配当」という言葉は一切出てこない。経営者の資源配分の決定が株主の利益にどのように影響するかを評価する上で、経営者が「株主価値最大化」に従い配当の支払いを増やして利益の留保を減らすべきか否かは、根本的な問題である。

また、企業は自社株買いの形でも株主に資金を分配する。ベブチャックとフリードが自社株買いについて触れているのは、巻末の註だけである。彼らは、自社株買いに絡むインサイダー取引に関するフリードの先行研究を引用して、経営者は、自社株を取引する際に、SECによって「発見されることをさほど心配することなく」、「重要な」インサイダー情報を利用できる、と主張している。[7] また、その数ページあとで、「株式やオプションを自由に処分できる経営者は、長期的な価値を犠牲にして短期的な業績を改善させる方法で会社を経営することにより、株価を短期的につり上げる動機を持つ可能性がある」と主張している。[8] 彼らは続けて次のように述べている。

経営者がオプションや株式を自由に処分できることが、経営者に好ましくない動機を与えているという考え方を裏付ける実証研究が増えている。いくつかの研究では、報酬が株価に直接結び付いている経営者ほど、利益を操作する可能性が高いという証拠が見つかっている。また、経験的証拠は、経営者がより高い価格で株式を処分するために利益操作や詐欺的行為を行うことも示唆している。

しかし、経営者が「株価を短期的につり上げる」ために用いる手法の1つとしての自社株買いには、明確に言及していない。それゆえ、ベブチャックとフリードは、経営者の力の行使における自社株買いの役割に関する、次のような最も重要な疑問に答えることはおろか、疑問の提起すらしていないのである。株主は、株価操作の嫌疑に対する広範な「セーフハーバー」を経営者や取締役会に与えるSEC規則10b-18の下で行われる、公開市場での自社株買いの恩恵を受けるべきか？ 公開市場での自社株買いが行われる特定の日を知っているのがインサイダーだけであることを考えると、自社株買いは、ストックオプションをタイミングよく行使して株式型報酬による実現利益を増やすために利用できる、重要なインサイダー情報を持っている経営幹部に、最も恩恵をもたらすと考えられるのではないか？[9]

ベブチャックとフリードが提示している経営者報酬に対する中心的な批判は、経営幹部の株式型報酬が、企業業績とは関係のない、むしろ一般的な株価変動を反映した株価の動きから利益を得ているというものである。彼らは、経営幹部が株式市場の一般的な変動性《ボラティリティ》から利益を得ていることに気づき、こうした「業績の伴わない報酬」を排除するために、経営者のストックオプションを連動方式にすることを主張している。しかし、株式市場に一般的な変動性《ボラティリティ》があるのならば、何が企業の株価を動かすのか。第4章で論じたとおり、イノベーション、投機、株価操作が企業の株価を動かす要因となり得る。経営者の株式型報酬を企業業績と連動させたいのであれば、投機や株価操作から生じる株価の動きではなく、イノベーションから生じる株価の動きを反映する仕組みにする必要がある。

経営者報酬を規制する方策の策定には、株価を動かす要因としてのイノベーションの理論が必要となるが、より一般的なエージェンシー理論と同様に、ベブチャックとフリードの分析にはこの視点が欠けている。ベブチャックとフリードは、経営者が「長期的な価値を犠牲にして短期的な業績を改善させる方法で会社を経営することにより、株価を短期的につり上げる」と主張しているが、「長期的な価値」を生み出すために経営者がどのような行動をとるべきかに関する理論的な視点を提示していない。われわれは、「革新的企業の理論」を用いて、戦略的管理、組織的統合、資金調達コミットメントが、「長期的な価値」の源泉である高品質・低コストの製品を生み出す上でどんな役割を果たすのかを問うている。ベブチャックとフリードは、組織的統合や資金調達コミットメントについて一切触れていない。

彼らの唯一の主張は、戦略的管理に関連して、一般株主は自己取引を行う経営者を抑制するために自らの力を行使すべきだというものである。しかし彼らは、株主が、たとえ価値抽出のインサイダーとしての経営者の問題を是正する動機を持っていたとしても、どのようにしてそれを是正できるのかを問うていない。彼らは、株式市場で株式を売買するだけの一般株主が、経営者に対してもっと大きな力を行使できるとしたら、どのようにして「長期的な価値」に貢献でき、また貢献することになるのかを説明していない。彼らは、物言う株主が経営者の力に対抗することを期待しているが、物言う株主が「長期投資家」として何ができるのか、そして何をするつもりなのかについての分析を一切行っていないのである。

7-2　ヘッジファンド・アクティビズムの効率性とされるもの

このように、「長期的な価値」の源泉の分析が欠如しているにもかかわらず、ベブチャックはそれを成し遂げる方法を提唱した。ベブチャックは、アロン・ブラブ、ウェイ・ジャンとの共著論文"The Long-Term Effects of Hedge-Fund Activism（ヘッジファンド・アクティビズムの長期的な影響）"の中で、ヘッジファンドが企業に介入した後の5年間で、営業利益が増加し、株価が上昇する傾向がある証拠を提供するとされるデータセットを利用している。[10] ベブチャックらは、ウェブサイト「Harvard Law School Forum on Corporate Governance and Financial Regulation（ハーバード大学ロースクール、コーポレートガバナンスと金融規制に関するフォーラム）」（以後、「HLSフォーラム」）に投稿したブログの中で、自分たちの研究結果を次のように要約している。

われわれの研究では、1994年から2007年の間にアクティビスト・ヘッジファンドが行ったおよそ2000件の介入の母集団から成るデータセットを利用する。われわれは、アクティビストのそれぞれの試みについて、アクティビストの新たな計画が（通常、様式13Dの提出を通じて）最初に公表された月（介入月）を特定する。われわれは、1991年から2012年までの公開企業の業績と株式投資収益率のデータを用いて、介入月から5年間という長期にわたって企業の業績と株式投資収益率の動きを追う。また、アクティビストが介入する前の3年間と、アクティビストが去った後の3年間についても検証する。

まず、業績に関しては、アクティビストの介入後に業績が改善しており、それが後の業績の犠牲の上に成り立っている証拠はないことが分かる。アクティビストの介入開始から3年目、4年目、5年目の業績は、介入前よりも悪化するのではなく、改善する傾向にある。つまり、われわれが検証した5年間という長期にわたって、アクティビズムは近視眼的だという主張の支持者が明言する業績の低下は、データ上見られない。また、アクティビストは、介入する際に、業績好調な企業ではなく、同業他社と比較して業績の悪い企業を標的にする傾向があることも分かる。

次に、われわれは、アクティビストの介入に伴って生じることがよく知られている初期の株価急騰後の株式投資収益率に注目する。まず、アクティビストの標的企業は、介入前の業績に関して得られた結果と整合的に、介入前の3年間にマイナスの異常収益率《アブノーマル・リターン》を示していたことが分かる。その後、アクティビズムは近視眼的だという主張の支持者が信じているように、初期の株価はアクティビスト介入の長期的コストを反映していない非効率的な市場価格決定を反映しているため、株式投資収益率が長期的には市場平均を下回るか否か、を検証する。(11)

ベブチャックらを最も声高に批判していたのが、法律事務所ワクテル・リプトン・ローゼン・アンド・カッツの弁護士マーティン・リプトンである。リプトンは、現職の経営者を企業乗っ取り屋から守ることに自身のキャリアを費やしてきた。リプトンは、１９８０年代に、経営者の買収防衛策として、株式発行を発動させて企業乗っ取り屋の保有株式や議決権を希薄化する法的な対策、「ポイズンピル」を考案した。ベブチャックらの論文が最初に発表される半年ほど前の2013年2月には、リプトンはHLSフォーラムのブログ投稿“Bite the Apple; Poison the Apple; Paralyze the Company; Wreck the Economy（アップルをかじり、アップルに毒を盛り、企業を麻痺させ、経済を破壊する）”の中で、当時ヘッジファンド・アクティビストのデビッド・アインホーン主導で行われていたアップルへの攻撃を明確に批判していた。(12)

リプトンがその投稿の冒頭で述べたように、「史上最も成功し、長期的なビジョンを有する企業の1つであるアップルが、資金運用者《マネー・マネージャー》から、同社のやり方は完全に間違っており、短期的な資金の還元に集中すべきだと言われている。こうした、アクティビスト・ヘッジファンドのアップルへの攻撃は、株主の力の悪用に対処する有効な措置を強く呼びかけるものである」。リプトンは、ベブチャックを、ヘッジファンド・アクティビストの代理人だと名指しした。

こうした利己的なアクティビストを支援し、けしかけているのが、ハーバード大学ロースクール教授のルシアン・ベブチャックである。ベブチャックは、「株主民主主義」の考え方を受け入れて、手っ取り早く利益を得ようとするアクティビストに利用される株主の力が、標的企業やその従業員をはじめとする利害関係者に与える現実世界の影響に目をつぶる学者仲間を率いている。(13)

ベブチャックが、（リプトンの言葉を借りて）「アクティビスト・ヘッジファンドによって行われた短期的な業績に対する株主の要求は、経済にとって良いものである、という自身の主張を証明するための実証研究」を行っていると発表していたことを受けて、リプトンは次のように反論した。

ベブチャック教授が、アクティビストの攻撃（とその恐怖）が企業に与える影響を判断するための有意義な研究に本当に関心があるならば、彼はまず、短期重視の職業資金運用者の企業戦略や企業経営に関する判断が、企業の長期的な成功を最大化する責任を負っている取締役や経営者の判断よりも優先されるべき理由について、説得力のある（あるいは、少なくとも首尾一貫した）理論を提示しなければならない。[14]

リプトンがベブチャックに、アウトサイダーである金融関係者の企業戦略に関する判断がインサイダーである経営者の判断よりも優先されるべき理由について、説得力のある理論を明確に示すよう要求するのは正しい。しかし問題は、1980年代以降、米国の大企業の経営幹部が株式型報酬によって「価値抽出のインサイダー」[15]となり、自らの利益のために企業の合法的な略奪に加わってきたことである。われわれは、経営幹部が、その規模を次第に拡大させながら、価値創造プロセスへの貢献度をはるかに上回る利益を企業から獲得する略奪的価値抽出者となってきたと主張する。したがって、われわれは、四半世紀にわたって「株主価値最大化」イデオロギーを受け入れてきた米国企業の現職の取締役や経営者が、自らが戦略的管理を行っている「企業の長期的な成功」に合致した資源配分の決定を行う動機、あるいは能力さえ有している、というリプトンの前提を否定する。戦略的管理、組れないのである。

織的統合、資金調達コミットメントの相互作用を通じて、製品市場で競争力のある高品質・低コストの財やサービスを生み出す価値創造企業の理論を持たない限り、企業の長期的な成功の分析は始められないのである。

株主への分配（特に自社株買い）および経営者の株式型報酬の爆発的増加に見られるように、米国企業の金融化は、「ヘッジファンド・アクティビスト」と呼ばれる新たな企業略奪者が台頭する以前の１９８０年代後半から90年代にかけて定着した。価値抽出のインサイダーとしての経営幹部も、価値抽出のアウトサイダーとしての物言う株主も、「長期的な成功」に必要な企業の価値創造能力への投資より個人的な利益を優先する。こうした観点からすれば、「短期」と「長期」の区別は的外れであり、本当の問題は、価値創造に貢献する人々と価値抽出を通じて所得を得る人々の間の力の不均衡が拡大していることである。

価値創造能力を、典型的には何十年もかけて蓄積してきた大企業では、その蓄積された能力を使い果たすまで、略奪的価値抽出が何年、場合によっては何十年にもわたって行われる可能性がある。エクソンモービル、ＩＢＭ、マイクロソフト、シスコ、ヒューレット・パッカード（ＨＰ）、ファイザー、メルクなど、略奪的価値抽出にさらされた多くの巨大企業には、価値創造能力が蓄積される「内部留保と再投資」期と、それまでに創出された生産能力によって生み出された価値が抽出される「削減と分配」期の間の中間期がある。われわれはこの中間期を、「支配と分配（dominate-and-distribute）」期と呼ぶことができる。この期間は「長期」にわたる可能性があり、その間、企業は「内部留保と再投資」期に［市場を］支配するようになった製品セグメントから大きな売上と利益を生み出し続ける。

大企業の「支配と分配」期は10年、20年と続く可能性があるが、最終的にはこうした製品セグメントの支配力は低下する。大企業を将来にわたって維持できる規模で革新的な製品への投資を成功させない限り、大企業は「削減と分配」期に入り、米国で浸透している「株主価値最大化」志向の制度的枠組みの下、労働者や納税者としての家計が「削減」の負担を負う一方で、経営幹部、ヘッジファンド・マネージャー、ウォール街の銀行家といった略奪的価値抽出者が「分配」の報酬を得ることになるのである。

企業の資源配分に対する戦略的管理を行うのは一般株主と企業経営者のどちらであるべきかに関するベブチャックとリプトンの論争では、価値創造プロセスに貢献する労働者や納税者としての家計の役割が認識されていない。同時に、短期主義や四半期資本主義の議論は、米国の特徴となった、生産性が低く、不安定で、不公平な経済の説明としては不十分である。正確に言えば、これらの利害関係者を犠牲にした企業の金融化の進行は、略奪的価値抽出プロセスの結果である。リプトンは、ベブチャックには誰が企業の資源配分を管理すべきかについての理論、すなわち戦略的管理の理論が欠けていると事実上主張している。しかし、エージェンシー理論に最も欠けているのは、価値創造企業の理論である。これには、企業が高品質・低コストの製品を生み出すことを可能にする社会的条件として、戦略的管理のみならず、組織的統合と資金調達コミットメントも含まれる。

このような理論的弱点を抱えているのは、ベブチャックだけではない。彼は、生産性の低い企業が最も効率的な経済の基礎であるという新古典派理論に基づいた教育を受け、エージェンシー理論の特別バージョンを提唱している。ジェンセンのエージェンシー理論は、非効率的だとされる企業から効率的だとされる企業に資源を配分するために、企業から株主へのキャッシュフローの分配を増やすことを企業経営者に奨励した。ジェンセンは、株式型報酬によって、企業経営者に「フリー」キャッシュフローを「吐き出す」動機が与えられるべきだと主張した。「吐き出す」という言葉の使用は、当然株主に帰属するキャッシュの分配を経営者が妨げようとしていることを暗に示している。実際には、いわゆる「フリー」キャッシュフローの大部分は、企業にインフラや知識を提供するために政府機関を通じて支出された税金に支えられつつ、従業員の技能や努力によって創造された価値を表している。ベブチャックとフリードは、『業績連動型報酬の虚実』の中で、前述のとおりはっきりしない言い方ではあるが、2000年代初頭の視点から、企業の経営幹部の株式型報奨金は株主に利益をもたらすために機能していない（彼らの見解では、企業は株主のために経営されるべきである）、と事実上主張している。そうすることで、彼らは、株主「アクティビスト」が企業に直接介入してすべての株主のために「価値を創造する」ことを提唱する準備を整えたのである。

ベブチャック、ブラブ、ジャンは、ヘッジファンド・アクティビストが企業の長期的な業績を犠牲にして「短期的」に報酬を得ていると言う、リプトン、法律家のレオ・ストライン、法学者のウィリアム・ブラットン、経済学者のマイケル・ワッチャーやジョン・ケイ（英国）、元経営者のビル・ジョージ、ジャーナリストのジャスティン・フォックス、経営学者のジェイ・ローシュなどの批判者に応えるための経験的証拠を提示している。[16] ベブチャックらは次のように述べている。

資本市場は情報に関して非効率的であり、アクティビストの投資の視程は短いと仮定してさえ、アクティビストの介入は株主や企業の長期的な利益にとって有害だという主張が、必ずしも理論的に導き出されるわけではない。つまり、この主張は経験に基づいて検証され得る、事実命題である。しかしながら、「アクティビズムは近視眼的だ」だと主張する人たちは、これまでのところ、大規模なサンプルを用いた経験的証拠でその主張を裏付けることができておらず、代わりに自分たち（または他人）の印象や経験に依存しているのである。(17)

しかし、ベブチャック、ブラブ、ジャンが行った（右の引用中で彼らが表現したような）「大規模なサンプルを用いた経験的証拠」の分析には根本的な欠陥がある。最も大きな問題は、様式13Dの提出日から5年の間に、ベブチャックらがトービンのq（企業の簿価に対する市場価値の割合）や総資産利益率（ROA）の計算に用いているコンピュスタット（Compustat）[*17]のデータベースから半数近くの企業が消えてしまうことである。(18)トービンのqの場合、コンピュスタットに残っている企業の数は、様式13Dを提出した年の1611社から5年後には831社に減少し、またROAの場合、1584社から815社に減少している。これらの企業は、株式市場から上場廃止になることでデータベースから消える。上場廃止になった理由を知るにはそれぞれの事例について調査する必要があるが、コンピュスタットからの消失は、廃業、株式市場の最低上場基準を維持できなくなったこと、あるいは買収されたことが原因となり得る。これらの企業が消えてしまえば、ベブチャックらはトービンのqも

＊17　米国のスタンダード＆プアーズが提供する、上場企業の財務情報データベースの名称。

ROAも算出できない。

ベブチャックらは、コンピュスタットからの消失の大部分は企業買収に起因すると主張しているが、この結論は推測に基づいているようである。また彼らは、「対象企業を規模や業績が同等の同業他社と比較したところ、それらの比較対象企業も5年以内に42パーセントという高い減少率であることが分かっており、コンピュスタットからの消失の大部分はやはり企業買収によるものである」とも述べている。[19] たとえ買収を通じて企業が消えたのだとしても、重要な問題は、買収側企業の買収目的が価値創造能力の構築であったのか、それとも、価値抽出のために既存の生産資源を支配することであったのか、である。


つまり、われわれが知りたいのは、たとえ会社の清算、上場基準の未達、買収が上場廃止の近因であったとしても、略奪的価値抽出がどの程度その根本的な原因となっているのかである。また、ベブチャックらの分析の対照群に属する企業が様式13D提出の対象ではなかったからといって、必ずしもそれらの企業が略奪的価値抽出を免れたということにはならない。略奪的価値抽出がインサイダーとしての経営幹部とアウトサイダーとしての物言う株主の両方によって行われることからすれば、株主への法外な分配が対照群の企業にこうした結果のいずれかをもたらした可能性がある。さらに、様式13Dを提出していない場合でさえ、価値抽出のアウトサイダーは、抽出価値のインサイダーに「削減と分配」を強化するよう圧力をかけることが可能である。ベブチャックらの分析は、様式13D提出群と対照群のどちらについても、企業がデータベースから消えた理由に関する情報を示していない。

様式13D提出後にデータセットに残っていた企業に関するベブチャックらの分析では、13D提出から5年も経っても、トービンのq、ＲＯＡ、および株価の上昇が価値創造への投資を反映しているのか、それとも価値抽出のための資源配分の決定を反映しているのか、全く分からない。一般に、エージェンシー理論研究者は、企業の価値創造プロジェクトへの投資を、「帝国を築く」ための無駄な事前支出と見なす。一方、彼らは、成功した価値創造プロジェクトから得られる利益は、事後的に企業乗っ取り屋を含む株主に帰属すると当たり前のように考える。ヘッジファンド・アクティビストが企業に介入して、将来、利益をもたらすかどうか分からない革新的な製品への投資を促進する、という証拠はないに等しい。ヘッジファンド・アクティビストが企業に介入して、価値創造プロジェクトへの投資に対する企業資源の配分にストップをかける、という証拠は彼ら自身による説明に限っても山のようにある。その代わりに、彼らは標的企業に資産の売却や「コスト」の削減を要求する。これはしばしば、従業員が一時解雇《レイオフ》や賃金カットを強いられることを意味するが、株主というアウトサイダーが、経営者というインサイダーの支援を受けて、自らの個人的な利益のために抽出するつもりの価値の創造に貢献したのが、まさにこうした従業員の技能や努力なのである[20]。

　こうしたアウトサイダーの介入は、その過程で、企業が行った価値創造のための投資を台無しにしてしまう可能性が高い。介入の発表（様式13Dの提出）から3年から5年ほど経って、トービンのq、ＲＯＡ、株価といった業績指標が改善を示すかもしれないが、その改善は、ヘッジファンド・アクティビストが、彼らの「株主価値最大化」の視点から見て、収益を生む能力の蓄積が空洞化してしまう時期にある企業を標的にした、という事実を反映している可能性がある。実際、こうした企業こそ、略奪的価値抽出者が、購入した保有株式の力を利用して自らのために（彼らが言うところの）価値を

「創造する」にあたって、喉から手が出るほど欲しい種類の標的なのである。

1980年代以降、真の価値創造者である労働者や納税者が、略奪的価値抽出の横行の代償をますます支払わされるようになった。ベブチャックらは、過去30年間に米国で起こった、最富裕家計層への所得の極端な集中や中流階級の雇用機会の侵食について、全く説明していない。われわれは、こうしたマクロ経済の結果は、「株主価値最大化」の影響の下で、米国の大企業における価値創造と価値抽出の不均衡が拡大したことが原因だとする研究を数多く積み上げてきた[21]。企業の資源配分が「内部留保と再投資」の体制から「削減と分配」の体制へと変化したことで、企業の経営幹部や強力な物言う株主が、米国の労働力人口に占める割合がますます増える、中流階級の雇用機会を失った労働者を犠牲にして利益を得てきたのである。

7-3 資金フローと革新的企業

1990年代初頭までに、米国の企業経営者は、「株主価値最大化」イデオロギーをほぼ完全に受け入れていた。また、1980年代以降、現在はヘッジファンド・アクティビストとして知られる企業乗っ取り屋も、こうした略奪的価値抽出のプロセスに深く関わるようになった。1980年代には、カール・アイカーンのような乗っ取り屋による企業の攻撃に関する議論において、「敵対的」という言葉をしばしば耳にした。今では、経営幹部と物言う株主が略奪的価値抽出に共通の目的を見出したため、めったにこの言葉を耳にしない。ヘッジファンド・アクティビストの台頭は、不安定な雇用、不公平な所得、生産性の低下といった悪い状況をさらに悪化させた。

ラゾニックは、1980年代後半にハーバード・ビジネススクールでエージェンシー理論がコーポレートガバナンスのイデオロギーとして支配的になるのを目の当たりにして以来、エージェンシー理論を批判してきた。1992年のハーバード・ビジネススクールのセミナーで、ラゾニックがエージェンシー理論を歴史的観点から批判した論文"Controlling the Market for Corporate Control（企業支配権市場を規制する）"[22]を発表した後、この論文の討論参加者であったハーバード・ビジネススクール教授のマイケル・C・ジェンセンは、ラゾニックをハーバード・ビジネススクールに再び招聘することを非公式ながら効果的に禁止した[23]。しかし、ジェンセンが積極的に介入するまでもなく、エージェンシー理論研究者たちは、ラゾニックの革新的企業に関する研究も自分たちの考え方に対する彼の批判も無視する傾向にあった。

しかし、最近、ジェシー・フリードとチャールズ・ワンが、ラゾニックの"Profits Without Prosperity（繁栄なき利益）"における中心的な命題の1つを批判するワーキングペーパー"Short-Termism and Capital Flows（短期主義と資本フロー）"[24]を発表した。フリードは、2004年に出版されたベブチャックの『業績連動型報酬の虚実』の共著者として、すでに紹介した。フリードは、ベブチャックと同じくハーバード大学ロースクールの教授であり、一方、スタンフォード大学で経済学の博士号を取得したワンは、ハーバード・ビジネススクールの若手教員である。フリードとワンは、ラゾニックとは逆に、配当や自社株買いといった形の株主への分配がS&P500企業の純利益のほぼすべてを吸い上げているという事実は、企業のイノベーションへの投資や労働者への高賃金の提供を損なっていないと強く主張する。しかし、彼らの主張には、明らかな欠落、事実に関する誤り、論理的矛盾がある。[25]

フリードとワンは、S&P500企業では、自社株買いと配当が純利益の90パーセント以上を吸い上げていることを認めている。しかし彼らは、S&P500企業は債務を発行しており、また株式発行で資金を調達しているため、イノベーションへの投資を賄い、高賃金を支払うための資金は十分にあると主張する。また彼らは、企業が研究開発に費やす資金は費用と見なされ、純利益に達する前に差し引かれるため、たとえ株主還元率が高くても、イノベーションへの投資を賄い、高賃金をもたらすことが可能な研究開発費は存在すると言う。さらに、株式型報酬を通じて従業員に所得を提供したり、企業買収のための通貨として利用したりするために、企業は株式を発行していると指摘する。加えて、株主への分配はベンチャーキャピタルの支援を受けた新興企業への資金供給に利用される可能性があると主張する。以上のような資金源と資金使途がイノベーションや高賃金をもたらす、と主張しているのである。

しかし彼らは、「学者、企業弁護士、資産運用者《アセット・マネージャー》、政治家が、「短期主義」や「四半期資本主義」によって企業が投資を行い、イノベーションを起こし、高賃金を提供する能力が損なわれていることを示す有力な証拠として、こうした株主還元の数字を挙げている」と言う。[26] 彼らはこのワーキングペーパーの冒頭で、「株主還元に対する注目の多くは、経済学者ウィリアム・ラゾニックの研究によるものである。彼は、こうした株主還元、特に自社株買いが、投資を行い、イノベーションを起こし、高賃金を提供する企業の能力を損なうと繰り返し強く主張してきた」と述べている。その後、彼らは、高い株主還元率は「生産能力への投資や従業員の所得向上のために資金をほとんど残さない」とラゾニックが述べている、『ハーバード・ビジネス・レビュー』誌の論文の一節を引用している。

なお、フリードとワンは、ワーキングペーパーで総「資本」フロー（より正確には「資金」フロー）を示しているが、彼らがこうしたフローから得られると主張している結果、つまりイノベーションと高賃金に関する経験的証拠を少しも示していない。こうした欠落の最大の理由は、一般的なエージェンシー理論研究者と同様、彼らには価値創造から得られる利益の価値創造プロセス参加者間の分配の理論を含む、価値創造企業の理論が欠けているためである。それゆえ、フリードとワンは、自分たちが反論しようとする仮説自体を検証することができない。フリードとワンは、ラゾニックとその同僚たちがこの問題に関して提示している証拠に関して、彼がメアリー・オサリバンと共同で執筆した別の論文[27]の引用を除けば、ラゾニックの主張を支える相当な量の理論的・実証的研究[28]に一切言及していない。

こうした研究に基づけば、フリードとワンに対する批判は大きく以下の2点に集約される。

1. フリードとワンが論じている債務発行や株式発行といった特定の資金源泉を表すキャッシュフローは、資金使途について何も教えてくれない。
2. フリードとワンが論じている株式型報酬、研究開発、企業買収、ベンチャー投資といった特定の資金使途を表すキャッシュフローは、資金の実績、つまりこうした資金使途がイノベーションや賃金上昇をもたらすか否かについて、何も教えてくれない。

フリードとワンは、企業の生産能力への投資にとって、特定の資金源泉（株主資本か債務か）は重要ではないと想定している。この点において、彼らは、主流ではあるが単純な企業金融の考え方であり、企業の資本構成は重要でないとするモディリアーニ＝ミラーの定理[29]に同意している。モディリアーニ＝ミラーの定理は、資源配分に対する戦略的管理および革新的な投資戦略を実行するための資金調達コミットメントという、「革新的企業の理論」の中核をなす2つの社会的条件の必要性の観点からすれば、ナンセンスなものである。

債務の利用は、企業を財務の脆弱性、および倒産のリスクにさえさらすが、株式を利用すればそうはならない。企業の資源配分に対する戦略的管理を行う者は、企業の資本構成、およびそれとキャッシュフローとの関係に細心の注意を払う必要がある[30]。革新的企業においては、物的な資本支出だけでなく、あるいは何よりもまず、不確実で、集団的・累積的なプロセスである組織的学習を賄うために、資金の確保が重要である。生産能力への投資が行われたときから、市場競争力のある高品質・低コストの製品の誕生によって企業に利益がもたらされるときまでこの学習プロセスを維持するためには、資金調達コミットメントが必要である。

イノベーションは、株主資本による資金調達（内部留保はその重要な基盤であり、必要であれば債務でレバレッジをかけて利用される）から資金調達コミットメントを確保する。イノベーション・プロセスを賄うために、株主資本に代わるものとして債務を利用すれば、企業は、その債務の返済に利用可能な収益の流れや株主資本の蓄積なしで、高水準の債務を抱えざるを得なくなる。これは、あらゆる価値創造企業が回避しようとする財務危機のレシピである。

より一般的に言えば、フリードとワンの主張は、経済パフォーマンスにとって重要なのは資金が経済システムを通じてその最も効率的な用途に自由に移動することだけである、という新古典派の考え方を反映している。しかし、新古典派経済学者は、革新的企業の理論を欠いているため、最も効率的な用途を生み出す価値創造プロセスを説明できない。実際、フリードとワンが否定しようとしている「短期主義」や「四半期資本主義」との非難をしばしば招いてしまうのが、経済的成果の決定にとって資金調達コミットメントよりも資金の流動性が重要であるという自由市場経済学者の考え方である。[31]

とはいえ、すでに述べたとおり、短期主義や四半期資本主義の議論は、生産性が低く、不安定で、不公平な経済の説明としては不十分である。むしろ、安定的かつ公平な経済成長の達成を支え、あるいは損なうコーポレートガバナンスの役割を理解する上で重要なのは、企業の生産能力の開発と利用に携わる「利害関係者」にとっての価値創造と価値抽出の関係である。

キャッシュフローがイノベーション（すなわち、価値創造）や賃金上昇（すなわち、その企業の労働者の価値創造への貢献度を正確に反映した価値抽出）をもたらすか否かを分析するには、革新的企業の理論が必要である。「革新的企業の理論」で武装すれば、われわれはイノベーションや賃金上昇をもたらす社会的条件（戦略的管理、組織的統合、資金調達コミットメント）に焦点を当てることができる。そうすれば、なぜ大量の自社株買いが革新的企業の社会的条件を損なう傾向にあるのか、事実に即した論理を理解することができる。エージェンシー理論は、価値創造の理論を欠く一方で、価値抽出（その不公平な形態が「株主価値最大化」という言葉で呼ばれる）を正当化するイデオロギーに根ざしており、それゆえ、所得格差の拡大や中流階級の雇用機会の侵食を正当化する役割を果たしている。どちらもわれわれの多くが望む結果ではないが、1980年代以降、米国経済の「パフォーマンス」の結果として広く認識されている。自社株買いへの企業資源の配分は、こうした結果を生み出すのに中心的役割を果たし、イノベーションや所得分配に悪影響を及ぼしている。

このフリードとワンに対する批判では、（a）債務発行、（b）株式発行、（c）株式型報酬、（d）研究開発、（e）企業買収、（f）ベンチャー投資に関する彼らの主張の、事実に関する問題点と論理的矛盾を要約する。フリードとワンが「投資、イノベーション、高賃金」をもたらすとした資金源泉（債務発行と株式発行）および資金使途（株式型報酬、研究開発、企業買収、ベンチャー投資）が、実際にそのような結果をもたらしたとは考えられない。また、繰り返しになるが、フリードとワンは、彼らの特定する資金源泉と資金使途がイノベーションや賃金上昇をもたらすという経験的証拠を全く提示していない。われわれの研究は、多くの場合、事実はその正反対であるという経験的証拠を示している。

7・3・1　資金源泉としての、S&P500企業による債務発行

フリードとワンは、企業が自社株買いと借入れを行うことで資本構成を変更し、その借入れがイノベーションへの投資と高賃金の提供を可能にすると主張する。企業が行う借入れが、株主への分配をある程度埋め合わせするというのである。したがって、フリードとワンの説明によれば、2005年から14年までの10年間で、S&P500企業が配当や自社株買いによる分配の実施後に留保した純利

益の7パーセント相当をはるかに超える資金が、イノベーションや高賃金をもたらし得る投資に利用可能だったとされている。

しかし、企業はなぜ債務を発行するのか。経営者はどのような資金使途を考えているのか。従来であれば、企業が生産能力への投資のために債務を発行する場合、その債務は内部留保を利用してそれにレバレッジをかける。生産能力への投資に利用される債務は、自社株買いを通じて失われた留保利益の代替にはならない。イノベーションは、技術、市場、競争の不確実性に直面する中で、生産能力の開発と利用を必要とする。こうした生産能力への投資の開発や利用には時間がかかり、利益が保証されていないことを考慮して、企業は、資金繰りの問題や、場合によっては倒産を回避したいのであれば、債務を負うことに慎重でなければならない。それゆえ、企業は自らが管理する内部留保を基盤にして債務を利用する必要がある。

しかし、金融化された企業は、株価を押し上げるために借入れを行って自社株買いを実施する可能性がある。特に2008年から09年の金融危機以降の低金利の環境では、米国企業がまさしくそうした行動をとったことを示す証拠が数多くある[32]。また、将来自社株買いを行えるように、資金残高の積み増しを目的として低金利で債務を発行する可能性もある。株式市場が高騰すると、企業は競い合って株価を操作して押し上げようとするため、自社株買いがエスカレートすることが分かっている。企業は、四半期ごとの一株当たり利益（EPS）目標を達成するために、公開市場での大規模な自社株買いの実施を欲するかもしれないが、こうした行為がどの程度行われているかは分からない。なぜなら、SECが、規則10b-18の下、公開市場での自社株買いを実施する特定の日の開示を企業に義務付けていないからである。すぐに利用可能な手元資金の確保は、たとえ借入れによるものであっても、株式市場の動きに機動的に介入して自社の株価をつり上げたいと思っている経営幹部にとって非常に有用なものとなり得る。

多くの企業では、手元現金または現金類似資産のかなりの部分が自社株買いに利用できない。特に、2017年の減税・雇用法以前の税制下では、多くの米国企業が、米国の法人税を支払わなければならなくなる海外利益の本国送金を回避するために、借入れによって自社株買いを実施していた。アイゼンハワー政権末期の1960年、米国の多国籍企業に貧困国への投資を促すことを表向きの目的とした税法の改正により、米国企業は海外で得た企業利益に対する税金を、その利益が本国に送金されるまでは繰り延べできるようになった。[33] シチズンズ・フォー・タックス・ジャスティスの報告[34]で明らかにされた、2015年度末時点で本国未送金利益の累積額が多かった米国企業上位25社には、2006年度から15年度の間の自社株買い実施額上位25社のうち16社が含まれていた。これらの25社は、海外では合計で1兆4880億ドルの課税対象外利益を蓄積していた一方で、国内では2006年度から15年度の10年間に1兆3680億ドルの自社株買いと9110億ドルの配当を行っていた。

本国未送金利益と自社株買いの両方でランキング上位だったシスコシステムズは、海外利益を海外に保持する一方で、国内では借入れによって自社株買いを実施していた企業の典型例である。2002年度から16年度にかけて、シスコは純利益の95パーセントに相当する975億ドルの自社株買いを行った。また、181億ドルの配当を支払った。2016年度末時点で、シスコが海外に保有する現金および現金類似資産（現金、現金同等物、売却可能有価証券）は598億ドルにのぼったが、同社は、こうした資金を本国に送金したら、追加で米国の税金を支払わなければならなくなることを明らかにしていた[35]。2016年度末時点で、シスコが米国内に保有していた現金および現金類似資産の額は59億ドルに過ぎなかった。

したがって、シスコは自社株買いの習慣を維持するために借入れを行わなければならなかった。2006年、シスコはサイエンティフィック・アトランタ買収のために65億ドルの借入れを行い、同社としては初めての債務発行を実施した[36]。その後、シスコは2016年度までに、目的を明らかにすることなくさらに330億ドルの長期社債を発行し、一方で112億ドルを返済した。2016年度末時点で、同社は帳簿上286億ドルの長期債務を抱える一方で、流動資産の大部分が海外にあったことから、こうした債務は主に、そしておそらくはすべてが、株主への分配を賄うために負ったものだと推測できる。シスコは、サイエンティフィック・アトランタの買収を除けば、米国内の生産能力への投資を賄うために債務を利用しなかった。

7・3・2 資金源泉としての、S&P500企業による対外的な株式発行

フリードとワンは、S&P500企業が、自社株買いを行っている場合でさえ、イノベーションへの投資や従業員への高賃金提供のために株式発行を利用すると仮定している。しかし、すでに株式市場に上場している米国の既存企業が対外的な株式発行を行うことはまれで、あったとしても、イノベーションへの投資を賄うために行うことはほとんどない。第3章で述べたとおり、1920年代後半、多くの上場企業が、ニューヨーク証券取引所で大規模な株式発行を行う一方で、多額の余剰資金を投

機家たちに供給しており、投機家たちはコールローン市場において10～15パーセントの金利で資金を借り、企業株式を信用買いしていた。実際、非常に投機的な価格で株式を売却して資金を得ていたまさにその企業が、投機家へのコールローンの主な資金源泉となっていたのである。しかし、こうした企業の株式発行の目的は、生産能力への新規投資のための資金調達ではなく、株式市場の投機による株価の急騰をうまく利用して、債務の返済や企業財務の強化のための資金の流入を確保することにあった。[37]

この種の金融工学は、経済が好況《ブーム》から不況《バスト》に転じた後の1930年代の初めには、大いにこうした企業の役に立った。振り返ってみると、こうした金融行動は、過去20年にわたって米国の大企業が、株式市場が高騰しているときに株価を（同時に経営者の株式型報酬も）押し上げるために行ってきた大規模な自社株買いの慣行とは、極めて対照的なものである。それでも、好況が不況に転じた際は、株価の下落後に株式の2次発行を行うことで必死に生き残ろうとしたS&P500企業もあった。例えば、2001年から02年にかけてのインターネットバブルの崩壊により、当時世界有数の通信機器企業の1つであったルーセント・テクノロジーズは、ジャンクボンドの格付けを受け、その株価はインターネットブームのピーク時の1パーセントにまで急落した。ルーセントは、倒産を回避するために資産を売却し何万人もの従業員を解雇したにもかかわらず、ほとんど価値のない株式の価格を反映した底値で転換社債を発行せざるを得なかった。[38]

また、ご存じのとおり、「大きすぎて潰せない」企業もある。株式発行に関するフリードとワンのデータには、資金支援を必要とし、巨大金融危機が顕在化するまでの間、政府系ファンドを含む海外の主体に株式を発行していたウォール街の銀行が含まれている。その後、巨大金融危機が発生すると、こうした銀行の多くがさらに絶望的な資金難に陥り、資本増強を目的として米国政府に対して株式を発行した。どちらのケースも、イノベーションに投資したり、労働者により高い賃金を支払ったりするために行われた株式発行ではなかった。むしろ、株価を押し上げるための大量の自社株買いを含む、これらの金融機関の過去の放漫な行動が原因で株式発行が行われたのである。

実際、米国政府の不良資産救済プログラム（ＴＡＲＰ）導入のきっかけとなったリーマン・ブラザーズ破綻直後の２００８年９月、ラゾニックは『フィナンシャル・タイムズ』紙の論評“Everyone is paying the price for share buy-backs（誰もが自社株買いの代償を支払っている）”で、米国大手金融機関による自社株買いと株式発行のこうした関係について述べている[39]。ラゾニックは、リーマン・ブラザーズ破綻前の2年間に、かつてのウォール街の有力銀行が、それ以前の好況期の無謀な行動から立ち直るため、海外の政府系ファンドにどのように株式を発行していたかをこう記している。

２００７年11月にシティグループがアブダビ投資庁から獲得した75億ドルの株式投資は、同社が２００６年から07年にかけて自社株買いに費やした金額とほぼ同じだった。メリルリンチは、この2年間で１４０億ドル以上の自社株買いを行ったが、２００８年1月までに株式の12・7パーセントを手放して外国人投資家から90億ドルを調達していた。２００６年から07年にかけて70億ドル以上の自社株買いを行ったモルガン・スタンレーは、株式の9・9パーセントと引き換えに中国の政府系ファンドから50億ドルを得た。同社は現在、買収〔三菱ＵＦＪフィナンシャル・グループによる出資〕に合意している。2006年から07年にかけて50億ドル以上の自社株買いを行ったリーマン・ブラザーズは、今や破綻してしまっている。(40)

そして、海外の資金がこれらの沈みゆく船を立て直せないとなると、米国政府が最後の貸し手として介入しなければならなかった。

納税者も自社株買いの代償を支払っている。米国政府が、ベアー・スターンズを救済するために同社のサブプライムローン資産290億ドルのリスクを引き受けたとき、同社のバランスシート上の現金は、2003年から07年にかけて行われた自社株買いのせいで60億ドル近く減っていた。また、政府系の住宅関連企業であるファニーメイとフレディマックの政府による公的管理の場合も同様である。両社は、2006年から07年にかけての40億ドルを含めて、2003年以降自社株買いに100億ドルを費やしていた。(41)

ラゾニックは、エージェンシー理論の批判でこの論評を締めくくった。

米国の金融部門の危機は、自社株買いとして分配される、いわゆる「フリー・キャッシュ・フロー」が本当はフリーではなかったことを示している。ウォール街の銀行は、外国政府や米国の納税者に救済を求めるのではなく、金融危機を回避するためにそのキャッシュをすぐに使うことができたはずである[42]。

したがって、フリードとワンのデータに含まれている株式売却のかなりの部分は、これらの金融機関が自ら招いた金融の大混乱に巻き込まれたことによる、苦し紛れの株式発行だったのである。なお、ラゾニックの『フィナンシャル・タイムズ』紙の論評は、不良資産救済プログラム（TARP）による救済実施前のものである。結局、初期の海外および米国政府からの資金注入は、これらの金融機関の破綻の脅威を軽減するには不十分であり、米国連邦議会はTARPで介入せざるを得なかった。その結果、こうした企業の、大規模な株主への分配を含む過去の財務行動と一体的に結び付いた苦し紛れの株式発行が増えることになった。こうした株式発行は、イノベーションへの投資や従業員へのより高い賃金の提供とは無関係だった。

2008年10月13日、TARPの実施を監督した財務省高官ニール・カシュカリは、「広範な金融機関の株式を購入する標準化されたプログラム」であるTARPの特徴をこう説明した。「他のプログラムと同様に、株式購入プログラムは、任意のものであり、健全な金融機関の参加を促すための魅力的な条件で設計されるだろう。また、企業が公的資本を補完するための民間資本を新たに調達することも促すだろう[43]」。TARPの下で、米国政府は18の企業の株式を2660億ドルで購入した。そこにはウォール街の大手銀行6行も含まれており、米国政府は、シティバンクとバンク・オブ・アメリカにそれぞれ450億ドル、JPモルガン・チェースとウェルズ・ファーゴにそれぞれ250億ドル、ゴールドマン・サックスとモルガン・スタンレーにそれぞれ100億ドル、合計1600億ドルの資金を投じた[44]。しかし、1998年から2007年までの危機前の10年間で、これら6つの銀行は合計で純利益の45パーセントに相当する2110億ドルを自社株買いに、同じく39パーセントに相当する1820億ドルを配当に費やしていた。これらの銀行は、株価を操作するために自社株買いを行って、その後、救済してもらうために大量の株式発行の消化を米国の納税者に求めざるを得なかったのである。

金融危機に起因する株式発行を行った別の企業に、ゼネラル・エレクトリック（GE）がある。長らく最大規模の自社株買いを実施していた企業の1つだったGEは、1998年度から2007年度までの10年間で、総額746億ドル（純利益の49パーセント）の自社株買いを記録する一方で、622億ドルの配当（同じく41パーセント）を支払った。GEの自社株買いの活動は2008年度の最初の3四半期も継続して行われ、同社は1株当たり平均31・25ドルの価格で31億ドルの自社株買いを行った。その後、金融部門のGEキャピタルが多額の損失を出したため、2008年10月、GEは社債の格付けを維持するために120億ドルの普通株式を1株当たりわずか22・25ドルで発行しなければならなかった[45]。つまり、GEは2008年度中に高く買って、安く売ったのである。この株式発行は、GEがその一端を担った金融大失敗から立ち直るのに役立った。これは、イノベーションへの投資やGEの従業員により高い賃金を提供するために行われたものではなかった。

金融危機は米国の自動車産業にも深刻な影響を及ぼし、ゼネラルモーターズ（GM）とクライスラーは米国政府にTARPの資金による救済を求めざるを得なかった。2009年に破綻した「新生GM」が231億ドルという史上最大級の新規株式公開（IPO）を実施〔再上場〕した2010年

11月、ＧＭは大口の株式発行者となった[46]。株式発行がイノベーションへの投資やより高い賃金の支払いを賄っていると、安易かつ事実を収集せずに仮定する前に、こうした事例についても綿密に精査する必要がある。

２００９年６月から７月にかけて、ＧＭは米国政府主導で救済され、わずか40日間で〔連邦破産法《チャプター》第11条《イレブン》に基づく〕破産手続きを終結させることができた。救済資金として、米国の納税者が４９５億ドル[47]、カナダの納税者が１０９億ドルを拠出した[48]。全米自動車労働組合（ＵＡＷ）は、一時解雇と１１０億ドルの賃金カットに同意した。ＵＡＷが運営する任意従業員福利厚生基金（ＶＥＢＡ）は、新生ＧＭの株式と引き換えにＧＭの年金債務を引き受けることを余儀なくされ、この措置によりＧＭは年間30億ドルのコスト削減が可能になった[49]。２００８年から10年にかけて、ＧＭの従業員数は24万３０００人から20万２０００人に減少した。

２００５年から08年にかけて８２１億ドルの損失を出したＧＭは、２０１０年に61億ドルの純利益を上げ、２０１０年から16年にかけて合計５００億ドルの利益を上げた。ＧＭの破産終結、株式再上場を可能にしたエクイティファイナンスに、実業界は何の役割も果たさなかった。新生ＧＭの２０１０年のＩＰＯでは、米国政府、カナダ政府、ＶＥＢＡが普通株式を１８１億ドルで一般に売却した。ＧＭは、優先株式（配当率４・75パーセント）の発行で得た49億ドルを使って米国財務省が保有する発行済優先株式21億ドルを買い戻し、残りの28億ドルは米国の月給制および時間給制の労働者を対象としたＧＭの年金制度に対する40億ドルの資金拠出の一部とした[50]。つまり、ＧＭはこの優先株式の発行で得た資金を、米国の納税者および労働者という、ＧＭのＩＰＯを可能にした２当事者が拠出した資金の一部の償還に充てたのである。

GMのような企業が、どのようにして納税者や労働者が会社清算を防がなければならなくなるほどの財務的困難に陥ったのかを理解するには、より長期的な歴史的背景も重要である。これには多くの要因が関わっていたが、自社株買いが1つの役割を果たした。2009年にGMの破産手続きが終結した直後の『ビジネスウィーク』誌の記事で、ラゾニックはこう述べている。「救済されたゼネラルモーターズ（GM）が、1986年から2002年にかけて自社株買いとして株主に分配された204億ドルを銀行に（税引後年利2・5パーセントで）預けていたとしたら、2009年には、破綻を免れ、グローバルな競争に対応するための資金として350億ドルを手にしていただろう」[51]。

また、2015年、GMに自社株買いを求める新たな圧力がかけられた際、自動車業界のベテラン経営者ボブ・ルッツが言ったように、自社株買いは「常に次の業績悪化の前兆であり……ほとんどの場合、後悔することになる」[52]。収益力を取り戻したGMは、2015年以降、複数のヘッジファンドのグループとその代表者ハリー・J・ウィルソンの要求を受けて、自社株買いを再び行っており、その規模は2015年から16年にかけて60億ドルにも達した。2009年にオバマ政権の「自動車産業」救済タスクフォースの中心人物であったウィルソンは、その立場から労働者や納税者といった利害関係者の反対を押し切って、救済は債務ではなく株式で行うべきだと主張していた[53]。

もしこの救済が債務で行われていたならば、米国政府がGMの優先債権者となって、米国の納税者はこの債務を全額返済してもらわなければならなかっただろうし、さもなければ同社は再び破産に追い込まれていたかもしれない。実際には、GMが2010年に上場した後[54]、米国政府が（IPOに際して、最初に保有株式の一部を売却した後でさえ）同社の筆頭株主だったため、ウォール街は、復活したGMを「ガバメント・モーターズ」と呼ぶようになり、米国財務省が可能な限り速やかに持ち株を売却することを要求した。2013年12月、米国政府は最後の保有株式を売却し、米国の納税者は112億ドルの損失を被った。[55] GMの従業員は、同社の再生のための資金調達を支援すべく、一時解雇、賃金カット、福利厚生の削減の形で、その何倍もの金額を放棄したと推測されている。[56]

一方でGMは、納税者からの助成金や労働組合の譲歩による援助、中国市場の成長、破産を契機としたイノベーションへの注力により、2010年以降利益を上げられるようになっていた。2015年1月、オバマ政権による2009年のGM救済策をまさに立案した人物であるハリー・J・ウィルソンが、株式市場で発行済株式を購入した複数のヘッジファンドを代表してGMのCEOメアリー・バーラのオフィスに現れた。ウィルソンは、これらのファンドを代表して、また自身の取り分をかなり多くして、GMに80億ドルの自社株買いを行い、自らを取締役に就任させるよう要求した。米国政府、カナダ政府、UAWとは異なり、ウィルソンが代表していた複数のヘッジファンドは、2009年に破産手続きを終結させた際も、2010年にIPOを実現させた際も、GMに一切資金を投じていなかった。しかし、今になって、これらのヘッジファンドは、自社株買いを通じて資金的な「見返り《リターン》」を得る権利と、取締役会の一角を占めることで戦略的管理に参加する権利を、二枚舌の代弁者を通じて主張していたのである。結局、GMとウィルソンは50億ドルの自社株買いに合意したが、取締役の椅子についてては合意に至らなかった。

したがって、GMの2010年の株式発行が新生GMに生産能力への投資のための資金を提供したとすれば、それは一般株主ではなく納税者および労働者が新生GMを可能にしたからである。また、この救済が株式ではなく債務で行われていたならば、納税者や労働者はGMの収益力の回復からはるかに多くの利益を得ていただろう――それがたとえ、寄生虫のような物言う株主が、自らがその発生に全く関与していない企業利益を強欲にも手に入れる前に、納税者や労働者が自分たちの再建への投資の回収を主張できたからに過ぎないとしても。

また、略奪的価値抽出者が株主への分配を利用して本来なら納税者や労働者に還元されるべき生産能力への投資に対する見返り《リターン》で私腹を肥やした事例の大部分と同様に、価値抽出者が得た利益は「市場原理」の結果でもなかった。むしろ、略奪者は自らの力を利用して、企業の資源および見返り《リターン》の配分に影響を与えたのである。フリードやワンのようなエージェンシー理論研究者は、こうした資源配分の決定が優れた経済的成果、すなわちイノベーションや賃金上昇をもたらすと仮定している。事実も論理も彼らを支持していない。

7・3・3　資金使途としての、株式型報酬のための社内における株式発行

過去10年間に行われた最大かつ最もよく知られている対外的な株式発行の事例のいくつかがフリードとワンの主張を支持していないとすれば、彼らが提示したS&P500企業のデータ中の株式発行から得られた資金の大半は、株式市場で一般に売却することで得られたものではない、ということになる。むしろそれは、ストックオプションを行使したり、従業員株式購入プラン（ESPP）を利用したりした、従業員への株式売却によるものである。ストックオプションの場合、調達される資金の

額は、付与日における株式の市場価格であるオプション行使価格によって決まる。従業員株式購入プランの場合、調達される資金の額は慣例上、株式購入日における株式の市場価格の85パーセントである[57]。例えば、広範なストックオプション制度を採用していることで知られるシスコは、２０１６年度、従業員への株式売却により11億ドルを確保したが、そのうち6億１５００万ドル（３２００万株）はストックオプションによるもので、残り（２５００万株）は市場価格の85パーセントとなる従業員株式購入プランによるものであった。

フリードとワンは、従業員への株式発行が株主資本の資金源泉として重要だと認識した上で、株式型報酬は、企業が自社株買いを利用して従業員に「高賃金」を提供する方法の１つである、と主張している。彼らはこう述べている。

自社株買いについて生じる主な懸念の１つは、それが株主に資金を与える一方で、「従業員のより高い所得……のためにはほとんど何も残さない」（Lazonick, 2014）ことであるのを思い出そう。しかし、企業が自社株買いを行う最も重要な理由の１つは、従業員に報酬を支払うための株式を取得することである（Kahle, 2002 ; Bens et al., 2003）。このような〔従業員への〕報酬を動機とする自社株買いの場合、自社株買いの取引段階で一般株主に流出した資金は、従業員が買い戻された株式を手に入れて一般株主に売り戻すときに、従業員にたどり着く[58]。

フリードとワンが、広範な従業員に対する株式型報酬と、彼らを雇用している企業の自社株買いの活動の関連性を指摘したのは正しい。しかし、自社株買いと従業員の所得の関係は、フリードとワンが示した単純な「資金フロー」のモデルよりもはるかに複雑である。特に、株式市場が不安定なときに、ストックオプションを広範な労働者に対する報酬の構成要素として利用することは、革新的企業にとって問題が多い[59]。

第1に、歴史的に見て、「ニューエコノミー」の新興企業が広範な従業員を対象としたストックオプションを利用することは、ハイテク技術者が1つの企業で生涯にわたる雇用を保障される「オールドエコノミー」の規範を避けるという代償を伴うものであった。1980年代から90年代にかけて、ベンチャーキャピタルの支援を受けたハイテク産業、特に情報通信技術（ICT）やバイオテクノロジー産業で、ニューエコノミーの新興企業が専門職、技術職、管理職の従業員を、「終身雇用」を規範とする既存のオールドエコノミー企業から引き抜くための報酬方式として、広範なストックオプション制度の利用が急速に広まった。2000年代には、こうしたハイテク産業だけでなく、米国の実業界全体で終身雇用の規範がほとんど消滅して、大卒の労働者でさえ雇用が非常に不安定になり、また、勤務する企業が「内部留保と再投資」から「削減と分配」に転じた場合には、キャリアが途切れてしまうことも多くなった[60]。

第2に、1996年から2000年にかけてのインターネットブームの間、一部のハイテク企業では従業員のストックオプション行使による利益が非常に大きかったため、労働力の過度な流動性が促進され、イノベーションにとって重要な集団的・累積的学習プロセスに対する従業員のコミットメントが損なわれた。第3章では、株式市場の「報酬」機能について論じるにあたって、マイクロソフトの事例を紹介した。マイクロソフトでは、ストックオプション行使による従業員1人当たりの平均利益が、1999年には2万9200人で36万9700ドル、2000年には3万5200人で44万9100ドルと爆発的に増加して、同社のイノベーション・プロセスを損なう労働力の過度な流動性を招いたのである。(61)

第3に、ストックオプションによる利益の大きな差は、特定の企業の従業員間であれ、時間の経過に伴うものであれ、株式市場の変動性《ボラティリティ》に起因するものであり、生産への貢献度の差とは無関係な可能性がある。マイクロソフトの事例では、オプションの権利確定までに少なくとも1年かかるため、2000年に入社した長年の職業経験を有する従業員が、それ以前に入社した職業経験の乏しい多くの従業員が得たストックオプションの大当たりの利益を逃すことになった。企業にとっての株式型報酬のメリットは、従業員の利益の資金が企業内部のキャッシュフローではなく、その企業の株価をつり上げた株式市場のトレーダーのポケットからもたらされることである。このように、イノベーション、投機、株価操作の組み合わせで変動する不安定な株式市場に報酬の決定を「アウトソーシング」すると、従業員が入社し、オプションを受け取り、行使する機会を得るタイミングや状況によって、大きな報酬の格差が生じることになる。

第4に、ハイテク企業はしばしば、広範なストックオプション制度に起因する株式の希薄化を相殺するために自社株買いを行っているのだと言う。しかし、自社株買いされる株式数は一般的に、従業員がストックオプションを行使した際に発行される株式数の何倍にもなる。また、企業は概して、株価が高いときに自社株買いを行うため、こうした従業員の報酬方式は非常に高くつく。(62) 要するに、従業員のストックオプションは、時と場合次第で経営者以外の一部の労働者に高報酬をもたらすかもしれないが、この報酬方式はしばしば金融化した企業の問題の一部となっている。さらに、広範なストックオプション制度の利用は、米国のハイテク企業が自社株買いに頼って株価を操作しようとする傾向を助長する一方で、イノベーションに必要な組織的統合と資金調達コミットメントをしばしば損なう。

言うまでもなく、ストックオプションの行使による利益は、企業の株価の軌跡に左右される。株価が企業の革新的な成功だけを反映しているのであれば、従業員のストックオプション行使による利益は、従業員がその成功を共有する方法だと言えるかもしれない。問題は、企業の株価が、イノベーションだけでなく投機や株価操作によっても決定される可能性があることだ。その結果、ストックオプションの行使による利益が、企業の革新的な成果から切り離される可能性がある。

7・3・4 資金使途としての、イノベーションのための研究開発

フリードとワンは、こう主張する。

純利益に対する株主還元の割合に注目することは、非常に誤解を招きやすい。「純利益」が、事業活動から生み出され、投資に利用可能な企業資金全体を反映している、と誤って示唆するからである。実際には、純利益は、（研究開発のように）費用計上可能な、将来に向けた活動と関連する多くのコストを差し引いて算出される。これらの金額はかなりのものである。企業の研究開発

費は、平均で純利益の約25〜30パーセントに相当する。つまり、企業の事業活動によって生み出された資金の多くは、純利益が算出される前に、すでに長期的な投資に利用されているのである。事実、企業が研究開発費を増やすと、他のすべてが同じなら、純利益が減り、株主還元率が高くなる。純利益は、せいぜい、企業の事業活動によって生み出された資金のうち、（a）そのコストが費用計上ではなく資産計上されなければならない投資活動のためや、（b）コストが費用計上される追加的な研究開発その他の活動のために利用可能な、追加的資金を示しているに過ぎないのである。[63]

研究開発費に関するいくつかの基本的事実から、フリードとワンの主張には明らかに多くの問題がある。研究開発への投資は、情報通信技術、製薬、航空宇宙といった少数の経済部門に集中している。2016年1月時点のS&P500企業は、2015年度の研究開発費として総額2504億ドルを計上していた。しかし、500社のうち289社は研究開発費が**ゼロ**であり、残りの211社の研究開発費は1600万ドルから125億ドルの範囲にあった。研究開発費を計上した企業のうち、50億ドル以上を計上した企業15社が2015年度の研究開発費全体の49パーセントを占める一方で、10億ドルから50億ドルを計上した企業40社が同じく35パーセントを占めていた。[64]研究開発のトップは、2013年度から16年度まで自社株買いも配当支払いも行わなかったアマゾンで、研究開発費を2012年度の46億ドルから2016年度には161億ドルにまで増加させた。[65]これに対して、常に最大規模の自社株買いを行っていたマイクロソフトの2015年度の研究開発費は第4位（120億ドル）だった一方で、同社は同年度に１４４億ドルの自社株買いと99億ドルの配当も行っており、これらは合わせると同社の純利益の１９９パーセントに相当するものであった。

　したがって、研究開発費がイノベーションや賃金上昇を賄うという主張は、事業戦略と発展段階の両方によって、研究開発費と株主への分配の間の関係が大きく異なる可能性がある特定の企業群に当てはまるものである。自社株買いと研究開発費の関係を理解するには、研究開発集約型部門の企業を対象とした事例研究の蓄積が必要である。例えば、モトローラは、２Ｇ携帯電話Ｒａｚｒ《レーザー》が成功した後の２００５年から07年にかけて、13億ドルの配当とともに純利益の94パーセントに相当する78億ドルの自社株買いを行ったが、その後、３Ｇ携帯電話での競争に失敗した。２００７年から09年にかけて43億ドルの損失を計上したモトローラは、研究開発費を２００７年の45億ドルから２０１０年には25億ドルにまで削減した。翌年、同社はモトローラ・ソリューションズとモトローラ・モビリティに分割され、後者は２０１４年に中国のコンピュータ企業レノボの傘下に入った。注目すべきは、モトローラが２００５年から06年にかけて82億ドルの利益を上げ、47億ドルの自社株買いを行ったことに魅力を感じた企業略奪者のカール・アイカーンが、２００７年に同社の株式に大きなポジションをとったことである。アイカーンは、モトローラの転落を招いた企業資源の配分パターンを作り出したわけではないが、同社が「削減と分配」路線を維持するのに一役買ったのである。

　同時に、フリードとワンのように、研究開発費が必然的にイノベーションや賃金上昇をもたらすと想定するのは、よく言っても単純である。それどころか、例えば２００４年のベブチャックとフリードの著書でも支持されているように、研究開発費は企業経営者が「株主価値」を犠牲にして「帝国を築く」ことを追求する手段の1つであるというのがエージェンシー理論の基本的な教義であるため、彼らがこのように想定しているのは驚くべきことである。実際には、イノベーションは不確実で、集団的・累積的なプロセスである。ハイテク企業が研究開発に投資しなければ、間違いなく革新的でなくなる。それでも、企業が研究開発に投資するのであれば、戦略的管理、組織的統合、資金調達コミットメントといった革新的企業の社会的条件が、研究開発費を従来よりも高品質で低コストの製品に変えることができる不確実で、集団的・累積的なプロセスを確実に支える必要がある。

しかし、戦略的管理が、イノベーションに投資する動機も能力も持たない企業経営者や物言う株主に委ねられると、こうした研究開発への投資は失敗すると考えるべきである。また、このような戦略的意思決定者が、イノベーションの根幹をなす集団的・累積的学習を損なうような方法で資源配分を行うと、革新的企業の条件としての組織的統合が弱まる。さらに、たとえ金融化された企業が高水準の研究開発費を示したとしても(これは、大規模な株主への分配を行っているにもかかわらず、自らが依然としてハイテク企業であることを株式市場に納得させるためであることが多い)、こうした株主への分配は、組織的学習の有効性だけでなく、革新的企業が競争力のある製品を生み出すのに必要な研究開発以外のあらゆる機能を維持するための資金調達コミットメントをも、損なう傾向にある。

7・3・5　資金使途としての、イノベーションのための企業買収

フリードとワンは、こう主張する。

（正味の債務発行で調整された後の）正味の株主還元でさえ、こうした資本フローが公開企業の資金調達能力に与える影響についてほとんど何も教えてくれない。なぜならば、企業は常に株式発行を増やすことを選択できるからである。ある公開企業がある年に発行した株式の量はその上限を示すものではなく、その企業は、資金を調達し、資産を取得し、従業員に賃金を支払うために、株式発行を増やすことも選択できた。つまり、貴重な投資機会があるのに資金がほとんどない場合、その企業は一般的に、エクイティファイナンスを利用してその機会を生かすことができるはずである。企業が株式発行を増やすことができる限り、企業を縮小させる正味の株主還元（正味の債務発行によって相殺されない部分）でさえ、後に投資を行い、イノベーションを起こし、成長する企業の能力を損なうことはあり得ない[66]。

ここでも、エージェンシー理論研究者が、自社株買いによって値上がりした自社株を企業買収のための通貨として利用すれば、結果的にイノベーションや賃金上昇がもたらされる、と主張しているのは驚くべきことである。エージェンシー理論研究者は、株式による買収を行うことで、経営幹部が自らの個人的な帝国を築くために株式の希薄化を行っていると想定している、とわれわれは考えていた。そしてまた、「革新的企業の理論」の観点から、買収により獲得した能力を従来よりも高品質で低コストの製品に変えることを支えるための、戦略的管理、組織的統合、資金調達コミットメントといった革新的企業の社会的条件が整わない限り、買収資金がどのように調達されようとも、その買収がイノベーションや賃金上昇をもたらすとは考えられない。われわれがグローバルな通信技術産業におけるイノベーションと競争に関する研究で明らかにしたとおり、ある買収が成功し、他の買収が失敗する社会的条件の分析を行うためには、革新的企業の理論が必要なのである[67]。

シスコシステムズは、事業者向け機器を支配するようになった1993年から2000年にかけてそうだったように、企業買収のための通貨として株式を効果的に利用した企業の代表例である。しかしその後、同社は、大量の自社株買いを行ったために、1998年から2000年にかけて買収したサービス・プロバイダ向け主要機器の生産能力の開発に十分な投資を行えなかった。われわれがシスコの詳細な調査で明らかにしたとおり、同社は自社株買いに夢中で、株式の希薄化を望まなかったため、2004年以降の買収はほとんどが現金で行われた。また、製品ラインナップを拡大するためにシスコが2000年代に行った買収の多くは、コモディティ以上のものを生み出すことがなく、こうした結果は、CEOのジョン・チェンバースが株価を操作するために自社株買いに執着したことに起因すると考えられる[68]。1990年代後半に、有力なオールドエコノミーの通信機器企業であったルーセント・テクノロジーズとノーテルネットワークスが、シスコの買収と統合を通じた成長モデルをまねようとして株式を買収のための通貨として利用し、その過程で自滅したことも〔第3章で〕紹介したとおりである[69]。

フリードとワンのように、すべての企業買収が、その資金調達方法にかかわらず、イノベーションや賃金上昇をもたらすと想定する理由はない。大手技術系企業による悲惨な買収の例としては、ヒューレット・パッカード（HP）による英国のソフトウェア企業オートノミーの買収や、マイクロソフトによるノキアの携帯電話事業の買収がある。2011年8月のHPによるオートノミーの買収は、利益が本国に送金されない限り米国の法人税を免れる海外保有資産から拠出された102億ドルの現金で行われた[70]。2012年11月、HPは、この買収の失敗により88億ドルの会計上の費用を計上すると発表した[71]。マイクロソフトによるノキアの携帯電話事業の買収も、非常によく似た軌跡をたどった。ノキアの従業員2万5000人を含むこの買収は、2013年9月に、マイクロソフトの海外保有資産から拠出された72億ドルの現金で行われた[72]。2016年5月までにノキアの買収は失敗だったと見なされ、マイクロソフトは、償却やリストラ（つまり、解雇）の費用により約80億ドルの損失を計上した[73]。

企業は自社株を企業買収のための通貨として利用できるという、フリードとワンの言は正しい。しかし彼らは、（a）〔企業買収に〕株式を利用するか、現金を利用するかは、企業の株主への資金分配方針から独立している、（b）すべての買収がイノベーションや賃金上昇をもたらす、と想定する根拠を有していない。価値創造企業の理論を持たないフリードとワンは、ここでも、資金源泉と資金使途に関する彼らの議論の他の部分と同様、事実と論理の両方を無視した主張を行っている。

7・3・6　資金使途としての、イノベーションのためのベンチャー投資

フリードとワンは、こう主張する。

株主還元の大きさについての懸念は、部分的に、一般株主に資金を委ねることには経済的便益がないという暗黙の前提に基づいているように思われる。しかし、公開企業による正味の株主還元

は、経済の配水管に流されて消え失せてしまうわけではない。S&P500企業による正味の株主還元の多くがS&P500企業以外のより小規模な公開企業に流れるのと同様に、公開企業全体による正味の株主還元の多くは、IPOを通じて資本調達する企業や、プライベート・エクイティやベンチャーキャピタルの支援を受けた未公開企業に投資される可能性が高い。歴史的に見ても、これらの企業が米国経済において驚異的なイノベーションと雇用の拡大をもたらしてきた。したがって、たとえ正味の株主還元が、投資を行い、イノベーションを起こし、より高い賃金を提供する公開企業の能力を低下させるとしても、こうした資金の一部が未公開企業にたどり着き、これらの企業が投資を行い、イノベーションを起こし、より高い賃金を提供できるようにすることになる。つまり、正味の株主還元の結果として公開企業の利害関係者が負担する経済的費用は、こうした資金の少なくとも一部が未公開企業に投資されることで生じる経済的便益と比較検討されなければならないのである(74)。

S&P500企業のような既存の有力企業が行う大規模な株主への分配は、米国のベンチャーキャピタリストに資金を供給して、彼らが新しい企業を支援できるようにしているのか。資金が経済全体を流れる中で、株主が株式を保有することで受け取る配当の一部や、一部の株主が自社株買いで株価が押し上げられた株式を売却した際に得る株価差益の一部が、最終的にベンチャーキャピタル・ファンドに行き着くのは間違いない。しかし、フリードとワンは、米国のベンチャーキャピタルが大きな資金源泉としてこうした大規模な株主への分配に依存しているという確かな証拠を示していない(75)。

米国のベンチャーキャピタル産業を席捲することになるリミテッド・パートナーシップのビジネスモデルは、1959年に、ロックフェラー兄弟、ラザードフレール、および数人の資産家から600万ドルの資金を得て、カリフォルニア州パロアルトにドレイパー・ゲイサー・アンド・アンダーソン社が設立されたことで初めて確立された。(76) シリコンバレーを中心に、ベンチャーキャピタルが新会社の設立に資金を供給する特異な産業へと進化した1970年代でさえ、依然として機関投資家からの資金拠出は乏しかった。(77) 状況が変わったのは、年金基金の運用者《マネージャー》が1974年の従業員退職所得保障法（エリサ法）に含まれる「プルーデントマン」ルールに違反することなく、基金の資産のごく一部をベンチャーファンドのようなリスクの高い投資に割り振れることを米国労働省が明確にした、1979年7月以降のことである。その結果、年金基金の資金がベンチャーキャピタル・ファンドに流れ込んだ。シリコンバレーでは主流だったベンチャーキャピタルのリミテッド・パートナーシップは、年金基金の資金の利用を、調達した資金全体のわずか15パーセントに過ぎない1978年の6900万ドル（1997年のドル価値換算）から、1983年の18億800万ドルにまで増やした。第3章で述べたとおり、1980年代と90年代を通じて、年金基金は、リミテッド・パートナーシップが調達した資金の31パーセントから59パーセントを供給し、その結果、リミテッド・パートナーシップが調達した資金のベンチャー資金全体に占める割合が、1980年の40パーセントから10年後には80パーセントにまで増加した。(78)

特に1980年のアップルとジェネンテックのIPO以降は、利用可能なベンチャー資金が優良投資案件をはるかに上回っていた。『ビジネスウィーク』誌の記者ジョン・ウィルソンによる1985

年の有名な著書『*The New Venturers*（新種の投機家）』の「Vulture Capital（ハゲタカ資本）」と題された章は、１９８０年代前半、ベンチャーキャピタル業界に資金が殺到した結果、あまりにも多くの資金があまりにも少ない優良な起業の機会を追いかけることになったことを明らかにしている。これと同じ問題が、１９９０年代後半のドットコムブームの間にとてつもない規模で発生したが[79]、現在ではバイオメディカル産業に存在する。ラゾニックと共同執筆者のムスタファ・アーデム・サキンスおよびエネル・テュラムが「製品なき《プロダクトレス》ＩＰＯ」または「ＰＬＩＰＯ」と呼ぶ現象では、商用製品を持たないバイオメディカルの新興企業がナスダックに上場することで、革新的な製品が登場しそうもない場合でさえ、経営トップ、取締役、ベンチャーキャピタリスト、ヘッジファンド・マネージャーを含む株式市場の投機家や株価操作を行う者が大儲けできる[80]。

革新的な継続企業へと成長するベンチャー企業は、「内部留保と再投資」の体制を通じてこうした結果を達成しており、成長するために配当を行わず、自社株買いもほとんど行わない傾向にある[81]。しかし、ベンチャーキャピタル投資と従業員のストックオプションの両方に「出口《イグジット》」の機会を提供する上で株式市場（このような場合、ほぼ例外なくナスダック）が極めて重要な役割を果たすことからすれば、インテル、マイクロソフト、オラクル、シスコのようなニューエコノミー企業は、成功すると、発行済株式数を抑えることへの関心から猛烈な自社株買いを行うようになる。最後に、大規模な株主への分配を行っている企業の株式を売買することで築いたヘッジファンド・アクティビストの「軍資金」が、新会社を設立するためのベンチャー資金の大きな源泉になっているという証拠はない。一方、アクティビストが、既存の有力企業を八つ裂きにすることで軍資金をため込み、個人的な資産を増やし、不安定で不公平な米国経済の特徴となっている価値創造と価値抽出の非常に大きな不均衡の発生に手を貸していることを示す証拠は多数ある。(82)

7-4 エージェンシー理論をイノベーション理論に置き換える

第2次世界大戦後の約30年間で、米国は、「内部留保と再投資」に取り組む企業を原動力にして、世界屈指の経済大国としての地位を固めた。その間に、所得分配はある程度平等になり、高卒のブルーカラー労働者と大卒のホワイトカラー労働者の両方から成る中流階級が成長した。それに対して、この40年間の米国では、所得が最富裕家計層に極端に集中し、大多数の国民の中流階級の雇用機会が侵食された。

この2つの経済的問題は、企業は「株主価値最大化」のために経営されるべきであるというスローガンの影響を受けて、企業の資源配分体制が「内部留保と再投資」から「削減と分配」へと移行してきたため、一体的に結び付いている。極めて攻撃的なヘッジファンド・アクティビズムの台頭により、米国経済史における今の時代は「略奪的価値抽出の時代」と呼ぶことができる。本書では、こうした略奪の実行者を、価値抽出のインサイダーとしての経営幹部、価値抽出のイネーブラーとしての機関投資家、価値抽出のアウトサイダーとしての物言う株主から成る連結体として分析してきた。

学者たちは、アクティビストの攻撃の代理人として重要な役割を果たしてきた。1970年代以降、エージェンシー理論は、なぜ企業の合法的な略奪が社会の経済資源をより効率的に配分することになるのかについて見せかけの経済的根拠を提供することで、略奪的価値抽出を支援し、けしかけてきた。エージェンシー理論の基礎にあるのが、プリンシパルとしての株主は企業の資源配分に関する決定をエージェントとしての経営者に委ねなければならないという主張である。エージェンシー理論は、経済資源の効率的な配分には、株主に生じる経済的価値を最大化するガバナンス構造が必要だと主張する。その結果、所得分配が非常に不平等になるとすれば、それは経済効率が極端な不平等を必要とするからだ、というのがエージェンシー理論の言い分である。

エージェンシー理論の主張は、次の2つの極めて重要かつ関連する疑問を提起する。すなわち、なぜ一般株主が、自分たちの利益のために企業が経営されるべき「プリンシパル」だと見なされるのか、および、一般株主は価値創造プロセスにどのような貢献をしているのか、の2つである。第3章で述べたとおり、これらの質問に対する答えは、エージェンシー理論の論理的な誤り、事実に関する誤りを暴露する。

第1の疑問に対するエージェンシー理論の答えは、企業に投資するのは株主だけであり、それ以外の企業の関係者はすべて、市場で決定される価格で対価が支払われる、市場性のある投入物を提供しているというものである。第2の質問への答えは、企業に投資した一般株主はその投資が利益を生むか損失を生むかのリスクを負っており、それゆえ、経済効率のために、収入が費用を上回るプラスの「残余」がある場合には株主だけが企業利益に対する請求権を有している、というものである。

本書では、これらの答えの論理的な誤り、事実に関する誤りを詳細に説明してきた。簡単に言えば、一般株主は原則として企業に投資しない。一般株主は、単に株式市場で購入することで発行済株式に投資するのである。また、ニューヨーク証券取引所やナスダックのような流動性の高い株式市場で株式を購入する場合、一般株主は、株式を保有していれば有限責任を享受する一方で、いつでも非常に低いコストで、かつその時点の市場価格で株式を売却できるため、リスクをほとんど負わない。

一般株主は資産運用目的の投資家であり、直接投資家ではない。しかし、革新的な製品を生み出すには、生産能力への直接投資が必要である。こうしたイノベーションへの投資は、不確実で、集団的で、累積的である。革新的企業は、不確実性に立ち向かうための戦略的管理、集団的学習に取り組むための組織的統合、そして累積的学習を維持するための資金調達コミットメントを必要とする。だからこそ、企業の生産性を理解するためには、革新的企業の理論が必要なのである。

新興企業の場合のようにその株式のための流動性の高い市場が存在しない中で投資家が株式投資を行う場合、彼らは直接投資家であり、その企業が競争力のある製品を生み出すことができないリスクに立ち向かう。非常に投機的で流動性の高い株式市場が存在すれば、場合によっては競争力のある製品が生み出される前でも、彼らは投資収益を得られるかもしれない。１９７１年に、それまでばらばらで、したがって比較的流動性の低かった店頭市場を電子的につないだナスダックが開設されたのは、このような投機的で流動性の高い市場を、後に「ベンチャーキャピタリスト」として知られることになる未公開株式投資家が利用できるようにするためであった。ナスダックが新興企業への直接投資の誘因となったのは、まさにそれが迅速な（会社設立から数年以内に行われ得る）ＩＰＯの見込みを提供したからである。

ベンチャーキャピタリストがナスダックへの上場を「出口戦略」と呼ぶのは、このためである。実質的に、彼らは流動性の低いハイリスクの直接投資を回収して、流動性の高いローリスクの資産運用投資に変えているのである。元直接投資家がＩＰＯ後も株式を保有し続けることを決めた場合には、彼らは他の一般株主と全く同じローリスクの資産運用投資家の立場になり、株式市場を利用していつでも好きなときに株式を売買できる。

しかし、生産能力への直接投資のリスクを負う経済主体は、ベンチャーキャピタリストだけではない。納税者は政府機関を通じて、労働者は雇用されている企業を通じて、リスクを伴う生産能力への投資を日常的に行っている。こうした観点からすれば、納税者や労働者としての家計は、エージェンシー理論の論理により、「残余請求権者」の地位、すなわち利益が生じた場合のその分配に対する経済的請求権を有している可能性がある。

つまり、企業を資金面で支える納税者や生産性向上のために努力する労働者は、企業に利益が生じた場合、リスク負担者としてその利益に対する請求権を有しているのである。「株主価値最大化」は、企業の経営と業績におけるこれら2種類の経済主体のリスクと報酬の関係を無視している。その代わりに、「株主価値最大化」は、エージェンシー理論に基づいて、株主が唯一の残余請求権者であると誤って想定しているのである。

「株主価値最大化」にとって皮肉なのは、前述のとおり、エージェンシー理論が唯一のリスク負担者だとする一般株主は一般的に、企業の価値創造能力に全く投資を行わないことである。むしろ、保有している間は配当所得が得られることを期待し、いざ売却する際は株価が上昇してキャピタルゲインが生じることを期待して、発行済株式を購入するのである。「株主価値最大化」の指示に従い、企業の資源配分を管理する経営者がこうした期待を煽る有力な方法が、企業資金を自社株買いに充てて株価をつり上げることである。

しかし、こうした操作による株価上昇で利益を得るのに最適な立場にいるのが、経営幹部自身である。経営幹部は、効率的な資源配分のためではなく、自身の株式型報酬を増やす目的で、キャッシュフローを「吐き出さ」せるのである。(83) ２０００年代初頭以降は、ヘッジファンド・アクティビストが経営幹部や取締役会とともに、その規模を拡大しながら企業略奪に加わり、米国企業の略奪に拍車をかけてきた。

エージェンシー理論研究者は、なぜこれほど間違った認識を持ってしまったのか。なぜなら、彼らは革新的企業の理論、すなわち企業組織がどのように技術を変革し、市場にアクセスして、従来よりも高品質・低コストの製品を生み出すのかについての理論を欠いているからである。しかし、こうした革新的な製品が、経済成長の基盤となるのである。また、われわれは、比較歴史分析に基づいて、革新的企業が資源や〔生産能力への投資に対する〕見返り《リターン》を配分する方法が、経済成長のためだけでなく、頑健で拡大する中流階級に関連する雇用の安定性と所得の公平性のためのミクロ的基礎を与える、と主張する。(84)

エージェンシー理論研究者に首尾一貫した企業理論があるとすれば、それは、所与の技術や市場の制約の下で最適化する小さな、生産性の低い企業が、最も効率的な経済にミクロ経済学的基礎を与える、という考え方である。このように説明される仮定に基づく企業が、「完全競争」として知られる不合理な理論において中心的役割を果たす。こうした新古典派の観点からすれば、資源を最も効率的な用途に配分するのは、組織ではなく市場である。そのため、フリードとワンは、価値創造プロセスを明示することなく、あらゆる種類の資金フローがどういうわけかより効率的な用途に配分されると考えているのである。このような観点からすれば、100年以上にわたって米国経済を支配してきた大企業は、巨大な「市場の不完全性」である。こうした論法に従ってより効率的な経済を望むのであれば、マイケル・ジェンセンとその信奉者が言うように、企業経営者は「フリー・キャッシュ・フローを吐き出す」動機を与えられるべきだ、ということになる。

したがって、ジェンセンによる1993年の米国金融学会の会長講演「現代の産業革命、撤退、内部統制システムの失敗[85]」が、そのタイトルどおり、専ら産業投資からの撤退に関する内容であり、新規の産業投資への参入に関する内容ではないことは驚くに値しない。ジェンセンは、ヨーゼフ・シュンペーターの「創造的破壊（creative destruction）」の概念を、「効率的な撤退」すなわち「破壊」に関するものだとさえ解釈している[86]。実際には、シュンペーターの全体的な理論的方向性は、起業家精神やイノベーションを通じた「参入」のための条件、すなわち、このキャッチフレーズの「創造的」の部分、古いやり方を陳腐化させること（シュンペーターの言う「破壊」）を求める部分に向けられていた[87]。参入を理解するためには、革新的企業の理論が必要であり、それこそがエージェンシー理論に欠けているものである。

「革新的企業の理論」は、納税者、労働者、消費者、貯蓄者、投資家として行動する家計の、価値創造プロセスにおける役割を認識しているため、価値創造プロセスからの価値抽出に対する家計の要求に経済的根拠を与える。納税者としての家計は、政府機関を通じて、物的なインフラや人的な知識への投資を行うが、これらがなければ巨大企業でさえ、またおそらく巨大企業は特に、競争力のある製品を生み出せないだろう。したがって、納税者は、企業利益が発生した場合、税制を通じてその分け前を受け取るべきである。労働者としての家計は、雇用関係を通じて、競争力のある製品を生み出すプロセスの中心となる技能と努力を企業に提供する。したがって、労働者も、企業利益が発生した場合、雇用安定および賃金や福利厚生の向上を通じて、その利益を共有すべきである。家計は、財やサービスに対する需要を通じて、企業が生み出す製品の価格を安定させる。したがって、家計は、まさに企業の目的であるより高品質で低コストの製品の生産を通じて、企業の革新的な能力から恩恵を受けるべきである。

最後に、「革新的企業の理論」は、価値創造プロセスに参加する投資家と、価値抽出プロセスから所得を得る貯蓄者の区別を可能にする。価値創造への投資家は、生産資源の開発と利用を維持するための資金調達コミットメントを産業企業に提供するがゆえに、競争力のある製品を生み出すことで得られる利益が発生した場合、その公平な分け前を受け取るべきである。これに対して、価値抽出者として、価値創造プロセスに何ら貢献することなく自らの資金で企業の発行済株式を購入する貯蓄者は、価値創造者からの正当な請求がすべて支払われた後に、配当の形で所得を得るべきである。株式市場は、資金の流動性を提供することでこうした所有と支配の分離を可能にしており、受動的な株主としての貯蓄者が、配当や、株式の売却を選択した場合にはキャピタルゲインを得られることを期待して、自らの貯蓄を株式に投じられるように、また進んで投じるようにしている。

エージェンシー理論研究者を含む「よく訓練された」経済学者が政策論争に持ち出す企業理論は、革新的企業の理論とは正反対のものである。[88]「株主価値最大化」イデオロギーを伴うエージェンシー理論は、価値創造の理論を装った価値抽出の理論である。１９８０年代以降十分証明されているように、「株主価値最大化」を重視するエージェンシー理論を適用することは、安定的かつ公平な経済成長の実現を阻害する。エージェンシー理論は、問題の一部であり、解決策を必要としている。

革新的企業はエージェンシー問題を解決する。革新的企業は、真の価値創造者に動機と報酬を与えることで、技能、努力、資金を動員でき、それらが高品質・低コストの製品を生み出すことで、（安定的かつ公平な経済成長の観点から定義される）経済パフォーマンスの改善を可能にする。イノベーション理論をコーポレートガバナンスに適用すれば、責任の階層や職務上の専門分野が多様な個人が、より高品質で低コストの製品に具現化される高水準の生産性の達成に向けて企業組織内で協力し合うように誘導するガバナンス構造を築くことで、「エージェンシー問題」が解決する。これらの価値創造者は、革新的企業の利益を共有し、価値創造プロセスへの政府の貢献に対する見返りとして納税を集団的に支える。

米国は、自社株買いを禁止し、価値創造企業への貢献に対して経営幹部に報酬を与え、労働者や納税者としての家計の代表者を企業の取締役会に配置することで、価値抽出型経済から価値創造型経済への移行を開始することができる。[89] しかし、「株主価値最大化」イデオロギーを伴うエージェンシー理論が支配的である限り、何の進展もないだろう。学者たちは、どうすれば米国を安定的かつ公平な成長に導くプロセスに貢献できるのか。「革新的企業の理論」が、経済分析を正しい方向に戻す手助けとなり得る。

第8章

略奪的価値抽出を覆す

本書では、価値抽出と価値創造の不均衡の拡大と、それがもたらした生産能力の蓄積、雇用の安定性、所得の分配に対する破壊的な影響を強調してきた。長らく世界最大の価値創造型経済だと考えられてきた米国は、世界でも最先端の価値抽出型経済の例となってしまっている。米国では、経済的にも政治的にも、略奪的価値抽出が持続的繁栄にまさっている。

米国経済を、中流階級の力強さの模範から、「1パーセントの人々」と「99パーセントの人々」の分断の悲惨な見本へと変貌させた原動力は、企業は「株主価値最大化」のために経営されるべきだというイデオロギー的な主張であった。コーポレートガバナンスのイデオロギーとしての「株主価値最大化」は、登場してから半世紀も経っておらず、実際に実業界での適用が定着したのは1980年代半ばになってからのことである。それまでの第2次世界大戦後の数十年間は、「内部留保と再投資」の企業資源配分方式が、企業経営者、取締役、株主、学者、政策立案者、一般大衆の間でコーポレートガバナンスの規範として受け入れられ、支配的であった。「内部留保と再投資」は、第2次世界大戦後の数十年間にわたる楽観的な米国資本主義の時代を特徴付ける、人々の社会経済的な流動性の向上をもたらす鍵であった。しかし、1970年代以降、「内部留保と再投資」は「削減と分配」に取って代わられ、雇用機会、所得分配、生産性向上に悪影響を及ぼしてきた。今必要とされているのは、「株主価値最大化」イデオロギーの推進が、労働者、納税者、企業、そして経済にこれ以上深刻なダメージを与えないようにするための、劇的かつ具体的な方針転換である。価値創造と価値抽出のバランスを取り戻し、その過程で、持続的繁栄の基盤を提供し得る社会制度の導入および企業組織の構築を行うことが急務である。

この最終章では、略奪的価値抽出と戦い、持続的繁栄を取り戻すための基本的な指針を提示する。価値創造型経済を構築するための基礎には、次の5つの大きな項目がある。

・SEC規則10b-18を廃止し、公開市場での自社株買いを禁止する。
・経営者報酬を再設計して、価値抽出ではなく、価値創造に動機と報酬を与えるようにする。
・企業の取締役会を再構成して、労働者、納税者、貯蓄者としての家計、および創業者としての家計の代表者が含まれるようにし、略奪的価値抽出者を排除する。
・法人税制を改革して、利益を納税者としての家計に還元し、次世代の革新的な製品のためのインフラや知識に対する政府支出を賄うようにする。
・企業利益と生産能力を再配置して、集団的・累積的キャリアを支えることで、社会経済的な流動性の向上を広く可能にする。

8-1 SEC規則10b-18を廃止する

1930年代のニューディールにおいて、米国連邦議会は、株式市場を含む金融市場から相場操縦や詐欺的行為を排除するために証券取引委員会（SEC）を設立した。1981年1月にロナルド・レーガンが大統領に就任するまでは、こうした使命を果たすための合法的かつ効果的な方法を模索する弁護士たちが中心となって、資金の略奪と戦うことがSECの目的であった。レーガンは、SECの新しい委員長に、ニューヨーク州の大統領選挙戦の責任者だったウォール街の銀行家ジョン・シャッドを選んだ。シャッドの考え方は自由市場を旨とするシカゴ学派の新古典派経済学によって形成されており、彼は金融ポートフォリオのより高い利回りを確保するための手段としてデリバティブに強い関心を持っていた[1]。より一般的には、シャッドは、金融市場を動き回る資金が多いほど、資本形成のための資金供給が増えるという考え方（第7章で徹底的に批判したエージェンシー理論の考え方）に固執していた。市場が資源を最も効率的な用途に配分するという新古典派の信念に従って、1982年11月、SECはシャッドの指揮の下で規則10b-18を導入した。この規則は、これまで見てきたとおり、企業が自社株買いを利用して株価操作を行うことを事実上合法化するものであった。

規則10b-18の導入により、SECは、相場操縦や詐欺的行為の排除を目的として株式市場を監視する機関から、すべては「株主価値最大化」の名の下に、株式市場が略奪的価値抽出を可能にするよう推進する機関へと移行した。レーガン派によるSECの使命の改変は、1980年代に「株主価値最大化」がコーポレートガバナンスの支配的なイデオロギーとして台頭するのに不可欠だった。SECのシャッド委員長は、1975年に金融派生商品の研究でシカゴ大学から経済学の博士号を取得したチャールズ・C・コックスを、SECのチーフエコノミストに任命した。1983年、コックスは、シャッドによるSECの使命の劇的な方向転換に反対し、1982年11月には規則10b-18の導入に反対の声を上げたニクソン時代の共和党の委員ジョン・エバンスの後任として、SECの委員に就任した。[2] その後、シャッドは、新たなチーフエコノミストとして1977年にシカゴ大学で経済学の博士号を取得したグレッグ・A・ジャレルを選んだが、彼は敵対的買収運動や企業支配権市場の自由な運営の支持者《チアリーダー》であった。[3]

シカゴ学派の経済学がSECの使命を再定義したことで、規制機関とされているSECは「株主価値最大化」に仕えることになった。過去37年間、SECは規則10b-18により米国企業の合法的な略奪を可能にしてきた。本書で明らかにしてきたとおり、SECは、経営者の株式型報酬の金融化された利用と議決権代理行使制度の大変革を推進することで、略奪プロセスを支援し、けしかけたのである。SECの使命は、「投資家を保護し、公正で秩序ある効率的な市場を維持し、資本形成を促進する」ことだと表明されている。[4] われわれが本書で示してきた事実と論理は、規則10b-18の導入と実施が一因となって、SECはこれら3つの使命をいずれも果たせていないという主張を支持している。

SECは、規則10b-18の下で株式市場の大規模な相場操縦を可能にしている場合、「投資家」(SECはおそらく貯蓄者としての家計のことを言っている)を保護できない。貯蓄の一部を上場企業の株式購入に割り振る家計は、株式が、その保有期間中は配当からの所得の流れを、株式の売却を決定した場合には株価上昇によるキャピタルゲインを生み出すことを望んでいる。企業は、革新的な製品を生み出し、将来の競争力を維持するための利益の再投資に対する企業のニーズがすべて満たされた後に決定される株主への配当を支払うことでしか、こうした収益を持続的に提供することができない。公開市場での買戻しとして行われる自社株買いは、偶然の場合を除き、貯蓄者としての家計に利益をもたらさない。これまで強調してきたとおり、規則10b-18に従って行われる公開市場での自社株買いは、経営幹部、ヘッジファンド・マネージャー、ウォール街の銀行家を含む株式市場のトレーダーに利益をもたらす。彼らは、株価の変動から利益を得るために株式をタイミングよく売買することを生業としており、それに必要不可欠なビジネスツールとして、貯蓄者としての家計が持っていない自社株買いの活動に関するリアルタイムの情報にアクセスすることができる。SECは、貯蓄の一部または全部を企業の発行済株式に投じる家計を保護したいのであれば、規則10b-18を廃止し、上場企業による公開市場での自社株買いの禁止を要求すべきである。

SECは、規則10b-18の下で株式市場の大規模な相場操縦を可能にしている場合、「公正で秩序ある効率的な」市場を確保するという使命を果たせない。略奪的価値抽出者が自らの利益のために株価を操作する権利を与えられている場合、株式市場は公正ではない。2003年から07年、09年から19年の株式市場ブームの場合のように、企業利益だけでなく債務によっても賄われた自社株買いや、2001年、03年、17年の共和党による大規模な減税によって株価が押し上げられた場合、株式市場は秩序あるものにならない。(5) 株価実績で市場に遅れまいとする競争プロセスにおいて、企業は株価が高いときに自社株買いをエスカレートさせ、操作された株式市場の急落をお膳立てする。自社株買いは、株価操作を可能にし、急騰する株式市場で投機を煽ることで、無秩序な市場の一因となる。また、言うまでもなく、自社株買いによって操作される株式市場に「効率的」なものなどない。少数の略奪的価値抽出者が、株式市場の利益の大部分をインサイダーに与えるゲームのルールにより利益を得ている場合、貯蓄者としての家計にとって、株式市場は貯蓄の価値を高める効率的な手段とはなり得ない。SECがその規制権力を用いて米国の株式市場をより公正で、より秩序ある、より効率的なものにしたいと欲するのであれば、規則10b-18を廃止し、上場企業による公開市場での自社株買いの禁止を要求すべきである。

規則10b-18の下で行われる自社株買いは、SECが主張するように資本形成を促進するどころか、物的資本のみならず人的能力への投資を含む資本形成を阻害する。利益からの内部留保は生産能力への投資のための企業金融の基盤であり、十分な配当に加えて行われる自社株買いは、米国企業の内部留保を持続的に減少させてきた。こうした分配のかなりの部分がヘッジファンドの軍資金を増加させ、彼らが略奪的価値抽出を行う力をいっそう強化する。SECがその規制権力を用いて資本形成を促進したいと欲するのであれば、規則10b-18を廃止し、上場企業による公開市場での自社株買いの禁止を要求すべきである。

8-2 経営者報酬を再設計する

価値抽出のインサイダーに関する第4章で詳述したとおり、米国式の経営者報酬は、価値創造ではなく、価値抽出に動機と報酬を与えている。そこで見たように、2008年から17年までの各年における、米国の報酬額上位500人の経営者の平均総報酬額は、2009年の1580万ドル（株式市場の低迷により、株式型報酬が全体に占める割合は60パーセント）から、2015年の3410万ドル（株式市場ブームにより、株式型報酬が全体に占める割合は83パーセント）の範囲にあった。株式型報酬は、ストックオプションやストックアワードの形をとる。1990年代は、ストックオプションがストックアワードよりもはるかに広く利用されていた。しかし、2000年代半ば以降は、ストックアワードがよく用いられるようになった。2007年は、報酬額上位500人の経営者の平均総報酬額が3100万ドルであり、ストックオプションによる実現利益が全体の57パーセント、ストックアワードによる実現利益が19パーセントを占めていた。2017年には、報酬額上位500人の経営者の平均総報酬額が3210万ドル、ストックアワードによる実現利益が46パーセント、ストックオプションによる実現利益が35パーセントとなった。

米国式のストックオプションとストックアワードの設計は、価値創造よりも価値抽出に動機を与えるものである。一定数の株式が含まれるストックオプションは、典型的には、4年にわたって、〔起算日から」１年経過するたびにオプションに含まれる株式の４分の１が権利確定することになる（ただし、特に経営幹部の場合は、他にもさまざまな取り決めが可能である）。その際、経営者には（会社にとどまっていることを条件に）オプションが失効するまで６年から９年の範囲の長い「期間」が与えられ、経営者はその間にオプションを行使する特定の日を選ぶことができる。もし経営者が、例えば６カ月後に株価が高くなっていると考えるのであれば、それを期待しつつオプションの行使を待つだろう。また、経営者がストックオプションを行使する場合はたいてい、取得した株式を直ちに売却して実現利益を確定させるが、こうした実現利益に対しては、取得した株式を売却するか保有するかにかかわらず税金を支払うことになるため、なおさらその傾向が強まる。

１９９１年以前は、インサイダーが短期売買益《ショートスイング・プロフィット》を得るのを防ぐためのＳＥＣ規則の下、経営幹部は、ストックオプションの行使で取得した株式を行使日から６カ月間保有しなければ利益を実現することができなかった(6)。この規則のために、経営幹部は市場のタイミングを計ることができなかったのである。しかし、１９９１年５月、ＳＥＣはこの規則を変更し、６カ月間の待機期間が、オプションが行使された時点ではなく、オプションが付与された時点で始まるようにしたため、経営者はオプションを行使したら直ちに取得した株式を売却し、実現利益を確定できるようになった。それゆえ、米国式のストックオプションは、株価の短期的な急騰と思われるものをうまく利用する動機を経営者に与える。そして、こうした経営者が実施のタイミングをコントロールする自社株買いは、このような急騰を生じさせる理想的な手段である。米国式の経営者のストックオプションは意図的に、価値創造ではなく、価値抽出に動機を与えるものである。

ストックアワードも同様である。経営者はストックアワードが権利確定したときにその利益を実現する。最も単純なストックアワードは、例えば付与日から3年といった決められた期間が経過するだけで権利確定する。ストックオプションの場合と同じように、その後経営者は、選択により、取得した株式を売却して利益を確定することができる。あるいは、株式を保有し続けて配当を受け取り、場合によっては将来、キャピタルゲインを得ることもできる。しかし、流動性の高い株式市場の存在が、経営者による取得直後の株式の売却を容易かつ低コストにしており、また（ここでも、ストックオプションの場合と同様に）、会社が直ちに権利確定日の株価で株式の価値に対する個人所得税を源泉徴収するという事実が、権利確定したらすぐに株式を売却する動機を与える。ただし、経営幹部に対するストックアワードのほとんどは、一定期間の経過だけで権利が確定するわけではなく、財務成績目標を含んでおり、一株当たり利益（ＥＰＳ）や株主総還元利回りのような株式に基づく財務指標を達成することで権利が確定する。ストックアワードの多くは、このような目標が達成されたときにボーナスの株式を与える。ストックアワードは、ストックオプションと同様に、いかに短期的なものであろうと株価の上昇に対して経営者に報いるものであり、自社株買いが経営者の株式型報酬の信頼できるパートナーになっている。

価値抽出ではなく、価値創造に動機を与えたいのであれば、米国式の株式型報酬を排除すべきである。現在、米国で構造化されているように、ストックオプションやストックアワードは、イノベーションよりもはるかに投機や相場操縦に報いるものとなっている。実際、これらの形態の株式型報酬は、投機を煽り相場操縦を企てるような企業資源配分の決定を行う動機を経営幹部に与える傾向がある。

経営幹部は、革新的企業の成功に関連する指標によって動機と報酬を与えられるべきである。彼らは、自らが率いる企業独自の生産能力の上に築かれる、より高品質な製品に投資する動機を与えられるべきである。また彼らは、企業が生み出す競争力のある新製品や、そうした製品を生み出すのに技能や努力を提供した従業員の雇用保障の強化や所得向上といった、革新的企業の指標によって報酬を与えられるべきである。こうした経営者は、内部留保を、イノベーション・プロセスを支えるのに必要な資金調達コミットメントを提供する貴重な資源と考える必要がある。また、自社株買いは、自らの務めを果たしていない経営幹部の先行指標だと考えるべきである。

8-3 企業の取締役会を再構成する

ビジネススクールで、将来の経営者がエージェンシー理論ではなくイノベーション理論の教育を受ければ、企業が価値抽出から価値創造へと転換するのに非常に役立つだろう。そして企業は、価値抽出の支持者ではなく価値創造の支持者を戦略的管理の地位に引き上げるように統治されなければならなくなる。こうしたコーポレートガバナンスの結果は、取締役として企業の取締役会の一員となる人々の教育、経験、物の見方、関心に左右される。特に、取締役会は、企業は「株主価値最大化」のために経営されるべきだというスローガンを否定し、それが価値抽出の有害なイデオロギーであって、その支持者が言うような価値創造のための高潔な規範ではないことを認識している人々で構成されるべきである。

われわれは、「株主価値最大化」イデオロギーを根底から批判し、投資、リスク負担、経済パフォーマンスに関するその基本的な前提を攻撃してきた。「株主価値最大化」は、企業活動のすべての関係者のうち、企業がその生産活動から利益を生み出すか否かのリスクを負うのは株主だけであり、それゆえ、利益が発生した場合には株主だけが利益に対する正当な経済的請求権を有する、と仮定するイデオロギーである。「市場経済」では、他のすべての関係者は、企業に供給する生産的な財やサービスに対して、市場で決定される、リスクのない支払いを受けると仮定されている。したがって、エージェンシー理論によれば、こうした他の関係者は、株主とは異なり、企業が利益を上げるか損失を被るかのリスクを負わない。「株主価値最大化」の支持者は、「株主価値最大化」を追求することで、経済のリスク負担者としての株主が資源を最も効率的な用途に再配分することが可能になり、配当や自社株買いといった形の株主への資金分配がこのプロセスを賄うと主張する。当然の結果として、「株主価値最大化」イデオロギーに従えば、経済の唯一のリスク負担者としての株主だけが、その代表者を企業の取締役会に参加させることで、企業の意思決定行為に直接関与する正当な権利を有するということになる。

リスク負担者が企業利益に対する請求権を有し（また、企業損失の負担を負い）、企業の取締役会の一員となるべきであるという主張は、価値創造企業のガバナンスの妥当な捉え方である。しかし、問題なのは、本書で強調してきたとおり、企業の生産能力への投資を企業が利益を得られるような収益を生み出す製品に変えるという不確実なプロセスにおいては、一般株主が唯一の、あるいは最も重要なリスク負担者ですらないということである。実際、有限責任であり、株式の売買が可能な流動性の高い株式市場にアクセスできる一般株主は、ほとんどリスクを負っていない。株価が下落したり、企業が配当を支払えなかったりした場合、一般株主は株式を売却することで即座に損失を抑えることができる。また、一般株主は株式保有を非常に流動性の高い広範な銘柄に分散させることができ、これが、家計貯蓄の大部分が機関投資家の手に委ねられている主な理由である。

労働者や納税者は企業の生産能力に投資するリスク負担者であり、イノベーション理論の視点に立てば、労働者と納税者が負うリスクは一般株主が負うリスクよりも価値創造型経済にとってはるかに本源的なものである。経営幹部が、エージェンシー理論の教義に従って、エージェンシー理論の最も有力な研究者マイケル・ジェンセンが言ったように「フリー・キャッシュ・フローを吐き出す」[7]企業資源の配分を決定する場合、経営幹部は価値の創造に貢献した労働者や納税者としての家計から価値を抽出することを主張しているのである。エージェンシー理論によって規定され、「株主価値最大化」によって正当化された企業資源配分の方式は、われわれが略奪的価値抽出と呼ぶ、価値創造と価値抽出の極端な不均衡をもたらしてきた。

われわれの主張を要約すると、労働者としての家計は、将来の製品の売上や利益を生み出すことを目的とする、企業の生産能力の改善に投資するために自らの技能や努力を提供する際に、リスクを負う。労働者としての家計は、技術的、市場的、競争上の理由から、こうした生産能力への投資が実際には将来の売上や利益を生み出せないかもしれない経済的リスクを負っている。労働者としての家計は、たとえ将来の競争力のある製品が将来の売上や利益を生み出したとしても、略奪的価値抽出者が企業資源配分の支配権を握り、その支配権を利用して何の努力もせずに利益を得ることになる政治的リスクを負っている。実際、本書で詳しく述べてきた略奪的価値抽出者の力の強大化の歴史は、価値創造者としての労働者が直面する政治的リスクが非常に現実的であることを示している。全体的な結果として、米国では、価値創造と価値抽出の極端な不均衡が生じ、最富裕家計層への所得の集中と中流階級の雇用機会の喪失が見られるようになった。

また、これまで論じてきたとおり、納税者としての家計は、企業が経済活動を行うために利用し、実際に必要とする物的なインフラや人的な知識への投資を支えるため、政府機関を通じて所得の一部を支払う際に、リスクを負う。これらの生産能力を企業が利用できるようにすることに対する、納税者としての家計への見返り《リターン》の大部分は、企業が生み出す利益に対して企業が支払う税金から生じる。納税者としての家計は、これらの公的資源を利用する企業が、家計が負担した税金を埋め合わせる法人税を支払うだけの利益を生み出せない経済的リスクを負っている。また、納税者としての家計は、2017年末に連邦議会で可決された共和党の減税法によって米国で実際に起こったように（これが初めてではない）、企業経営者が十分な利益を上げるためには法人税の引き下げが必要だと議員たちを納得させる、という政治的リスクも負っている。案の定、2017年の減税・雇用法の主な結果は、2018年のS&P500企業による8000億ドル超という記録的な水準の自社株買いであった。(8)

リスクと報酬のバランスを確保するという論理によって、労働者としての家計と納税者としての家計は代表者を企業の取締役会に参加させるべきである。(9) ほとんどの一般株主が該当する貯蓄者としての家計も、労働者や納税者としての家計ほどではないものの、代表者を取締役会に参加させるべきでである。繰り返しになるが、一般株主は有限責任であり、流動性の高い株式市場（そもそもこれが、株式を購入できる理由であり、進んで購入する理由である）があれば、いつでも好きな時に株式を売却することで損失をカットできる。これとは極めて対照的に、労働者は、企業のために長く、懸命に、きびきびと働くことに生活とキャリアがかかっており、しかも、流動性の高い労働市場は低賃金で不安定な雇用の市場だけであり、それは買い手市場である。納税者としての家計のほとんど、特に所得を主に賃金や給与から得ている家計は、納税者としての家計が提供する、公的資金で賄われる資源へのアクセスを企業がどれほど乱用し、法人税の支払いを回避し、ひいては政府支出を賄うための納税者としての家計の負担を増やそうとも、税金を支払うしかない。米国では、高所得の納税者の家計は、納税を回避するためのあらゆる手段を有している（次節の、税制見直しの項目を参照）。結論として、労働者としての家計および納税者としての家計は、代表者を企業の取締役会に参加させる必要がある。

そもそも、なぜ貯蓄者としての家計が代表者を企業の取締役会に参加させるべきなのか。その答えは、第3章で示したとおり、株式市場の最も重要なプラスの機能が、企業の株式公開による経営者支配と資産所有の分離だということにある。この分離を実現するには、貯蓄者としての家計が企業の株式を保有する動機を持つ必要がある。そのためには、流動性と有限責任が必要であり、株式市場がその両方を提供する。金融ポートフォリオから利回りを得る代替的な手段を考慮すれば、貯蓄者としての家計は、貯蓄を上場株式に割り振る場合にはその貯蓄からの所得フローも必要となる。貯蓄者としての家計は、企業のインサイダー情報を有し、会社に配当を支払う余裕があるときは配当の支払いを支持する主張を行い、会社がより多くの、あるいはすべてのキャッシュフローを生産能力に再投資する必要があるときには減配または無配に同意する代表者を、取締役会に参加させる必要がある。

以上の理由から、われわれは、企業の取締役会に参加させる代表者に優先順位を付け、労働者としての家計を1番目、納税者としての家計を2番目、貯蓄者としての家計を3番目の代表者に位置付けることを主張する。また、上場企業の取締役会には、創業者としての家計と呼び得るものの代表者も参加させる必要がある。創業者とは、株式を容易に現金化できるようになる新規株式公開以前に、企業の生産能力に時間、労力、資金を投じた起業家および投資家である。創業者としての家計は、上場企業の創業者株式を保有し続ける限り、代表者を取締役会に参加させるべきである。同時に、持続的繁栄には、略奪的価値抽出者を戦略的管理から排除する取締役会の代表参加制度が必要であり、これは、現在の「株主価値最大化」のコーポレートガバナンス時代に存在する状況とは似ても似つかないものである。

要するに、われわれは、企業の取締役が専ら株主を代表する制度を正当化してきた、いわゆる「株主民主主義」という破綻し、腐敗した体制に取って代わる、革新的企業の社会的条件に根ざした頑健な利害関係者《ステークホルダー》民主主義を求めているのである。貯蓄者としての家計が企業の生産的資産への投資家ではないことがひとたび認識されれば、一般株主が持ち株に応じた議決権を有することの理論的根拠が失われる。「利害関係者《ステークホルダー》」コーポレートガバナンス体制の下でも、一般株主は引き続き議決権を有するが、取締役に関する彼らの議決権は、貯蓄者としての家計を代表する一部の取締役の椅子だけを対象としたものになる。現在、会社の売却や合併の決定に関する投票を除けば、株主投票の実質的な役割は、取締役会に代表者を参加させることしかない。年次株主総会における株主提案は、会社が年齢差別や環境汚染に関与しているか否かといった、経営判断に基づかない会社に関わる問題に限定される。利害関係者方式のコーポレートガバナンスの下では、すべての利害関係者に委任状勧誘書類が送付され、年次株主総会はすべての利害関係者に開かれたものとなる。

企業の取締役会に代表者を参加させる権利を労働者や納税者にまで拡張する、というわれわれの主張は急進的である。とはいえ、それまで権利を奪われていた人々の集団に対するあらゆる民主的権利の拡張は、例えば政治的投票の女性への拡張のように、大きな社会的変革を意味する。そして、現在のコーポレートガバナンス制度が、安定的かつ公平な経済成長の達成に与えているダメージを考えると、急進的な変革が早急に必要である。公開株式の保有は生産的資産の「所有」を示すものであるという、大きな欠陥のあるイデオロギーによって形成された現在の議決権代理行使制度は、持続的繁栄を損なうものである。

株式保有が家計の間で分散されていたオールドエコノミーの時代には、株式保有があまりに分散していて所有権とされるものを行使できなかったため、議決権は企業資産の所有に基づくものだというイデオロギーを甘受できた。しかし、1980年代までに、株式保有はもはや分散されたものではなくなり、議決権代理行使の定義そのものが変わってしまった。株式保有が分散していたときは、年次株主総会に出席できない個人株主は、出席者に代理権を与えて一定の方法で議決権を行使することができた。しかし、第5章で述べた制度変更の結果、議決権代理行使は今や、機関投資家に対してポートフォリオ内の株式の議決権を行使する権利のみならず、義務をも与えることを意味する。1992年にSECが導入したこの規則により、議決権に対する影響力が、インスティテューショナル・シェアホルダー・サービシーズ（ＩＳＳ）とグラス・ルイスという2つの議決権行使助言会社に集中するようになった。また、エンゲージメントを禁じた規則の廃止は、発行済株式のごくわずかな割合しか保有しないヘッジファンドが、議決権行使助言会社、ファンドマネージャー、企業経営者、取締役に対する影響力を利用して、株式利回りを高める経営上の意思決定を確保できることを意味する。

企業の取締役会の代表参加制度改革プロセスの一環として、以下の3つの変更を行う必要がある。第1に、株主が保有株式の議決権を行使する義務を廃止する。議決権を有する者がその行使を望まないとしたら、それはおそらくどのように議決権行使すべきかを知るために時間や労力を割かなかったからであろう。だとすれば、議決権を行使する必要はないはずである。第2に、機関投資家向け投資ファンドのマネージャーが、貯蓄者の株式に付随する議決権を行使する権限を排除する。こうした慣行により、価値抽出のアウトサイダーとしてのヘッジファンド・マネージャーが、価値抽出のイネーブラーとしての機関投資家向け投資ファンドのマネージャーと協力して企業の取締役会にアクセスし、影響を与えることが容易になっており、その結果、略奪的価値抽出が行われているのである。第3に、一般株主が企業経営者と直接対話する権利に終止符を打つ。直接対話は、ヘッジファンド・アクティビストがその資産、注目度、誇大宣伝、影響力、インサイダー情報を利用して企業経営陣の思考や行動を決定できるシステムを構築し、こうした機能を果たす企業の取締役会の正当な役割を迂回しているのである。これらの3つの改革が行われなければ、略奪的価値抽出がコーポレートガバナンスの規範であり続けるだろう。

8-4 法人税制を改革する

「株主価値最大化」イデオロギーの根底には、米国が「自由市場」経済であるという神話がある。米国は、製品、労働、金融、土地の各市場が高度に発達している。しかし、これらの市場は、非常に生産性の高い経済の結果であって、原因ではない[10]。経済発展の基盤となるのは、家計としての家庭、政府機関、企業という「投資の3主体」である。こうした家庭、政府機関、企業は、生産能力に投資する（市場ではなく）組織である。家計としての家庭は現在および将来の労働力に投資し、政府機関は物的インフラや知識基盤に投資し、企業は革新的な製品を生み出すための集団的・累積的学習プロセスに投資する。非常に生産性の高い経済を実現するには、これら3種類の組織の投資戦略が調和していなければならない。こうした組織主導の生産性が、製品、労働、金融、土地の各市場の繁栄を可能にする。その結果、市場には高品質・低コストの製品が大量にある。能力のある労働者には、高賃金の雇用機会が数多くある。利回りを探し求める莫大な量の貯蓄がある。そして、投資の3主体が高水準の生産性を生み出す場所では、土地の価格が上昇する——ということになるのである。

最終的には、家計としての家庭や政府機関による生産能力への投資を前提として、生産性の本質である高品質・低コストの製品を生み出すのは企業である。その過程で、企業は生産的な雇用を提供し、家計はそこから所得を得る。家計はこうした所得から政府に税金を納め、政府は、企業にとって必要だが、巨大企業でさえ必要な投資を行うことができない、物的なインフラや人的な知識への投資を行う機関を設置する。

大企業と、それに関与することで富を増やす家計は、納税によってインフラや知識に対する政府の投資を支えてきた大多数の家計に報いるために、公平な税負担を負わなければならない。しかし、「株主価値最大化」イデオロギーは、大企業や最富裕家計層への課税が、より多くの雇用機会、より高い所得、より急速な生産性向上をもたらし得る生産能力への投資を阻害すると公言する。2017年12月に米国連邦議会で可決された共和党の「企業と富裕家計層のための減税法」〔2017年減税・雇用法〕との関連において、「株主価値最大化」の支持者と批判者の双方が、国内および本国送金された利益に対する法人税率の引き下げによる追加的な所得の主な使途は、配当や自社株買いといった株主への分配の増加であると認識していた。[11] 略奪的価値抽出者の政治献金を獲得するために行われたこの冷笑的な「税制改革」の試みによって、「価値抽出型経済」は21世紀の米国経済の姿をいっそう的確に表現するものとなるだろう。

8-5 企業利益と生産能力を再配置する

技術革新が急速に進み、グローバルな競争が熾烈な世界においては、価値創造型経済は、労働力の生産能力の継続的な強化に依存する。これは、自国の労働力の高等教育と実務経験の両方を絶えず向上させることを意味する。こうした労働力の向上は革新的な製品の生産に必要な条件を提供し、労働者はその生産性を賃金や福利厚生の向上の形で共有することができる。このようにして、社会の生活水準が時間とともに改善する。労働力の生産能力を絶えず向上させ、生産性向上の相当部分をこうした生産性の高い労働者に還元することが、安定的かつ公平な経済成長、つまりわれわれが持続的繁栄と呼ぶものの実現の基礎となる。

イノベーション・プロセスの本質である学習は、集団的かつ累積的なものである。イノベーションは、1人では起こせない。人々は、同じ組織の目標に向かって専心努力する他人との相互作用を通じて、より良い仕事のやり方を学ぶ。企業においては、こうした集団的な相互作用が、複雑な階層上・職務上の分業に携わっている多数の人々が互いに孤立して働いていたら不可能であろう、技術変革や市場アクセスを可能にする。また、イノベーションは、一朝一夕には起こせない。学習する集団が今日学習することが、その集団が明日学習できることに不可欠な土台を作る。革新的企業が重要な従業員を長期にわたって雇用しておこうとするのは、こうした集団的学習プロセスの累積的な性質によるものである。そして、複雑な製品を生産する複雑な分業体制においては、集団的・累積的学習プロセスの「重要な」人材は、組織階層の奥深くに見つけることができる。

企業が革新的であるためには集団的・累積的な学習が必要であるように、従業員が今や40年以上に及ぶ職業人生において高い生産性を維持するためには、集団的・累積的キャリアが必要である。オールドエコノミーのビジネスモデルの下では、終身雇用という雇用規範を通じて企業が集団的・累積的キャリアを提供していた。しかし、1980年代から90年代にかけてニューエコノミーのビジネスモデルが優位になると、終身雇用の規範は消滅してしまった。ニューエコノミーの新興企業は、終身雇用を約束することでは有能な人材を引きつけられなかったのである。しかし、ラゾニックが「市場化」と呼んだプロセスでは、ニューエコノミーの新興企業は、有能な人材を、ナスダックでIPOすれば非常に価値が高くなる可能性のあるストックオプションを目当てに、オールドエコノミー企業の終身雇用を離れ、避けるよう誘導することができた[12]。

一部の新興企業が数万人の従業員を擁する継続企業になった後でさえ、広範な従業員を引きつけ、抱えておくためにストックオプションを利用する、こうしたニューエコノミーの慣行は変わらぬままだった。1980年代から90年代にかけて、この市場化のプロセスがオールドエコノミー企業の終身雇用の規範を腐食させたが、IBMがその労働力を1990年の37万4000人から1994年には22万人にまで意図的に削減したのは、その極めて重要な事例である[13]。21世紀には、特にハイテク分野における労働力のグローバル化によって、重要な仕事が世界のより低賃金の地域にオフショアリングされ、重要な従業員が、しばしば一時的な非移民ビザで、米国内のこうした仕事に就くべく採用されるようになって、米国の終身雇用の規範の侵食が完了したのである。

支配的なビジネスモデルのこうした劇的な変化は、米国の労働力の構成員が中流階級の存続のために必要な集団的・累積的キャリアを構築することを極めて困難にした。技術変化が急激なグローバル化した経済においては、終身雇用の規範は復活せず、復活できず、また復活させるべきでない。持続的繁栄のためには、企業、政府機関、市民社会組織にまたがる集団的・累積的キャリアを支援するように社会制度を再構築しなければならない。個人が集団的・累積的キャリアを構築するにはさまざまな道筋がある。個人は、そのキャリアの中で、さまざまな組織での一連の仕事を通じて技能を磨くことができ、また、インターネット時代にあっては、企業、政府機関、市民社会組織が相互に接続されたネットワークへの参加を通じて集団的・累積的キャリアを追求することも容易である。さらに、集団的・累積的キャリアは、しばしば1つの多国籍企業による雇用により、あるいはグローバル化されたキャリアパスのより個別化された模索を通じて、国境を越えて進むこともある(14)。

知識の蓄積が高水準の生産性を維持する基礎としてますます重要になる経済においては、集団的・累積的キャリアの入手可能性がかつてないほど重要になっている。技術が急速に変化し、グローバルな競争が熾烈な世界においては、個人が40年から50年と見込まれる現役期間中に十分な生活水準を維持し、さらに退職後の20年から30年の生計を支えるために給与所得による十分な貯蓄を確保するには、集団的・累積的キャリアがますます必要になっている。集団的・累積的キャリアがなければ、例えば40代で非常に生産性が高いと見なされていた人が、50代で時代遅れになっていたり、あるいは世界のより低賃金の地域で教育を受け経験を積んだ労働者が、自分の仕事を代わりにこなすのに十分な能力を身につけていることに気づいたりするかもしれない。

キャリアをスタートしようとしている最も才能と野心にあふれた若者たちの多くは、1980年代後半から実際にそうしてきたように、集団的・累積的キャリアを積まなくても一生分の所得を得られる、ウォール街での一攫千金やナスダックでのIPOを探し求めるかもしれない。こうした個別の解決策は、典型的には安定的かつ公平な経済成長を犠牲にして、所得をその上位層に集中させる役割を果たすだけである。集団的・累積的キャリアの基盤であった大企業が、利益を上回ることはないにしても、そのほとんどを自社株買いや配当の形で株主に分配することで、「生産的な経済」に対する「金融経済」の優位を支えている場合、問題は特に深刻である。

米国は、どうすれば略奪的価値抽出を抑え込み、安定的かつ公平な経済成長の軌道に戻ることができるのか？　公開市場での買戻しとして行われる自社株買いを禁止する。価値抽出ではなく、価値創造に動機を与えるように経営者報酬を構築する。企業の取締役会に労働者や納税者としての家計の代表者を配置し、略奪的価値抽出者を排除する。破壊された税制を見直し、利益を上げている企業や富裕家計層が、利益を上げ、富を築くのに役立った公的資源の対価として、社会に価値を還元するようにする。最後に、投資の3主体をうまく調整して、集団的・累積的キャリアを積み、そのキャリアによって豊かになれる人々の割合がますます増えるようにする――これらが本書の答えである。

【日本語版解説】

「株主価値最大化」がもたらした「失われた30年」

中野 剛志

「革新的企業」の理論

本書の著者の1人、ウィリアム・ラゾニック（マサチューセッツ大学名誉教授）は、革新的企業の理論を構築した企業組織論の権威である。彼は、２０１０年にシュンペーター賞を受賞し、また２０１４年にはマッキンゼー賞を受賞するなど、その業績は非常に高く評価されている。

本書は、そのラゾニックによる重要な著作である。

そして、本書は、30年もの経済停滞に苦しむ日本の経済政策担当者たちや経営者たちにとっては、計り知れない重要性を持っている。なぜならば、彼らがずっと追い求め、そして得られなかった「革新的企業」の理論がここにあるからだ。

特に、近年は、企業の株価は過去最高値を更新して上昇し、企業の利益も好調と言われているにもかかわらず、実質賃金は下落を続け、消費も低迷するという現象が起きている。なぜ、そのような現象が起きているのか。その答えを、本書の「革新的企業の理論」が明らかにしているのである。

もちろん、本書におけるラゾニックの関心の中心は、日本ではなく、アメリカ経済やアメリカの企業組織にある。だが、そのアメリカの企業組織こそ、１９９０年代以降の日本が改革のモデルとしてきたものである。

そのアメリカの企業組織がどのように変遷し、そしてどうして変遷してきたのか。本書の中で、ラゾニックは、次のように描いている。

１９６０年代頃まで、アメリカの企業組織では、組織能力を向上するために「内部留保と再投資」を行う戦略的管理が行われており、それによって価値が創造されていた。また、「終身雇用」の慣行があり、労働者は安定的な雇用を享受していた。「内部留保と再投資」そして「終身雇用」はかつての日本的経営の特徴であるかのように言われているが、実は60年代頃のアメリカの企業経営も同じようなものだったのである。しかも、この時期は、アメリカの資本主義の黄金時代と言われ、高成長と格差の縮小を同時に達成していたのである。

しかし、１９６０年代の株式市場のバブルが70年に崩壊すると、金融市場からの圧力もあって、企業分割がブームとなった。さらに、80年代には、企業を分割して売り飛ばし、利益を抜き取る敵対的買収が盛んとなった。そして、分割した企業をばらばらにして高く売り飛ばすため、労働者を解雇して人件費を削減し、株価や配当を吊り上げるといったことが行われるようになった。その結果、企業組織の行動原理は、かつての「内部留保と再投資」と「終身雇用」から、「削減と分配」へと変化したのである。

この「内部留保と再投資」「終身雇用」から「削減と分配」への転換を正当化したのが、1970年代から80年代にかけて台頭した「株主価値最大化」というイデオロギーであった。そして、この「株主価値最大化」のイデオロギーのベースにあったのが新自由主義であり、主流派経済学の市場理論である。

主流派経済学は、資源を効率的に配分する市場原理を前提とする理論である。この理論からすれば、市場ではなく組織により資源を配分する企業組織は、「市場の不完全性」に過ぎないものと見なされる。資源配分は、企業組織の「内部留保と再投資」ではなく、株式市場に委ねるべきである。そうすれば、株価は、価格メカニズムを通じて、企業の価値を正確に反映し、株式の売買を通じて資源の効率配分が達成し得るであろう。労働も金融も市場に委ねれば、資本も労働も市場原理によって、最も効率的に配分されるのである。このような主流派経済学の市場理論によって、「株主価値最大化」と「削減と分配」が正当化されたのである。

「株主価値最大化」がもたらした失敗の歴史

この「株主価値最大化」のイデオロギーは、1980年代半ば頃から、ビジネススクールを通じて、経営者たちに蔓延していった。そして、このイデオロギーに基づく制度改革が行われたのである。

その制度改革は多岐にわたるが、主なものを列記すれば、以下の通りとなる。

１９８２年、アメリカの証券取引委員会（ＳＥＣ）は規則10b–18を制定し、自社株買いを容易にした。経営者は、報酬の一部を自社株で受け取るストックオプションを利用すれば、自社株買いによって株価を吊り上げ、自らの報酬を増やすことができる。自社株買いは、経営者の経営目的を「株主価値最大化」へと振り向ける強力な制度となった。

１９７８年から79年にかけて、キャピタルゲイン税の最高税率が約40％から28％へと引き下げられ、81年には、さらに20％まで引き下げられた。法人税の減税も、２００１年、03年、17年に実施された。

１９７９年に、従業員退職所得保障法（エリサ法）が改変された。同法は、それまで年金基金の運用者に対して「プルーデントマン」ルールという受託者義務に違反した場合には個人的責任を負うように定めていたが、その義務が緩められたため、投機的な投資が可能となり、巨額の年金基金からの資金がシリコンバレーのベンチャーキャピタルへと流れ込んだ。このシリコンバレー式のベンチャーキャピタル・モデルは、90年代には全米に広がり、株式市場は投機化した。それは、90年代後半のいわゆる「ＩＴバブル」を生み出したのである。

１９８０年代以降、「コーポレートガバナンス」改革の名の下に、株主利益を最大化すべく、機関投資家の企業に対する支配力を高める制度改変が行われた。特に、公的年金基金は、このコーポレートガバナンス改革の最も熱心な実践者となり、投資先企業が採用すべき「最良のコーポレートガバナンス実務」の指針を策定した。公的年金基金のリーダー的存在であったカリフォルニア州職員退職年金基金は、株式への投資を拡大したり、機関投資家アクティビストが標的を特定しやすくするために「業績不振」企業リストの策定を主導したりした。85年には、議決権行使助言サービスを行うＩＳＳ

（インスティテューショナル・シェアホルダー・サービシーズ）が設立された。こうした制度改変が行われる中、企業に「削減と分配」を迫るヘッジファンド・アクティビストの力が大きくなっていった。

１９８０年代には、企業における確定給付型年金から確定拠出型年金への移行も進展した。確定拠出型年金では、従業員は自己責任で年金を運用することになる。これにより、企業は従業員の年金に関する責任から解放され、リストラによる人件費の削減がいっそう容易になったのである。

この過去40年間に及ぶ改革の結果、アメリカの企業では、生産性の伸びにもかかわらず、賃金はほとんど伸びなくなり、所得格差は甚だしいものとなってしまったのである。

端的に言えば、ラゾニックは、過去40年間のアメリカの企業組織の変遷を、価値を創造して利益を生み出す組織から、価値を奪い取ることで利益を生み出す組織へと変貌していった失敗の歴史として描いているのである。そして、この失敗の歴史を駆動していたのが、「株主価値最大化」というイデオロギーである。

アメリカの「改革」後追いがもたらした「失われた30年」

賢明な読者はすでに察していると思うが、日本は、この一連のアメリカの失敗を後追いしたのである。しかも、それを「改革」と称して、やり続けた。その時期は、「失われた30年」と言われる時期と一致している。

その30年間の日本の改革を、先述のアメリカの制度改革の変遷と比較しつつ、改めて振り返ってみよう。

1997年の改正商法によってストックオプション制度が導入された。さらに、2001年の改正商法で新株予約権制度が導入されたことで、ストックオプションの普及が促進された。この01年の改正商法では、自社株買いについて目的を限定せずに取得・保有することも可能とされた。

さらに、2003年の改正商法では、取締役会の決定で自社株買いが機動的にできるようにする規制緩和が行われた。なお、この改正商法では、アメリカ的な社外取締役制度が導入され、外資による日本企業の買収が容易になった。05年には会社法が制定され、株式交換が外資に解禁された。

1999年には、労働者派遣事業が製造業などを除いて原則自由化され、2004年には製造業への労働者派遣も解禁された。01年、確定拠出型年金制度が導入され、従業員の年金に関する企業の責任は軽減された。

このように、1990年代から2000年代にかけての日本は、1980年代以降のアメリカの「コーポレートガバナンス改革」を模倣し続けていた。ところが、2010年代に入ると、そのアメリカにおいて、株主資本主義に対する批判の声が高まってくるようになる。

ラゾニックは、一貫して、株主資本主義に対する批判を続け、多くの論文や著作を発表し続けていたが、その彼の洞察が、この頃から、次第に高く評価されるようになってきたのである。中でも、ラゾニックが2014年に『ハーバード・ビジネス・レビュー』誌において発表した論文「繁栄なき利益（Profits Without Prosperity）」は、同誌の年間最優秀論文（マッキンゼー賞）に選出され、アメリカにおいて大きな話題となった。同じ年には、かのトマ・ピケティによる『21世紀の資本』の英訳が刊行され、大ベストセラーとなっていた。ピケティが示した格差拡大の要因の1つを、企業組織の観点から解明したのがラゾニックであると言ってもよい。

同じ頃、日本においても、同様の問題意識に立った研究が発表されつつあった。例えば、2010年に野田知彦氏と阿部正浩氏が発表した研究は、2000年以降、金融機関と密接な関係を持つ旧来型の日本型ガバナンスがなされている企業では賃金が相対的に高く、外国人株主の影響が強い企業ほど、賃金が低くなっていることを明らかにした。そして、最も大きな賃金抑制圧力は、外国人投資家の影響であると結論したのである。(1)

さらに、2015年版の『労働経済白書』も、賃金が上がらない理由として、企業の利益処分の変化(株主重視)や非正規雇用の増大を挙げている。(2)

このように、2010年代は、「株主価値最大化」のイデオロギーの弊害が顕著になり、資本主義のあり方そのものを転換しなければならない重要な時期であったのである。

ところが、2012年に成立した第2次安倍晋三政権は、「成長戦略」と称して、この「株主価値最大化」のイデオロギーに基づく改革を転換するのではなく、加速させたのであった。

例えば、2014年、家計の資金を投資に向かわせるための少額投資非課税制度(NISA)が導入された。また、年金積立金管理運用独立行政法人(GPIF)の公的・準公的資金運用やリスク管理体制などが見直され、ポートフォリオにおける国内および海外の株式の比率が高められた。

2015年には、企業に対する外部ガバナンスの規律である「コーポレートガバナンス・コード」が策定された。2014年8月、経済産業省の研究会が「持続的成長への競争力とインセンティブ〜企業と投資家の望ましい関係構築〜」プロジェクト「最終報告」なる文書を公表し、その中でグローバルな投資家に認められるROE（自己資本利益率）の最低水準は8％であると明記した。

ROEは、企業の自己資本（株主資本）に対する当期純利益の割合であり、分子の当期純利益を増やさなくても、株主還元により分母の自己資本を減らせば、簡単に数値を改善することができる。それゆえ、投資家がROEの改善を強く要求すれば、企業はその利益を株主に還元するようになるというわけである。このROE重視の動きを受けて、日本のISSは、2015年2月以降、過去5年の平均ROEが5％を下回る企業に対しては、株主総会で経営トップの選任案に反対票を投じることを機関投資家に推奨することとしている。

さらに、第2次安倍政権は、法人税の減税も行った。その結果、1997年には46・36％であった法人税実効税率は、2018年には29・74％にまで低下した。それだけではない。同年には入国管理法が改正され、19年4月から一定の業種で外国人の単純労働者を受け入れることを決定した。この特定技能制度により、国内で賃金が上昇しようものなら、外国人労働者が流入して賃金上昇を抑制する仕組みが完成されたと言ってよい。

健全な経済成長の姿を取り戻すために

このように、1990年代以降の日本は、80年代以降のアメリカの改革をモデルとして、一連の「コーポレートガバナンス改革」を行ってきた。そして、当然の結果として、アメリカの失敗を後追いしたのである。

例えば、日本の大企業（資本金10億円以上）は、1997年から2018年に、株主への配当金を約

図1　売上高・給与・経常利益・配当金・設備投資の推移
（資本金10億円以上、1997年：100）

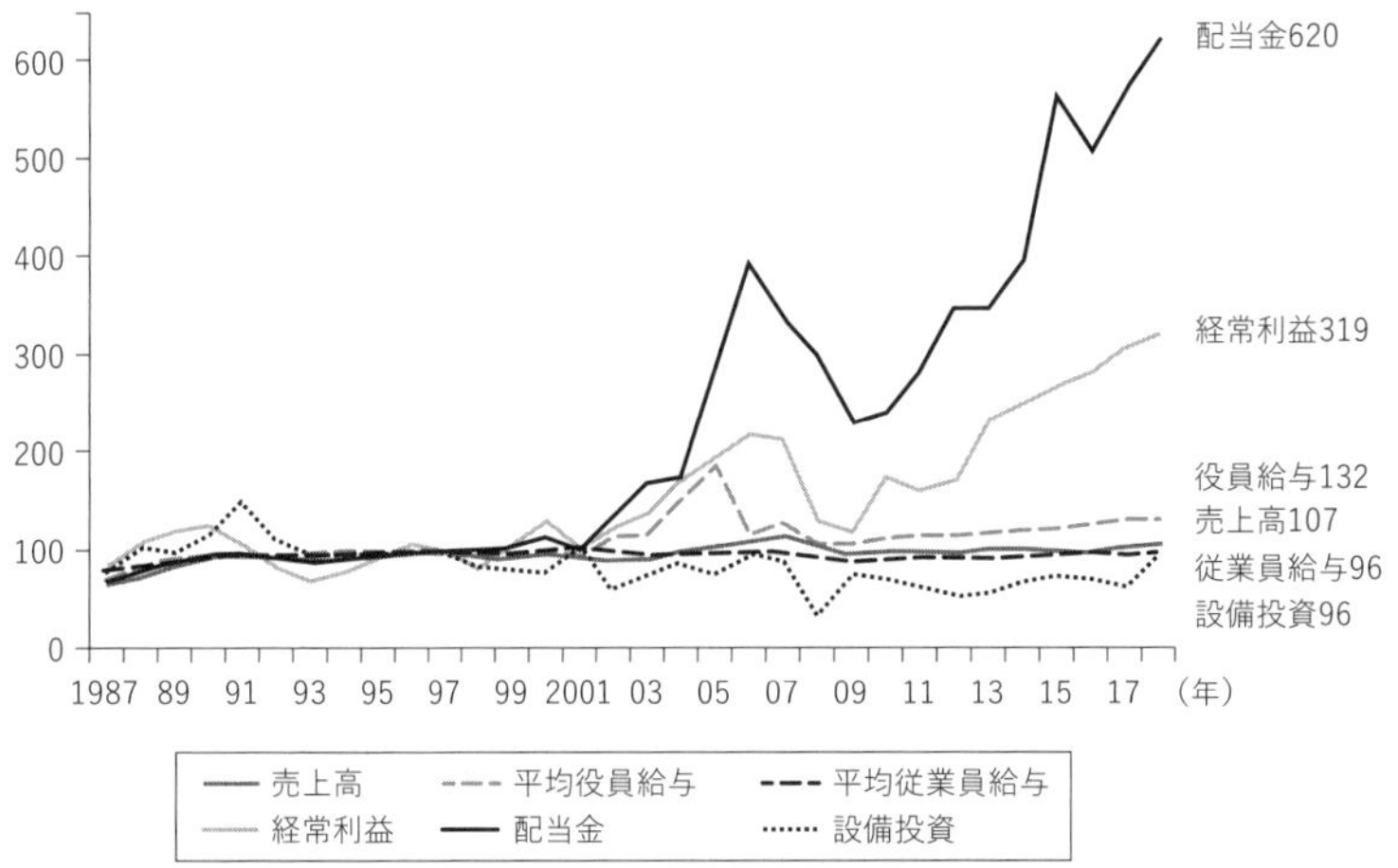

（注1）財務省「法人企業統計調査」より、1997年をそれぞれ100として作成。
（注2）全産業（除く金融保険業）、資本金10億円以上、2018年母集団5,026社。
（注3）平均役員給与（1人当たりの役員給与）＝（役員給与＋役員賞与）÷期中平均役員数。
（注4）平均従業員給与（1人当たりの従業員給与）＝（従業員給与＋従業員賞与＋福利厚生費）÷期中平均従業員数。
（注5）設備投資＝（当期固定資産＋当期減価償却費）－（前期固定資産）。
※固定資産：土地、建設仮勘定、その他の有形固定資産、ソフトウェア。
（出所）相川清「法人企業統計調査に見る企業業績の実態とリスク」『日本経営倫理学会誌』第27号、2020年。

6・2倍も増やした一方で、従業員給与は1997年を100とすれば2018年は96へと減少し、設備投資もほぼ同様に減少している[3]（図1）。

ここまで愚かな改革を30年もやりまくっておきながら、日本の政策担当者や経営者たちは、今さら、「どうして賃金が上がらないのか」だの「どうして日本企業からイノベーションが生まれないのか」だのと悩んでいる。

だが、アルベルト・アインシュタインが言ったように、問題を発生させた時と同じ思考法では、その問題は解決できない。

過去30年もの間、支配的であり、

今も根強い影響力のある「コーポレートガバナンス改革」のイデオロギーを放棄し、ラゾニックの「革新的企業の理論」を理解することなしには、賃金上昇が主導する健全な経済成長の姿を取り戻すことはできないのである。

（1）野田知彦・阿部正浩（2010）「労働分配率、賃金低下」、樋口美雄（編）『労働市場と所得分配』慶應義塾大学出版会、第1章、3-46頁。
（2）http://www.mhlw.go.jp/wp/hakusyo/roudou/15/dl/15-1-2_01.pdf
（3）相川清「法人企業統計調査に見る企業業績の実態とリスク」『日本経営倫理学会誌』第27号、2020年。https://www.jstage.jst.go.jp/article/jabes/27/0/27_research_notes5/_pdf/-char/ja

事項索引

A～Z

ア行

カ行

サ行

タ行

ナ行

ハ行

マ・ヤ・ラ行

人名索引

参考文献

Ahuja, Maneet (2012), *The Alpha Masters*, John Wiley & Sons.（マニート・アフジャ『40兆円の男たち――神になった天才マネジャーたちの素顔と投資法』長尾慎太郎監修、スペンサー倫亜訳、パンローリング、2015年）

Alexander, Brian (2017), *Glass House: The 1% Economy and the Shattering of an All-American Town*, St. Martin's Press.

Allen, Franklin, and Douglas Gale (2001), *Comparing Financial Systems: A Survey*, MIT Press.

Anabtawi, Iman, and Lynn Stout (2008), "Fiduciary Duties for Activist Shareholders," *Stanford Law Review*, 60 (5): 1255–1308.

Ando, Ritsuko (2015), "Japan's Fanuc must do buybacks, capex plan no fix: Loeb," *Reuters*, February 21, at https://www.reuters.com/article/us-thirdpoint-fanuc/japans-fanuc-must-do-buybacks-capex-plan-no-fix-loeb-idUSKBN0LP04G20150221.

Appelbaum, Eileen, and Rosemary Batt (2014), *Private Equity at Work: When Wall Street Manages Main Street*, Russell Sage Foundation.

Apple Inc. (2014), "Apple reports first quarter results," press release, January 27, at https://www.apple.com/pr/library/2014/01/27Apple-Reports-First-Quarter-Results.html. bail-out-ends-as-u-s-sells-last-of-government-motors-.

Armstrong, Robert, and Stuart Kirk (2013), "HP and Autonomy: How to lose $8.8bn," *Financial Times*, May 8, at https://www.ft.com/content/7a52adb4-b70d-11e2-a249-00144feabdc0.

Bainbridge, Stephen M. (2005), "Shareholder Activism and Institutional Investors," *UCLA School of Law, Law-Econ Research Paper No. 05–20*, at https://papers.ssrn.com/sol3/papers.cfm?abstract_id=796227.

Bakija, Jon, Adam Cole, and Bradley T. Heim (2012), "Jobs and Income Growth of Top Earners and the Causes of Changing Income Inequality: Evidence from U.S. Tax Return Data," working paper, April, at https://web.williams.edu/Economics/wp/BakijaColeHeimJobsIncomeGrowthTopEarners.pdf.

Baldwin, Carliss Y. (1991), "How Capital Budgeting Deters Innovation—and

What To Do About It," *Research Technology Management*, 34 (6): 39–45.
Baldwin, Clare, and Soyoung Kim (2010), "GM IPO raises $20.1 billion," *Reuters*, November 16, at http://www.reuters.com/article/us-gm-ipo-idUSTRE6AB43H20101117.
Baldwin, Tammy (2015), Correspondence with SEC Chair Mary Jo White on April 23, 2015 at www.baldwin.senate.gov/imo/media/doc/Baldwin%20Letter%20to%20SEC%204% 2023%2015.pdf; July 13, 2015 at www.documentcloud.org/documents/2272283-sec-response-to-baldwin-07132015.html#document/p1; November 16, 2015 at www.bald win.senate.gov/imo/media/doc/111615%20Letter%20to%20SEC.pdf; and January 29, 2016 (copy in the possession of the authors).
Baldwin, Tammy (2018), "U.S. Senator Tammy Baldwin introduces legislation to rein in stock buybacks and give workers a seat at the table," press release, March 22, at https://www.baldwin.senate.gov/press-releases/reward-work-act.
Baldwin, Tammy (2019), "U.S. Senator Tammy Baldwin reintroduces legislation to rein in stock buybacks and give workers a voice on corporate boards," press release, March 27, at https://www.baldwin.senate.gov/press-releases/reward-work-act-2019.
Bassett, Ross Knox (2002), *To the Digital Age: Research Labs, Start-Up Companies, and the Rise of MOS Technology*, Johns Hopkins University Press.
Bebchuk, Lucian (2013), "The Myth that Insulating Boards Serves Long-Term Value," *Columbia Law Review*, 113 (6): 1637–1694.
Bebchuk, Lucian, and Jesse Fried (2004), *Pay Without Performance: The Unfulfilled Promise of Executive Compensation*, Harvard University Press. (ルシアン・ベブチャック、ジェシー・フリード『業績連動型報酬の虚実——アメリカの役員報酬とコーポレート・ガバナンス』溝渕彰訳、大学教育出版、2013年)
Bebchuk, Lucian, and Scott Hirst (2018), "Index Funds and the Future of Corporate Governance: Theory, Evidence, and Policy," *Harvard Law School John M. Olin Center Discussion Paper No. 986*, at https://papers.ssrn.com/sol3/papers.cfm?abstract_id=3282794##.
Bebchuk, Lucian, Alon Brav, and Wei Jiang (2015), "The Long-Term Effects of

Hedge-Fund Activism," *Columbia Law Review*, 115 (5): 1085–1155.

Becht, Marco, Julian Franks, Jeremy Grant, and Hammes F. Wagner (2015), "The Returns to Hedge Fund Activism: An International Study," *ECGI Working Paper No. 402/2014*, in Finance, at http://ssrn.com/abstract=2376271.

Beech, Eric (2014), "U.S. government says it lost $11.2 billion on GM bailout," *Reuters*, April 30, at http://www.reuters.com/article/us-autos-gm-treasury-idUSBREA3T0MR-20140430.

Bell, Bob, Marie Carpenter, Henrik Glimstedt, and William Lazonick (2014), "Cisco's Evolving Business Model: Do Massive Stock Buybacks Affect Corporate Performance?," paper presented at the Edith Penrose Centenary Conference, SOAS University of London, November 15.

Benoit, David (2016), "Trump names Carl Icahn as adviser on regulatory overhaul," *Wall Street Journal*, December 21, at https://www.wsj.com/articles/trump-to-name-icahn-as-adviser-on-regulatory-overhaul-1482354552.

Benoit, David, and Joann S. Lublin (2014), "Third Point revives 'golden leash' pay plan in Dow Chemical fight," *Wall Street Journal*, November 16, at https://www.wsj.com/articles/third-point-revives-golden-leash-pay-plan-in-dow-chemical-fight-1416171616.

Berger, Suzanne (2014), "How Finance Gutted Manufacturing," *Boston Review*, April 1, at http://bostonreview.net/forum/suzanne-berger-how-finance-gutted-manufacturing.

Berle, Adolf A. (1954), *20th Century Capitalist Revolution*, Harcourt, Brace & World.（アドルフ・A・バーリ『二十世紀資本主義革命』桜井信行訳、東洋経済新報社、1956年）

Berle, Adolf A., and Gardiner C. Means (1932), *Modern Corporation and Private Property*, MacMillan.（アドルフ・A・バーリ、ガーディナー・C・ミーンズ『現代株式会社と私有財産』森杲訳、北海道大学出版会、2014年）

Bethel, Jennifer E., and Stuart L. Gillan (2002), "The Impact of the Institutional and Regulatory Environment on Shareholder Voting," *Financial Management*, 31 (4): 29–54.

Bew, Robyn, and Richard Fields (2012), "Voting Decisions at US Mutual Funds: How Investors Really Use Proxy Advisers," at https://ssrn.com/abstract=2084231.

Biden, Joe (2016), "How short-termism saps the economy," *Wall Street Journal*,

September 27, at http://www.wsj.com/articles/how-short-termism-saps-the-economy-1475018087.

Birch, S. (2009), *Full Participation: A Comparative Study of Compulsory Voting*, Manchester University Press.

Birstingl, Andrew (2016), "FactSet Buyback Quarterly," December 19, at https://insight.factset.com/hubfs/Buyback%20Quarterly/Buyback%20Quarterly%20Q3%202016_12.19.pdf.

BlackRock (2018), "BlackRock Investment Stewardship," Annual Report, 241.

Blair, Margaret (1995), *Ownership and Control: Rethinking Corporate Governance for the Twenty-First Century*, The Brookings Institution.

Blair, Margaret (2003a), "Shareholder Value, Corporate Governance, and Corporate Performance," in Peter K. Cornelius and Bruce Kogut (eds.), *Corporate Governance and Capital Flows in a Global Economy*, Oxford University Press: 53–82.

Blair, Margaret (2003b), "Locking In Capital: What Corporate Law Achieved for Business Organizers in the Nineteenth Century," *UCLA Law Review*, 51 (2), 387–455.

Block, Fred (2009), "Where Do Innovations Come From? Transformations in the US Economy, 1970–2006," *Socio-Economic Review*, 7 (3): 459–483.

Block, Fred, and Matthew Keller (eds.) (2010), *State of Innovation: The U.S. Government's Role in Technology Development*, Paradigm.

Board of Governors of the Federal Reserve System (2018), Federal Reserve Statistical Release Z.1, "Financial Accounts of the United States: Flow of Funds, Balance Sheets, and Integrated Macroeconomic Accounts," December 6, at https://www.federalreserve.gov/datadownload/Chart.aspx?rel=Z1&series=75cf7aa5c5495b9ba5194795df5ee426&lastobs=&from=01/01/1945&to=12/31/2017&filetype=spreadsheetml&label=include&lay out=seriesrow&pp=Download.

Bogle, John (2005), *The Battle for the Soul of Capitalism*, Yale University Press.（ジョン・C・ボーグル『米国はどこで道を誤ったか――資本主義の魂を取り戻すための戦い』瑞穂のりこ訳、東洋経済新報社、2008年）

Boyarsky, Bill (2007), *Big Daddy: Jesse Unruh and the Art of Power Politics*, University of California Press.

Brennan, Jason, and Lisa Hill (2014), *Compulsory Voting: For and Against*, Cambridge University Press.

Briggs, Thomas W. (2007), "Corporate Governance and the New Hedge Fund Activism: An Empirical Analysis," *Journal of Corporation Law*, 32 (4): 682–738.

Brooks, John (1973), *The Go-Go Years: The Drama and Crashing Finale of Wall Street's Bullish 60s*, Dutton.

Bruck, Connie (1989), *The Predator's Ball: The Inside Story of Drexel Burnham and the Rise of the Junk Bond Raiders*, Penguin Books.

Burton, Jonathan (2003), "Cash in the cubicle," *MarketWatch*, December 2, at http://www.marketwatch.com/story/employee-stock-purchase-plans-are-worth-every-dollar.

Business Week (1960), "Blue-ribbon venture capital," October 29.

Business Week (1979), "What makes Tappan such a hot target," October 22.

Calio, Joseph Evan, and Rafael Xavier Zahralddin (1994), "The Securities and Exchange Commission's 1992 Proxy Amendments: Questions of Accountability," *Pace Law Review* 14 (2): 460–539.

Carlisle, Tobias E. (2014), "The Icahn Manifesto," *Journal for Applied Corporate Finance*, 26 (4): 89–97.

Carosso, Vincent (1970), *Investment Banking in America*, Harvard University Press.

Carpenter, Marie, and William Lazonick (2017), "Innovation, Competition, and Financialization in the Communications Technology Industry," ISIGrowth Working Paper, at http://www.isigrowth.eu/2017/06/14/innovation-competition-and-financialization-in-the-communications-technology-industry-1996–2016.

Carpenter, Marie, William Lazonick, and Mary O'Sullivan (2003), "The Stock Market and Innovative Capability in the New Economy: The Optical Networking Industry," *Industrial and Corporate Change*, 12 (5): 963–1034.

Cassidy, John (2002), *Dot.Con: The Greatest Story Ever Sold*, Harper.

Chandler, Jr., Alfred D. (1962), *Strategy and Structure: Chapters in the History of the American Industrial Enterprise*, MIT Press.（アルフレッド・D・チャンドラー Jr.『組織は戦略に従う』有賀裕子訳、ダイヤモンド社、2004年）

Chandler, Jr., Alfred D. (1977), *The Visible Hand: The Managerial Revolution in American Business*, Harvard University Press.（アルフレッド・D・チャンドラー Jr.『経営者の時代――アメリカ産業における近代企業の成立［上・下］』

鳥羽欽一郎、小林袈裟治訳、東洋経済新報社、1979年）

Chandler, Jr., Alfred D. (1990), *Scale and Scope: The Dynamics of Industrial Capitalism*, Harvard University Press.（アルフレッド・D・チャンドラー Jr.『スケール・アンド・スコープ――経営力発展の国際比較』安部悦生、川辺信雄、工藤章、西牟田祐二、日高千景、山口一臣訳、有斐閣、1993年）

Chandler, Beverly (2016), "Event driven paper finds investors disenchanted," *AlphaQ*, June 6, at http://www.alphaq.world/2016/06/20/240734/event-driven-paper-finds-invest ors-disenchanted.

Chandler, Susan (1994), "Between TWA and a hard place," *Business Week*, November 21, at https://www.bloomberg.com/news/articles/1994-11-20/between-twa-and-a-hard-place.

Chang, Ha-Joon (2002), *Kicking Away the Ladder: Development Strategy in Historical Perspective*, Anthem Press.

Cheffins, Brian R. (2013), "The History of Corporate Governance," in Mike Wright, Donald S. Siegel, Kevin Keasey, and Igor Filatotchev (eds.), *The Oxford Handbook of Corporate Governance*, Oxford University Press: 46–64.

Christensen, Clayton (1997), *The Innovator's Dilemma: When New Technologies Cause Great Firms to Fail*, Harvard Business School Press.（クレイトン・クリステンセン『イノベーションのジレンマ――技術革新が巨大企業を滅ぼすとき〔増補改訂版〕』伊豆原弓訳、翔泳社、2001年）

Christensen, Clayton, Stephen P. Kaufman, and Willy C. Shih (2008), "Innovation Killers: How Financial Tools Destroy Your Capacity to Do New Things," *Harvard Business Review*, January: 98–105.

Christian Science Monitor (1983), "Coming to terms with takeover lingo," *Christian Science Monitor*, July 12, at http://www.csmonitor.com/1983/0712/071234.html.

Cioffi, John W. (2005), "Corporate Governance Reform, Regulatory Politics, and the Foundations of Finance Capitalism in the United States and Germany," CLPE Research Paper No. 6, at https://ssrn.com/abstract=830065.

Citizens for Tax Justice (2016), "Fortune 500 Companies Hold a Record $2.4 trillion Offshore," March 3, at http://ctj.org/pdf/pre0316.pdf.

Clark, John Bates (1900), "Disarming the Trusts," *Atlantic Monthly*, January: 47–53.

Coates, IV, John C. (2018), "The Future of Corporate Governance Part I: The

Problem of Twelve," *Harvard Public Law Working Paper No. 19-07*, at https://ssrn.com/abstract=3247337.

Coffee, John C., and Darius Palia (2016), "The Wolf at the Door: The Impact of Hedge Fund Activism on Corporate Governance," *Annals of Corporate Governance*, 1 (1): 1-94.

Cook, David T. (1983), "Fairness to shareholders invoked; Tighter rules asked for the takeover game," *Christian Science Monitor*, July 12, at http://www.csmonitor.com/1983/0712/071232.html.

Corbett, Jenny, and Tim Jenkinson (1996), "The Financing of Industry, 1970-1989: An International Comparison," *Journal of the Japanese and International Economies*, 10 (1): 71-96.

Craig, Susanne (2013), "The giant of shareholders, quietly stirring," *New York Times*, May 18, at http://www.nytimes.com/2013/05/19/business/blackrock-a-shareholding-giant-is-quietly-stirring.html.

Crystal, Graef (1978), *Executive Compensation: Money, Motivation, and Imagination*, American Management Association.

Crystal, Graef (1991), *In Search of Excess: The Overcompensation of American Executives*, W. W. Norton & Company.

Dayen, David (2015), "SEC admits it's not monitoring stock buybacks to prevent market manipulation," *The Intercept*, August 13, at https://theintercept.com/2015/08/13/sec-admits-monitoring-stock-buybacks-prevent-market-manipulation/.

Dayen, David (2016), "What Good are Hedge Funds?," *The American Prospect*, April 25, at http://prospect.org/article/what-good-are-hedge-funds.

Demsetz, Harold (1995), *The Economics of the Business Firm: Seven Critical Commentaries*, Cambridge University Press.

Denning, Steve (2014), "When pension funds become vampires," *Forbes*, December 10, at http://www.forbes.com/sites/stevedenning/2014/12/10/when-pension-funds-become-vampires/#704aac67510c.

Desai, Mihir (2012), "The Incentive Bubble," *Harvard Business Review*, March: 124-133.

Dodd-Frank Act (2011), Section 404, "Final Rule," at https://www.sec.gov/rules/final/2011/ia-3308.pdf.

Donaldson, Gordon (1961), *Corporate Debt Capacity: A Study of Corporate Debt*

Policy and the Determination of Corporate Debt Capacity, Graduate School of Business Administration, Harvard University (republished by Beard Books, 2000).

Donlan, Thomas G. (2000), "Cisco's Bids: Its Growth by Acquisition Will Cause Problems," *Barron's*, 80 (19): 31–34.

Drucker, Peter (1976), *The Unseen Revolution: How Pension Fund Socialism Came to America*, Harper & Row.

Eisenhower, Dwight (1961), "Military-Industrial Complex Speech," at http://coursesa.matrix.msu.edu/~hst306/documents/indust.html.

Eisinger, Jesse (2014a), "Repeated good fortune in timing of CEO's stock sale," *New York Times Dealbook*, February 19, at http://dealbook.nytimes.com/2014/02/19/repeated-good-fortune-in-timing-of-c-e-o-s-stock-sale/.

Eisinger, Jesse (2014b), "Failed Allergan deal strains Valeant's business model," *New York Times*, November 26, at https://dealbook.nytimes.com/2014/11/26/failed-allergan-deal-strains-valeants-business-model/.

Ferleger, Louis, and William Lazonick (1993), "The Managerial Revolution and the Developmental State: The Case of U.S. Agriculture," *Business and Economic History*, 22 (2): 67–68.

Ferleger, Louis, and William Lazonick (1994), "Higher Education for an Innovative Economy: Land-Grant Colleges and the Managerial Revolution in America," *Business and Economic History*, 23 (1): 116–128.

Ferleger, Louis, and William Lazonick (2002), "The Role of the US Government in the Emergence of the Commercial Airline Industry," unpublished note, University of Massachusetts, 2002 (available from William Lazonick on request).

Foley, Steven (2016), "The so-called death of event-driven investing," *Financial Times*, March 6, at https://www.ft.com/content/cc45d8ee-e135-11e5-9217-6ae3733a2cd1.

Foley, Steven, and Miles Johnson (2014), "'Event-driven' hedge funds leap into lead after rush to invest," *Financial Times*, May 8, at https://www.ft.com/content/d9a8b122-d61b-11e3-a239-00144feabdc0

Foley, Steven, and Daniel Thomas (2013), "Activist investor Loeb pressures Nokia for cash return," *Financial Times*, October 22, at https://www.ft.com/content/41da69a4-3b2e-11e3-87fa-00144feab7de.

Foroohar, Rana (2014), "Why Warren Buffett should vote 'no' on Coke," *Time*, April 24, at http://time.com/76556/warren-buffett-coke-buyback/.

Foroohar, Rana (2016), *Makers and Takers: The Rise of Finance and the Fall of American Business*, Penguin House.

Foroohar, Rana (2017), "Donald Trump's trickle-down delusion on tax," *Financial Times*, October 1, at https://www.ft.com/content/736ca456-a50f-11e7-b797-b61809486fe2.

Fortune (1970), *The Conglomerate Commotion*, Viking.

Fortune (2016), "Emerson: #128 for ranking by revenue in 2015," at https://fortune.com/fortune500/2016/emerson-electric/.

Fried, Jesse M. (1988), "Reducing the Profitability of Corporate Insider Trading through Pretrading Disclosure," *Southern California Law Review*, 71 (2): 303–392.

Fried, Jesse M. (2000), "Insider Signaling and Insider Trading with Repurchase Tender Offers," *University of Chicago Law Review*, 67 (2): 421–477.

Fried, Jesse M. (2001), "Open Market Repurchases: Signaling or Managerial Opportunism," *Theoretical Inquiries in Law*, 2 (2): 865–884.

Fried, Jesse (2005), "Informed Trading and False Signaling with Open Market Repurchases," *California Law Review*, 93: 1323–1386.

Fried, Jesse, and Charles C. Y. Wang (2017), "Short-Termism and Capital Flows," Harvard Business School Working Paper 17-062.

Fujikawa, Megumi, and Kosaku Narioka (2016), "7-Eleven CEO resigns as Loeb's hedge fund prevails in Japan boardroom fight," *Wall Street Journal*, April 7, at https://www.wsj.com/articles/7-eleven-chief-resigns-as-hedge-fund-prevails-in-japan-boardroom-fight-1460019140.

Fuller, Joseph, and Michael Jensen (2002), "Just Say No to Wall Street: Putting a Stop to the Earnings Game," *Journal of Applied Corporate Finance*, 14 (4): 41–46.

Gandel, Stephen (2015), "How DuPont went to war with activist investor Nelson Peltz," *Fortune*, May 11, at http://fortune.com/2015/05/11/how-dupont-went-to-war/.

Gaughan, Patrick A. (1999), *Mergers, Acquisitions and Corporate Restructuring*, John Wiley & Sons.

GE Report (2012), "The Hush-Hush Boys: GE Engineer Speaks About a Top

Secret Program That Launched the Jet Age in America," at https://www.rdmag.com/news/2012/07/hush-hush-boys-ge-engineer-speaks-about-top-secret-program-launched-jet-age-america.

Gelter, Martin (2013), "The Pension System and the Rise of Shareholder Primacy." *Seton Hall Law Review*, 43 (3): 909–970.

Gimein, Mark (2002), "You bought. They sold," *Fortune*, September 2, at https://money.cnn.com/magazines/fortune/fortune_archive/2002/09/02/327903/index.htm.

Goldstein, Matthew, and Alexandra Stevenson (2017), "Icahn quits as special adviser to President Trump," *New York Times*, April 18, at https://www.nytimes.com/2017/08/18/business/dealbook/carl-icahn-trump-adviser.html.

Gompers, Paul, and Josh Lerner (2002), *The Venture Capital Cycle*, The MIT Press.（P・ゴンパース、J・ラーナー『ベンチャーキャピタル・サイクル――ファンド設立から投資回収までの本質的理解』吉田和男監訳、冨田賢ほか訳、シュプリンガー・フェアラーク東京、2002年）

Gould, Carole (1989), "Shaking up executive compensation," *New York Times*, April 9, at http://www.nytimes.com/1989/04/09/business/personal-finance-shaking-up-executive-compensation.html.

Grant, Elaine (2006), "TWA—Death of a Legend," *St. Louis Magazine*, July 28, at https://www.stlmag.com/TWA-Death-Of-A-Legend/.

Hansmann, Henry, and Reinier Kraakman (2000), "The Essential Role of Organizational Law," *Yale Law Journal*, 110 (3): 367–440.

Hayes, Robert H., and William J. Abernathy (1980), "Managing Our Way to Economic Decline," *Harvard Business Review*, July-August: 67–77.

Helmore, Edward (2018), "Experts voice concern that corporate tax cuts benefit the wealthy," *The Guardian*, September 1, at https://www.theguardian.com/business/2018/sep/01/trump-corporate-tax-cuts-benefit-wealthy.

Higgins, Tim, Ian Katz, and Kasia Klimasinska (2013), "GM bailout ends as U.S. sells last of 'Government Motors'," *Bloomberg*, December 10, at https://www.bloomberg.com/news/articles/2013-12-09/gm-bailout-ends-as-u-s-sells-last-of-government-motors-.

Holland, Max (1989), *When The Machine Stopped*, Harvard Business School Press.（マックス・ホーランド『潰えた野望――なぜバーグマスター社は消えたのか』三原淳雄、土屋安衛訳、ダイヤモンド社、1992年）

Hopkins, Matt, and William Lazonick (2014), "Who Invests in the High-Tech Knowledge Base?" Institute for New Economic Thinking Working Group on the Political Economy of Distribution Working Paper No. 14, at https://www.ineteconomics.org/research/research-papers/who-invests-in-the-high-tech-knowledge-base.

Hopkins, Matt, and William Lazonick (2016), "The Mismeasure of Mammon: The Uses and Abuses of Executive Pay Data," Institute for New Economic Thinking Working Paper No. 49, at https://www.ineteconomics.org/research/research-papers/the-mis measure-of-mammon-uses-and-abuses-of-executive-pay-data.

Horwitz, Morton (1979), *The Transformation of American Law, 1780–1860*, Harvard University Press.

HP Press Release (2011), "HP to Acquire Leading Enterprise Information Management Software Company Autonomy Corporation plc," August 18, at http://www8.hp.com/ba/bs/hp-news/article_detail.html?compURI=tcm:110-1051736&pageTitle=HP-to-Acquire-Leading-Enterprise-Information-Management-Software-Company-Autonomy-Corporation-plc.

Huawei Investment & Holding Co., Ltd. (2016), "2016 Annual Report," at http://www-file.huawei.com/-/media/CORPORATE/PDF/annual-report/AnnualReport2016_en.pdf?la=en-US.

Hudson, Richard L. (1982), "SEC eases way for repurchase of firms' stock," *Wall Street Journal*, November 10.

Icahn, Carl (2013), "Our Letter to Tim Cook," October 24, at http://carlicahn.com/our_letter_to_tim_cook/.

Icahn, Carl (2014a), "Open Letter to Apple Shareholders," January 24, at http://carlicahn.com/apple_shareholder_letter/.

Icahn, Carl (2014b), "Sale: Apple shares at half price," October 9, at http://carlicahn.com/sale-apple-shares-at-half-price/.

Icahn, Carl (2015a), "Carl Icahn issues letter to Twitter followers regarding Apple," February 11, at http://carlicahn.com/letter-to-twitter-followers-regarding-apple/.

Icahn, Carl (2015b), "Carl Icahn issues open letter to Tim Cook," May 18, at http://carlicahn.com/carl-icahn-issues-open-letter-to-tim-cook/.

Iliev, Peter, and Michelle Lowry (2015), "Are Mutual Funds Active Voters?,"

Review of Financial Studies, 28 (2): 446–485.
Isa, Margaret (1996), “Where, oh where, have all the corporate raiders gone?,” *New York Times*, June 30, at http://www.nytimes.com/1996/06/30/business/where-oh-where-have-all-the-corporate-raiders-gone.html.
Israel, Spencer (2017), “A brief timeline of the Bill Ackman–Valeant relationship,” *Benzinga*, March 14, at https://www.benzinga.com/general/biotech/17/03/9166359/a-brief-timeline-of-the-bill-ackman-valeant-relationship.
Jacobson, Ken, and William Lazonick (2015), “SEC Rule 10b-18: A License to Loot,” presentation to the annual conference of the Society for the Advancement of Socio-Economics, London School of Economics, July 3.
Jacobson, Ken, and William Lazonick (2019), “A License to Loot: How the US Securities and Exchange Commission Adopted SEC Rule 10b-18 and Sanctioned Systemic Stock-Market Manipulation,” The Academic-Industry Research Network, forthcoming.
Jensen, Michael (1986), “Agency Costs of Free Cash Flow, Corporate Finance, and Takeovers,” *American Economic Review*, 76 (2): 323–329.
Jensen, Michael (1989), “Eclipse of the Public Corporation,” *Harvard Business Review*, 67 (5): 61–74.
Jensen, Michael (1993), “The Modern Industrial Revolution, Exit, and the Failure of Internal Control Systems,” *Journal of Finance*, 48 (3): 831–880.
Jensen, Michael, and Kevin Murphy (1990), “Performance Pay and Top Management Incentives,” *Journal of Political Economy*, 98 (2): 225–264.
Johnson, Chalmers (1982), *MITI and the Japanese Miracle: The Growth of Industrial Policy, 1925–1975*, Stanford University Press.（チャルマーズ・ジョンソン『通産省と日本の奇跡――産業政策の発展1925―1975』佐々田博教訳、勁草書房、2018年）
Johnson, Steven C., and Jennifer Ablan (2013), “Rise of shareholder activism gives bond investors headaches,” *Reuters*, December 19, at http://www.reuters.com/article/us-investing-activism-bondholders-analys-idUSBRE9BI10420131219.
Jones, Chris, Jason Low, Mo Jia, and Tim Coulling (2017), “Media alert: Apple Watch has its best quarter and takes nearly 80% of total smartwatch revenue in Q4,” *Canalys*, February 7, at https://www.canalys.com/newsroom/media-alert-apple-watch-has-its-best-quarter-and-takes-nearly-80-total-

smartwatch-revenue-q.

Jones, T. L. (n.d.), "Frank Whittle's W2B Turbojet: United Kingdom versus United States Development," at http://www.enginehistory.org/GasTurbines/EarlyGT/W2B/W2B.shtml.

Kahan, Marcel, and Edward Rock (2010), "Embattled CEOs," *Texas Law Review*, 88: 987–1051.

Kaplan, Steven N. (2017), "Are U.S. Companies Too Short-term Oriented? Some Thoughts," National Bureau of Economic Research Working Paper 23464, at https://www.nber.org/papers/w23464.

Kashkari, Neel (2008), "Treasury Update on Implementation of Troubled Asset Relief Program," referenced at https://en.wikipedia.org/wiki/Troubled_Asset_Relief_Program.

Keeper, Big Al (2006), "The Gloster Meteor: Britain's First Operational Military Jet," at http://www.bbc.co.uk/dna/ptop/plain/A12746162.

Keizer, Gregg (2015), "Microsoft writes off $7.6B., admits failure of Nokia acquisition," *Computerworld*, July 8, at http://www.computerworld.com/article/2945371/smartphones/microsoft-writes-off-76b-admits-failure-of-nokia-acquisition.html.

Klein, William A., and John C. Coffee (2004) (9th edn.), *Business Organization and Finance: Legal and Economic Principles*, Thomson Reuters/Foundation Press.

Kroll, Luisa, and Kerry A. Dolan, eds. (2018), "The definitive ranking of the wealthiest Americans," *Forbes*, October 3, at https://www.forbes.com/forbes-400/#314e62ec7e2f.

Lahart, Justin (2016), "Share buybacks: The bill is coming due," *Wall Street Journal*, February 28, at https://www.wsj.com/articles/share-buybacks-the-bill-is-coming-due-1456685173.

Laide, John (2014), "Activists increasing success gaining board seats at U.S. companies," March 10, at https://www.sharkrepellent.net/pub/rs_20140310.html.

Lamkin, Paul (2016), "Apple Watch sales hit 12 million in 2015," *Wareable*, February 9, at https://www.wareable.com/smartwatches/apple-watch-sales-hit-12-million-in-2015-2279.

La Roche, Julia (2014), "Dan Loeb releases a mini-documentary slamming Dow

Chemical's board for 'broken promises," *Business Insider*, November 14, at https://www.businessinsider.com.au/dan-loeb-video-on-dow-chemical-2014-11.

Lazonick, William (1986), "Strategy, Structure, and Management Development in the United States and Britain," in Kesaji Kobayashi and Hideaki Morikawa (eds.), *Development of Managerial Enterprise*, University of Tokyo Press: 101–146.

Lazonick, William (1990), *Competitive Advantage on the Shop Floor*, Harvard University Press.

Lazonick, William (1991), *Business Organization and the Myth of the Market Economy*, Cambridge University Press.

Lazonick, William (1992), "Controlling the Market for Corporate Control," *Industrial and Corporate Change*, 1 (3): 445–448.

Lazonick, William (1994a), "Creating and Extracting Value: Corporate Investment Behaviour and American Economic Performance," in Michael Bernstein and David Adler (eds.), *Understanding American Economic Decline*, Cambridge University Press: 79–113.

Lazonick, William (1994b), "The Integration of Theory and History: Methodology and Ideology in Schumpeter's Economics," in Lars Magnusson (ed.), *Evolutionary Economics: The Neo-Schumpeterian Challenge*, Kluwer: 245–263.

Lazonick, William (1998), "Organizational Learning and International Competition," in Jonathan Michie and John Grieve Smith (eds.), *Globalization, Growth, and Governance*, Oxford University Press.

Lazonick, William (2002), "Innovative Enterprise and Historical Transformation," *Enterprise & Society*, 3 (1): 35–54.

Lazonick, William (2003), "The Theory of the Market Economy and the Social Foundations of Innovative Enterprise," *Economic and Industrial Democracy* 24 (1): 9–44.

Lazonick, William (2004), "Indigenous Innovation and Economic Development: Lessons from China's Leap into the Information Age," *Industry & Innovation*, 11 (4): 273–298.

Lazonick, William (2005), "The Innovative Firm," in Jan Fagerberg, David Mowery, and Richard Nelson (eds.), *The Oxford Handbook of Innovation*,

Oxford University Press.

Lazonick, William (2006), "Corporate Restructuring," in Stephen Ackroyd, Rosemary Batt, Paul Thompson, and Pamela S. Tolbert (eds.), *The Oxford Handbook of Work and Organization*, Oxford University Press.

Lazonick, William (2007a), "The U.S. Stock Market and the Governance of Innovative Enterprise," *Industrial and Corporate Change*, 16 (6): 1021–1022.

Lazonick, William (2007b), "Varieties of Capitalism and Innovative Enterprise," *Comparative Social Research*, 24, 2007: 21–69.

Lazonick, William (2008), "Everyone is paying the price for share buy-backs," *Financial Times*, September 25, at https://www.ft.com/content/e75440f6-8b0e-11dd-b634-0000779fd18c.

Lazonick, William (2009a), *Sustainable Prosperity in the New Economy? Business Organization and High-Tech Employment in the United States*, Upjohn Institute Press.

Lazonick, William (2009b), "The New Economy Business Model and the Crisis of U.S. Capitalism," *Capitalism and Society*, 4 (2): 1–67.

Lazonick, William (2009c), "The buyback boondoggle," *BusinessWeek*, August 13, at https://www.bloomberg.com/news/articles/2009-08-13/the-buyback-boondoggle.

Lazonick, William (2010), "Innovative Business Models and Varieties of Capitalism: Financialization of the U.S. Corporation," *Business History Review*, 84 (4): 675–702.

Lazonick, William (2011a), "The global tax dodgers: Why President Obama and Congress lack job creation plans," *Huffington Post*, August 18, at http://www.huffingtonpost.com/william-lazonick/offshore-job-profits_b_930531.html.

Lazonick, William (2011b), "The Innovative Enterprise and the Developmental State: Toward an Economics of 'Organizational Success'," paper prepared for Institute for New Economic Thinking Annual 2011 Conference, at https://www.ineteconomics.org/research/research-papers/the-innovative-enterprise-and-the-developmental-state-toward-an-economics-of-organizational-success.

Lazonick, William (2012), "Alfred Chandler's Managerial Revolution," in William Lazonick and David Teece (eds.), *Management Innovation: Essays*

in the Spirit of Alfred D. Chandler, Jr., Oxford University Press.
Lazonick, William (2013), "The Financialization of the US Corporation: What Has Been Lost, and How It Can Be Regained," *Seattle University Law Review*, 36 (2): 857–909.
Lazonick, William (2014a), "Innovative Enterprise and Shareholder Value," *Law and Financial Markets Review*, 8 (1): 52–64.
Lazonick, William (2014b), "Numbers show Apple shareholders have already gotten plenty," *Harvard Business Review*, October 16, at https://hbr.org/2014/10/numbers-show-apple-shareholders-have-already-gotten-plenty.
Lazonick, William (2014c), "Taking Stock: How Executive Pay Results in an Inequitable and Unstable Economy," Franklin and Eleanor Roosevelt Institute White Paper, at http://www.theairnet.org/v3/backbone/uploads/2014/08/Lazonick_Executive_Pay_White_Paper_Roosevelt_Institute.pdf.
Lazonick, William (2014d), "Profits Without Prosperity: Stock Buybacks Manipulate the Market and Leave Most Americans Worse Off," *Harvard Business Review*, September: 46–55.
Lazonick, William (2014e), "What Apple should do with its massive piles of money," *Harvard Business Review*, October 20, at https://hbr.org/2014/10/what-apple-should-do-with-its-massive-piles-of-money.
Lazonick, William (2015a), "Clinton's proposals on stock buybacks don't go far enough," *Harvard Business Review*, August 11, at https://hbr.org/2015/08/clintons-proposals-on-stock-buybacks-dont-go-far-enough.
Lazonick, William (2015b), "Innovative Enterprise or Sweatshop Economics? In Search of Foundations of Economic Analysis," *Challenge*, 59 (2), 65–114.
Lazonick, William (2015c), "The Theory of Innovative Enterprise: Foundation of Economic Analysis," Academic-Industry Research Working Paper #13–0201.
Lazonick, William (2015d), "Buybacks: From Basics to Politics," AIR Special Report, The Academic-Industry Research Network, August 19, at http://www.theairnet.org/v3/backbone/uploads/2015/08/Lazonick-Buybacks-Basics-to-Politics-20150819.pdf.
Lazonick, William (2015e), "Labor in the Twenty-First Century: The Top 0.1% and the Disappearing Middle-Class," in Christian E. Weller (ed.), *Inequality, Uncertainty, and Opportunity: The Varied and Growing Role of Finance in Labor Relations*, Cornell University Press, 143–192.

Lazonick, William (2016a), "The Value-Extracting CEO: How Executive Stock-Based Pay Undermines Investment in Productive Capabilities," Institute for New Economic Thinking, Working Paper No. 54, at https://www.ineteconomics.org/research/research-papers/the-value-extracting-ceo-how-executive-stock-based-pay-undermines-investment-in-productive-capabilities.

Lazonick, William (2016b), "How Stock Buybacks Make Americans Vulnerable to Globalization," paper presented at the Workshop on Mega-Regionalism: New Challenges for Trade and Innovation, East-West Center, University of Hawaii, Honolulu, January 20, at http://papers.ssrn.com/sol3/papers.cfm?abstract_id=2745387.

Lazonick, William (2017a), "Review of *Glass House: The 1% Economy and the Shattering of an All-American Town* by Brian Alexander," *Industrial and Labor Relations Review*, 70 (5), 1285–1287.

Lazonick, William (2017b), "Innovative Enterprise and Sustainable Prosperity," paper presented at the conference of the Institute for New Economic Thinking, Edinburgh, October 23, at https://www.ineteconomics.org/research/research-papers/innovative-enterprise-and-sustainable-prosperity.

Lazonick, William (2018a), "Congress can turn the Republican corporate tax cuts into middle-class jobs," *The Hill*, February 7, at https://thehill.com/opinion/finance/372760-congress-can-turn-the-republican-tax-cuts-into-new-middle-class-jobs.

Lazonick, William (2018b), "Apple's 'Capital Return Program': Where are the Patient Capitalists?" Institute for New Economic Thinking Blog Post, November 13, at https://www.ineteconomics.org/perspectives/blog/apples-capital-return-program-where-are-the-patient-capitalists.

Lazonick, William (2018c), "The secret of Amazon's success," *New York Times*, November 19, at https://www.nytimes.com/2018/11/19/opinion/amazon-bezos-hq2.html.

Lazonick, William (2018d), "Comments on Gary Pisano, 'Toward a Prescriptive Theory of Dynamic Capabilities: Connecting Strategic Choice, Learning, and Competition'," *Industrial and Corporate Change*, 27 (6): 1161–1174.

Lazonick, William (2018e), "The Functions of the Stock Market and the Fallacies of Shareholder Value," in Ciaran Driver and Grahame Thompson (eds.),

What Next for Corporate Governance? Oxford University Press: 117–151.

Lazonick, William (2019), "Innovative Enterprise and Sustainable Prosperity," AIR Working Paper #17-10/01, January, at http://www.theairnet.org/v3/backbone/uploads/2019/03/Lazonick-IESP-20190118.pdf.

Lazonick, William, and Matt Hopkins (2015), "GM's stock buyback is bad for America and the company," *Harvard Business Review*, March 11, at https://hbr.org/2015/03/gms-stock-buyback-is-bad-for-america-and-the-company.

Lazonick, William, and Edward March (2011), "The Rise and Demise of Lucent Technologies," *Journal of Strategic Management Education*, 7 (4): 1–66.

Lazonick, William, and William Mass (1995), "Indigenous Innovation and Industrialization: Foundations of Japanese Development and Advantage," MIT Japan Program Working Paper 95–03.

Lazonick, William, and Mariana Mazzucato (2013), "The Risk-Reward Nexus in the Innovation-Inequality Relationship: Who Takes the Risks? Who Gets the Rewards?," *Industrial and Corporate Change*, 22 (4): 1093–1128.

Lazonick, William, and Mary O'Sullivan (1997), "Finance and Industrial Development, Part I: The United States and the United Kingdom," *Financial History Review*, 4 (1): 7–29.

Lazonick, William, and Mary O'Sullivan (2000a), "American Corporate Finance," in Candace Howes and Ajit Singh (ed.), *Competitiveness Matters*, Michigan University Press: 106–124.

Lazonick, William, and Mary O'Sullivan (2000b), "Maximizing Shareholder Value: A New Ideology for Corporate Governance," *Economy and Society*, 29 (1): 13–35.

Lazonick, William, and Andrea Prencipe (2005), "Dynamic Capabilities and Sustained Innovation: Strategic Control and Financial Commitment at Rolls-Royce plc," *Industrial and Corporate Change*, 14 (3): 1–42.

Lazonick, William, and Mustafa Erdem Sakinç (2010), "Do Financial Markets Support Innovation or Inequity in the Drug Development Process?," DIME Workshop, Innovation and Inequality, at http://fiid.org/wp-content/uploads/2012/11/Lazonick-and-Sakinc-FINAL-20100510.pdf.

Lazonick, William, and Öner Tulum (2011), "US Biopharmaceutical Finance and the Sustainability of the Biotech Business Model," *Research Policy*, 40 (11): 1170–1187.

Lazonick, William, Mariana Mazzucato, and Öner Tulum (2013), "Apple's Changing Business Model: What Should the World's Richest Company Do With All Those Profits?," *Accounting Forum*, 37 (4): 249–267.

Lazonick, William, Philip Moss, Hal Salzman, and Öner Tulum (2014), "Skill Development and Sustainable Prosperity: Collective and Cumulative Careers versus Skill-Biased Technical Change," Institute for New Economic Thinking Working Group on the Political Economy of Distribution Working Paper No. 7, at https://ineteconomics.org/ideas-papers/research-papers/skill-development-and-sustainable-prosperity-cumulative-and-collective-careers-versus-skill-biased-technical-change.

Lazonick, William, Matt Hopkins, and Ken Jacobson (2016a), "What we learn about inequality from Carl Icahn's $2 billion Apple 'no brainer'," June 6, at https://www.ineteconomics.org/perspectives/blog/what-we-learn-about-inequality-from-carl-icahns-2-billion-apple-no-brainer.

Lazonick, William, Matt Hopkins, Ken Jacobson, Mustafa Erdem Sakinç, and Öner Tulum (2016b), "U.S. Pharma's Business Model: Why It Is Broken, and How It Can Be Fixed," in David Tyfield, Rebecca Lave, Samuel Randalls, and Charles Thorpe (eds.), *The Routledge Handbook of the Political Economy of Science*, Routledge: 83–100.

Lazonick, William, Matt Hopkins, Ken Jacobson, Mustafa Erdem Sakinç, and Öner Tulum (2017), "U.S. Pharma's Financialized Business Model," Institute for New Economic Thinking Working Paper No. 60, at https://www.ineteconomics.org/research/research-papers/us-pharmas-financialized-business-model.

Lazonick, William, Phillip Moss, and Joshua Weitz (2019), *Fifty Years After: Black Employment in the United States Under the Equal Employment Opportunity Commission*, Institute for New Economic Thinking Report, forthcoming.

Lee, Hailey (2014), "Icahn: Will never be proxy fight with Apple," October 9, at http://www.cnbc.com/2014/10/09/icahn-we-would-like-to-see-a-massive-tender-offer-as-much-as-100-billion.html.

Lerner, Josh (2002), "Boom and Bust in the Venture Capital Industry and the Impact on Innovation," *Economic Review*, 87 (4): 25–39.

Li, Yin (2017), Innovation Pathways in the Chinese Economy, PhD dissertation,

Georgia Institute of Technology.
Linnane, Ciara (2017), "Share buybacks will continue to pose a threat to bondholders in 2017," *MarketWatch*, January 20, at http://www.marketwatch.com/story/share-buybacks-will-continue-posing-a-risk-to-bondholders-in-2017-2017-01-19.
Lippert, Inge, Tony Huzzard, Ulrich Jürgens, and William Lazonick (2014), *Corporate Governance, Employee Voice, and Work Organization: Sustaining High Road Jobs in the Automotive Supply Industry*, Oxford University Press.
Lipton, Martin (2013), "Bite the Apple; Poison the Apple; Paralyze the Company; Wreck the Economy," Harvard Law School Forum on Corporate Governance and Financial Regulation, February 26, at https://corpgov.law.harvard.edu/2013/02/26/bite-the-apple-poison-the-apple-paralyze-the-company-wreck-the-economy/.
List, Friedrich (1885), *The National System of Political Economy*, Longmans, Green, and Company (first published 1841). (フリードリッヒ・リスト『経済学の国民的体系』小林昇訳、岩波書店、2014年) ※本文中では、英題に忠実な旧訳タイトル『政治経済学の国民的体系』(正木一夫訳、勁草書房、1965年) と表記している。
Lloyd, William A. (1936), "County Agricultural Agent Work Under the Smith Lever Act, 1914 to 1924," at https://archive.org/stream/countyagricultur59lloy#page/n3/mode/2up.
Long, William, and David Ravenscraft (1993), "LBOs, Debt, and R&D Intensity," *Strategic Management Journal*, 14 (1): 119–135.
Loomis, Carol (1966), "The Jones nobody keeps up with," *Fortune*, December 29, at http://fortune.com/2015/12/29/hedge-funds-fortune-1966/.
Loomis, Carol (1970), "Hard times come to the hedge funds," *Fortune*, January, at http://archive.fortune.com/magazines/fortune/fortune_archive/1970/01/00/hedge_fund/pdf.html.
Loomis, Carol (2013), "The comeuppance of Carl Icahn (Fortune, 1986)," August 18, at http://fortune.com/2013/08/18/the-comeuppance-of-carl-icahn-fortune-1986/.
Loomis, Carol (2014), "BlackRock: The $4.3 trillion force," *Fortune*, July 7, at https://fortune.com/2014/07/07/blackrock-larry-fink/.
Lorsch, Jay W., and Elizabeth MacIver (1989), *Pawns or Potentates: The Reality*

of Corporate Boards, Harvard Business School Press.
Lu, Carmen X. W., (2016), "Unpacking Wolf Packs," *Yale Law Journal*, 125 (3), at http://www.yalelawjournal.org/comment/unpacking-wolf-packs.
McCrank, John (2018), "Old rules, algorithmic traders add costs to U.S. share buybacks," *Reuters*, April 27, at https://www.reuters.com/article/us-usa-stocks-buybacks/old-rules-algorithmic-traders-add-costs-to-u-s-share-buybacks-idUSKBN1HY0GD.
McDonald, Duff (2017a), "Harvard Business School and the propagation of immoral profit strategies," *Newsweek*, April 6, at http://www.newsweek.com/2017/04/14/harvard-business-school-financial-crisis-economics-578378.html.
McDonald, Duff (2017b), *The Golden Passport*, HarperCollins Publishers.
McGee, Patrick (2018), "ThyssenKrupp splits after pressure from investors," *Financial Times*, September 27, at https://www.ft.com/content/6c7044fc-c267-11e8-95b1-d36dfef1b89a.
McGrath, Charles (2017), "80% of equity market cap held by institutions," *Pension & Investments*, April 25, at http://www.pionline.com/article/20170425/INTERACTIVE/170429926/80-of-equity-market-cap-held-by-institutions.
McKinsey & Co. (2018), "The Rise and Rise of Private Markets." *McKinsey Global Private Market Review*, February, at https://www.mckinsey.com/~/media/mckinsey/industries/private%20equity%20and%20principal%20investors/our%20insights/the%20rise%20and%20rise%20of%20private%20equity/the-rise-and-rise-of-private-markets-mckinsey-global-private-markets-review-2018.ashx.
Machan, Dyan, and Riva Atlas (1994), "George Soros, meet A.W. Jones," *Forbes*, January 17.
Mackenzie, Michael, and Eric Platt (2016), "US corporate bonds: The weight of debt," *Financial Times*, December 4, at https://www.ft.com/content/41213b02-b87e-11e6-ba85-95d1533d9a62.
Malanga, Steven (2013), "The pension fund that ate California," *City Journal*, Winter, at https://www.city-journal.org/html/pension-fund-ate-california-13528.html.
Mani (2014), "Loeb unveils website in new era of Dow Chemical campaign," *Valuewalk*, November 14, at https://www.valuewalk.com/2014/11/value-dow-

dan-loeb/.
Marriage, Madison (2013), "Activist investors fuel event-driven returns," *Financial Times*, July 13, at https://www.ft.com/content/faafbd08-ea1b-11e2-b2f4-00144feabdc0.
Martin, Roger L. (2011), *Fixing the Game: Bubbles, Crashes, and What Capitalism Can Learn from the NFL*, Harvard Business Review Press.
Matsusaka, John G., Oguzhan Ozbas, and Irene Yi (2018), "Opportunistic Proposals by Union Shareholders," USC CLASS Research Paper No. CLASS15-25; Marshall School of Business Working Paper No. 17-3, at https://ssrn.com/abstract=2666064 or http://dx.doi.org/10.2139/ssrn.2666064.
Mayer, Colin (1988), "New Issues in Corporate Finance," *European Economic Review*, 32 (5): 1167-1183.
Means, Gardiner C. (1983), "Hessen's 'Reappraisal'," *Journal of Law & Economics*, 26 (2): 297-300.
Melvin, Tim (2016), "Beware of firms that borrow cash for stock buybacks," *Real Money*, March 28, at http://realmoney.thestreet.com/articles/03/28/2016/beware-firms-borrow-cash-stock-buybacks.
Merrill Lynch Advisory Services (1994), *Mergerstat Review*, W. T. Grimm.
Merrill Lynch Advisory Services (2002), *Mergerstat Review*, W. T. Grimm.
Microsoft Press Release (2013), "Microsoft to Acquire Nokia's Devices & Services Business, License Nokia's Patents and Mapping Services," Microsoft press release, September 3, at https://news.microsoft.com/2013/09/03/microsoft-to-acquire-nokias-devices-services-business-license-nokias-patents-and-mapping-services/#pBTLPTPvpcDsUDvR.97
Modigliani, Franco, and Merton Miller (1958), "The Cost of Capital, Corporation Finance and the Theory of Investment," *American Economic Review*, 48 (3): 261-297.
Monks, Robert (2013), "Robert Monks: It's Broke, Let's Fix it," *Listed Magazine*, at https://www.scribd.com/document/149758170/Anderson-in-Dialogue-With-Monks-the-Director-s-Chair-Listed-Jun-2013.
Monks, Robert (2015), "Careless Language or Cunning Propaganda," RFK Compass event, at http://www.ragm.com/careless-language/.
Morgenson, Gretchen (2016), "BlackRock wields its big stick like a wet noodle on C.E.O. pay," *New York Times*, April 15, at https://www.nytimes.

com/2016/04/17/business/blackrock-wields-its-big-stick-like-a-wet-noodle-on-ceo-pay.html?_r=0.
Morrell, Alex (2016), "Steve Jobs sold most of his Apple stock when he was ousted from the company in 1985—today it would be worth $66 billion," *Business Insider*, April 1, at https://www.businessinsider.com/steve-jobs-original-apple-stock-would-be-worth-66-billion-today-2016-4?r=US&IR=T.
Morrill Act (1862), at https://www.ourdocuments.gov/doc.php?flash=true&doc=33&page= transcript.
Morrow, Adrian, and Greg Keenan (2015), "Ontario sells remaining GM shares acquired from bailout," *Globe and Mail*, February 4, at http://www.theglobeandmail.com/report-on-business/ontario-sells-gm-shares-for-11-billion/article22797007/.
Moudud, Jamee K. (2010), *Strategic Competition, Dynamics, and the Role of the State: A New Perspective*, Edward Elgar.
Mowery, David, and Nathan Rosenberg (1989), *Technology and the Pursuit of Economic Growth*, Cambridge University Press.
Mundy, Simon (2016), "Elliott targets Samsung again with call to split flagship," *Financial Times*, October 5, at https://www.ft.com/content/8a75ad02-8b0a-11e6-8cb7-e7ada1d123b1.
National Institutes of Health (2019), "Office of the Budget, History," at https://officeofbudget.od.nih.gov/history.html.
National Research Council (1999), *Funding a Revolution: Government Support for Computing Research*, National Academy Press.
Navin, Thomas, and Marion Sears (1955), "The Rise of a Market for Industrial Securities, 1887–1902," *Business History Review*, 29 (2): 105–138.
Noble, David (1979), *Design: Science, Technology, and the Rise of Corporate Capitalism*, Knopf Doubleday.
Nocera, Joe (2014), "Buffett punts on pay," *New York Times*, April 25, at https://www.nytimes.com/2014/04/26/opinion/nocera-buffett-punts-on-pay.html?_r=0.
Noked, Noam (2014), "'Greenmail' makes a comeback," Harvard Law School Forum on Corporate Governance and Financial Regulation, at https://corpgov.law.harvard.edu/2014/01/22/greenmail-makes-a-comeback/.
Online Investor (2015), "Emerson Electric Now #118 Largest Company,

Surpassing Reynolds American," at https://www.theonlineinvestor.com/article/201504/emerson-electric-now-118-largest-company-surpassing-reynolds-american-EMR04132015-mbumped.htm/.

O'Reilly, Charles (2002), "Cisco Systems: The Acquisition of Technology is the Acquisition of People," Case No. HR10, Stanford Graduate School of Business.

Orol, Ronald (2014), "Teaming up with CalSTRS Helps Activist Funds Get Their Way," Harvard Roundtable on Shareholder Engagement—Consolidated Background Materials, June 16–17, at http://www.law.harvard.edu/programs/corp_gov/shareholder-engagement-roundtable-2015-materials/Harvard-Roundtable-on-Shareholder-Engagement-Consolidated-Background-Materials.pdf.

O'Sullivan, Mary (2000), *Contests for Corporate Control: Corporate Governance and Economic Performance in the United States and Germany*, Oxford University Press.

O'Sullivan, Mary (2007), "The Expansion of the Stock Market, 1885–1930: Historical Facts and Theoretical Fashions," *Enterprise and Society*, 8 (3): 489–542.

O'Sullivan, Mary (2016), *Dividends of Development: Securities Markets in the History of U.S. Capitalism, 1865–1922*, Oxford University Press.

Ott, Julia (2011), *When Wall Street Met Main Street: The Quest for Investors' Democracy*, Harvard University Press.

Owusu, Tony (2015), "Alcatel-Lucent (ALU) stock declines after activist hedge fund builds 1.3% stake," *The Street*, June 29, at https://www.thestreet.com/story/13202033/1/alcatel-lucent-alu-stock-declines-after-activist-hedge-fund-builds-13-stake.html.

Parisian, Elizabeth, and Saqib Bhatti (2016), "All That Glitters Is Not Gold—An Analysis of US Public Pension Investments in Hedge Funds," Roosevelt Institute, at http://rooseveltinstitute.org/wp-content/uploads/2015/12/All-That-Glitters-Is-Not-Gold-Nov-2015.pdf.

Parrish, Michael E. (1970), *Securities Regulation and the New Deal*. Yale University Press.

Pearlstein, Steven (2018), "Beware 'the mother of all credit bubbles'," *Washington Post*, June 8, at https://www.washingtonpost.com/business/

economy/beware-the-mother-of-all-credit-bubbles/2018/ 06/08/940f467c-69af-11e8-9e38-24e693b38637_story.html?utm_term=.30ca 2ffa1586.

Penrose, Edith (1959), *The Theory of the Growth of the Firm*, John Wiley and Sons.（エディス・ペンローズ『企業成長の理論（第3版）』日高千景訳、ダイヤモンド社、2010年）

Penrose, Edith (1960), "The Growth of the Firm—A Case Study: The Hercules Powder Company," *Business History Review*, 34 (1): 1–23.

Perino, Michael (2010), *The Hellhound of Wall Street: How Ferdinand Pecora's Investigation of the Great Crash Forever Changed American Finance.* Penguin Press.

Pichhadze, Aviv (2010), "Private Equity, Ownership, and Regulation," *Journal of Private Equity*, 14 (1): 17–24.

Pichhadze, Aviv (2012), "Institutional Investors as Blockholders," in P. M. Vasudev and Susan Watson (eds.), *Corporate Governance after the Financial Crisis*, Oxford University Press, 145–160.

Pollack, Andrew, and Sabrina Tavernise (2015), "Valeant's drug price strategy enriches it, but infuriates patients and lawmakers," *New York Times*, October 4, at https://www.nytimes.com/2015/10/05/business/valeants-drug-price-strategy-enriches-it-but-infuriates-patients-and-lawmakers.html.

Potts, Mark (1985), "Phillips, Icahn settle," *Washington Post*, March 5, at https://www.washingtonpost.com/archive/business/1985/03/05/phillips-icahn-settle/7bc631ac-ab1d-4646-8a25-570333be3c33/?utm_term=.484230768c40.

Preqin (2016), "2016 Preqin Global Hedge Fund Report—Sample pages," at https://www.preqin.com/docs/samples/2016-Preqin-Global-Hedge-Fund-Report-Sample-Pages.pdf.

PricewaterhouseCoopers (2019), "Explore the data," at https://www.pwc.com/us/en/industries/technology/moneytree/explorer.html#/currentQ=Q3%20 2018&qRangeStart=Q3%202013&qRangeEnd=Q3%202018.

Quinn, James (2017), "Unilever Chief Paul Polman hits out at 'fast money' hedge funds as he prepares to meet government over takeover rules," *The Telegraph*, April 8, at http://www.telegraph.co.uk/business/2017/04/08/unilever-chief-paul-polman-hits-fast-money-hedge-funds-prepares/.

Quint, Michael (1989), "Texaco and Icahn end feud," *New York Times*, January 30, at http://www.nytimes.com/1989/01/30/business/texaco-and-icahn-end-

feud.html.

Ramsay, John (2018), "Request for rulemaking petition to modernize Rule 10b-18 under the Securities Exchange Act of 1934 by allowing executions priced at the midpoint of the national best bid and offer to qualify for the safe harbor treatment provided by the Rule," U.S. Securities and Exchange Commission, March 27, at https://www.sec.gov/rules/petitions.shtml

Rappaport, Alfred, and Mark Sirower (1999), "Stock or Cash? The Trade-offs for Buyers and Sellers in Mergers and Acquisitions," *Harvard Business Review*, November-December: 147–158.

Ravenscraft, David, and Frederic Scherer (1987), *Mergers, Sell-offs, and Economic Efficiency*, Brookings Institution.

Rayburn, Frank, and Ollie Powers (1991), "A History of Pooling of Interests Accounting for Business Combinations in the United States," *Accounting Historians Journal*, 18 (2): 155–192.

Reiff, Nathan (2017), "The Greatest Investors," May 4, at http://isites.nhu.edu.tw/yschao/doc/5141.

Relational Investors and CalSTRS (2013), "Relational Investors LLC and CalSTRS Urge Timken's Board to Take Action to Separate the Company's Businesses to Unlock Shareholder Value," press release, February 19, at http://www.businesswire.com/news/home/20130219006721/en/Relational-Investors-LLC-CalSTRS-Urge-Timken%E2%80percent99s-Board.

Riordan, Michael, and Lillian Hoddeson (1997), *Crystal Fire: The Invention of the Transistor and the Birth of the Information Age*, W. W. Norton.

Ripley, William (1927), *Main Street and Wall Street*, Little Brown.

Robé, Jean-Philippe (2011), "The Legal Structure of the Firm," *Accounting, Economics, and Law*, 1(1): 5, at https://www.degruyter.com/view/j/ael.2011.1.1/ael.2011.1.1.1001/ael.2011.1.1.1001.xml.

Rodrigues, Vivianne (2014), "Bondholders pay price of share buybacks," *Financial Times*, February 26, at https://www.ft.com/content/675b7f0a-9e53-11e3-95fe-00144feab7de.

Roe, Mark (1990), "Political and Legal Restraints on Ownership and Control of Public Companies," *Journal of Financial Economics* 27 (1): 7–41.

Roe, Mark (1991), "Political Elements in the Creation of Mutual Fund Industry," *University of Pennsylvania Law Review*, 139 (6): 1469–1511.

Romano, Roberta (1993), "Public Pension Fund Activism in Corporate Governance Reconsidered," *Columbia Law Review*, 93 (4): 793-853.

Rose, Paul (2007), "The Corporate Governance Industry," *Journal of Corporation Law*, 32 (4): 887-926.

Rosen, Jan M. (1991), "New regulations on stock options," *New York Times*, April 27, at http://www.nytimes.com/1991/04/27/business/your-money-new-regulations-on-stock-options.html.

Rosenberg, Hilary (1999), *A Traitor to His Class*, John Wiley & Sons.

Sakinç, Mustafa Erdem, and Öner Tulum (2012), "Innovation versus Financialization in the Biopharmaceutical Industry: The PLIPO Business Model," Ford Foundation Conference on Finance, Business Models, and Sustainable Prosperity, December 6, at http://fiid.org/wp-content/uploads/2012/11/Sakinc-Tulum-Biopharma-FINAL-20121205.pdf.

Scherer, Frederic, and David Ross (1990), "Industrial Market Structure and Economic Performance," University of Illinois at Urbana-Champaign's Academy for Entrepreneurial Leadership Historical Research Reference in Entrepreneurship, at https://papers.ssrn.com/sol3/papers.cfm?abstract_id=1496716.

Schumpeter, Joseph (1942), *Capitalism, Socialism and Democracy*, Harper.（ヨーゼフ・シュンペーター『資本主義、社会主義、民主主義［Ⅰ・Ⅱ］』大野一訳、日経BP社、2016年）

Schumpeter, Joseph (1954), *History of Economic Analysis*, Oxford University Press.（J・A・シュンペーター『経済分析の歴史［上・中・下］』東畑精一、福岡正夫訳、岩波書店、2005年）

Schwartz, Nelson D. (2014), "How Wall Street bent steel," *New York Times*, December 6, at https://www.nytimes.com/2014/12/07/business/timken-bows-to-investors-and-splits-in-two.html?_r=0.

Securities and Exchange Commission (SEC) (1969), "35th Annual Report," at https://www.sec.gov/about/annual_report/1969.pdf.

Securities and Exchange Commission (SEC) (1983), Advisory Committee on Tender Offers—Report on Recommendations.

Securities and Exchange Commission (SEC) (1992), Final Proxy Rule Amendments, Exchange Act Release No. 31,326, [1992 Transfer Binder] Fed. Sec. L. Rep. (CCH) 1185,051, at 83,353.

Securities and Exchange Commission (SEC) (2000), "Final Rule: Selective Disclosure and Insider Trading," at https://www.sec.gov/rules/final/33-7881.htm.

Securities and Exchange Commission (SEC) (2003), "Final Rule: Proxy Voting by Investment Advisers," 17 CFR Part 275, Release No. IA2106; File No. S73802, RIN 3235AI65, at https://www.sec.gov/rules/final/ia-2106.htm.

Securities and Exchange Commission (SEC) (2008), "General Electric Company—Form 10-K," at http://www.ge.com/pdf/investors/financial_reporting/ge_10K2009.pdf.

Securities and Exchange Commission (SEC) (2011), "General Motors Company—Form 10-K," at https://www.sec.gov/Archives/edgar/data/1467858/000146785812000014/gm201110k.htm.

Securities and Exchange Commission (SEC) (2016a), "Private Funds Statistics: Second Calendar Quarter 2016," at https://www.sec.gov/divisions/investment/private-funds-statistics.shtml.

Securities and Exchange Commission (SEC) (2016b), "Cisco Systems, Inc.—Form 10-K," at http://d18rn0p25nwr6d.cloudfront.net/CIK-0000858877/f8a35c54-4523-4e24-8255-2888181af3d7.pdf.

Securities and Exchange Commission (SEC) (2017), "Private Funds Statistics—Second Calendar Quarter 2016," at https://www.sec.gov/divisions/investment/private-funds-sta tistics/private-funds-statistics-2016-q2-accessible.pdf.

Seligman, Joel (1995), *The Transformation of Wall Street*, Northeastern University Press.

Serwer, Andrew, and Wilton Woods (1997), "Who's afraid of Carl Icahn?," *Fortune*, February 17, at http://archive.fortune.com/magazines/fortune/fortune_archive/1997/02/17/222196/index.htm.

Sharara, Norma M., and Anne E. Hoke-Witherspoon (1993), "The Evolution of the 1992 Shareholder Communication Proxy Rules and Their Impact on Corporate Governance," *The Business Lawyer*, 49 (1): 327–358.

Sherr, Ian, and David Benoit (2013), "Icahn pushes Apple on buyback," *Wall Street Journal*, August 13, at https://www.wsj.com/articles/icahn-takes-large-bite-of-apple-1376420592?tesla=y.

Shin, Jang-Sup (2015), "The Reality of 'Actions' by Activist Hedge Funds and

Public Policies on *Chaebols*," The KERI Insight, at http://fiid.org/wp-content/uploads/2015/07/Activist-fund-and-chaebol-policy-KERI-Insight-2015-7-1.pdf.

Singh, Shane P. (2015), "Compulsory Voting and the Turnout Decision Calculus," *Political Studies*, 63 (3): 548–568.

Smiley, Gene, and Richard Keehn (1988), "Margin Purchases, Brokers' Loans and the Bull Market of the Twenties," *Business and Economic History*, 2 (17): 129–142.

Smith, Michael P. (1996), "Shareholder Activism by Institutional Investors: Evidence from CalPERS," *Journal of Finance*, 51 (1): 227–252.

Solomon, Steven Davidoff (2015), "Remaking Dow and DuPont for the activist shareholders," *New York Times*, December 15, at https://www.nytimes.com/2015/12/16/business/dealbook/remaking-dow-and-dupont-for-the-activist-shareholders.html?_r=0.

Spector, Mike, and Joann S. Lublin (2015), "Bailout architect presses GM," *Wall Street Journal*, February 10, at https://www.wsj.com/articles/gm-shareholder-seeks-spot-on-board-1423577927.

Spence, Michael (1981), "The Learning Curve and Competition," *Bell Journal of Economics*, 12 (1): 49–70.

Steinberg, Theodore (1991), *Nature Incorporated: Industrialization and the Waters of New England*, University of Massachusetts Press.

Sterling, Toby (2017), "Hedge fund goes to court, seeking to oust Akzo Nobel chairman," *Reuters*, May 9, at http://www.reuters.com/article/us-akzo-nobel-m-a-shareholder-idUSKBN1850E7.

Stevens, Mark (1993), *King Icahn: The Biography of a Renegade Capitalist*, Penguin Books.

Stevenson, Alexandra (2017), "Carl Icahn scrutinized for shaping policy that helped him profit," *New York Times*, May 9, at https://www.nytimes.com/2017/05/09/business/dealbook/carl-icahn-scrutinized-for-shaping-policy-that-helped-him-profit.html.

Stewart, Robb M. (2017), "BHP Billiton CEO meets activist shareholder Elliott amid pressure," *Wall Street Journal*, May 17, at https://www.wsj.com/articles/bhp-billiton-ceo-to-meet-with-activist-shareholder-elliott-amid-pressure-1495014075.

Stout, Lynn A. (2004), "On The Nature of Corporations," *Deakin Law Review*, 9

(2): 775–789.

Strickland, Deon, Kenneth Wiles, and Marc Zenner (1996), "A Requiem for the USA—Is Small Shareholder Monitoring Effective?" *Journal of Financial Economics*, 40 (2): 319–338.

Strine, Jr., Leo E. (2005), "The Delaware Way: How We Do Corporate Law and Some of the New Challenges We (and Europe) Face," *Delaware Journal of Corporate Law*, 30 (3): 673–696.

Strine, Jr., Leo E. (2007), "Toward Common Sense and Common Ground?—Reflections on the Shared Interests of Managers and Labor in a More Rational System of Corporate Governance," Harvard Law and Economics, Discussion Paper No. 585.

Stulz, René M. (2007), "Hedge Funds: Past, Present, and Future," *Journal of Economic Perspectives*, 21 (2): 175–194.

Syre, Steven (2012), "Internet-era boom icon's quiet bust," *Boston Globe*, October 26, at https://www.bostonglobe.com/business/2012/10/25/quiet-end-for-sycamore-networks-brief-star-internet-era/7GA6J0LQ1bz6NMrms4osoN/story.html.

Taggart, Robert (1988), "The Growth of the 'Junk' Bond Market and its Role in Financing Takeovers," in Alan J. Auerbach (ed.), *Mergers and Acquisitions*, University of Chicago Press.

Tax Foundation (2010), "Federal Capital Gains Tax Collections, 1954–2009," at https://taxfoundation.org/federal-capital-gains-tax-collections-1954-2009/.

Teece, David J. (2011), *Dynamic Capabilities and Strategic Management: Organizing for Innovation and Growth*, Oxford University Press (2nd edition).

Teece, David J. (2012), *Strategy, Innovation, and the Theory of the Firm*, Edward Elgar Publishing.

Tellis, Gerard J. (2013), "Microsoft and Nokia: A marriage made in hell," Forbes, September 4, at https://www.forbes.com/sites/forbesleadershipforum/2013/09/04/microsoft-and-nokia-a-marriage-made-in-hell/#7ee50cef5536.

Terrell, Ellen, (2016), "When a Quote is Not (Exactly) a Quote: General Motors," The Library of Congress Blogs, at https://blogs.loc.gov/inside_adams/2016/04/when-a-quote-is-not-exactly-a quotegeneral-motors/.

Tilton, John E. (1971), *International Diffusion of Technology: The Case of*

Semiconductors, Brookings Institution.

Tufano, Peter (1993), "Financing Acquisitions in the Late 1980s: Sources and Forms of Capital," in Margaret Blair (ed.), *The Deal Decade*, Brookings.

Tulum, Öner, and William Lazonick (2019), "Financialized Corporations in a National Innovation System. The US Pharmaceutical Industry," *International Journal of Political Economy*, 47 (3–4): 281–316.

Uhlig, Mark (1987), "Jesse Unruh, a California political power, dies," *New York Times*, August 6, at http://www.nytimes.com/1987/08/06/obituaries/jesse-unruh-a-california-political-power-dies.html.

United States Census Bureau (1976), *Historical Statistics of the United States from the Colonial Times to the Present*, Government Printing Office.

United States Census Bureau (2016), "Statistics of U.S. Businesses," at https://www.census. gov/programs-surveys/susb/data/datasets.html.

U.S. Department of Agriculture (2016), "Table 8—Food expenditures by families and individuals as a share of disposable personal money income," at http://www.ers.usda. gov/data-products/food-expenditures.aspx.

U.S. Senate Committee on Banking and Currency (2009), *The Pecora Report: The 1934 Report on the Practices of Stock Exchanges from the Pecora Commission.*

Vaughn, David (2003), "Selected Definitions of 'Hedge Fund'," Comments for the U.S. Securities and Exchange Commission Roundtable on Hedge Funds, at https://www.sec.gov/spotlight/hedgefunds/hedge-vaughn.htm.

Vise, David A., and Steve Coll (1991), *Eagle on the Street*, Scribner's.（デビッド・A・バイス、スティーブ・コル『ウォール街から来た男』鈴木主税訳、日本経済新聞社、1992年）

Wakabayashi, Daisuke (2014), "Apple repurchases $14 billion of its own shares in two weeks," *Wall Street Journal*, February 6, at https://www.wsj.com/articles/apple-repurchases-14b-of-own-shares-in-2-weeks-1391734918?tesla=y.

Walker, Owen (2016), *Barbarians in the Boardroom: Activist Investors and the Battle for Control of the World's Most Powerful Companies*, Pearson.（オーウェン・ウォーカー『アクティビスト——取締役会の野蛮な侵入者』染田屋茂訳、日経BP社、2021年）

Wallman, Steven, Kathleen Wallman, and Geoffrey Aronow (1999), "Pooling-of-Interests Accounting and High Growth Economy Companies," at http://

www.wallman.com/pdfs_etc/fasb.pdf.
Wall Street Journal (1982a), "Anchor Hocking buys Icahn's 6.2% holding; His profit is $2,995,321," August 23.
Wall Street Journal (1982b), "Owens-Illinois pays total of $38.4 million for Icahn-held stakes," September 13.
Wall Street Journal (1982c), "Icahn group acquires 6.9% Dan River stake; Might seek control," September 16.
Wapner, Scott (2016), "CNBC exclusive: CNBC transcript: Carl Icahn, Chairman of Icahn Enterprises, on CNBC's 'Power Lunch' today," April 28, at http://www.cnbc.com/2016/04/28/cnbc-exclusive-cnbc-transcript-carl-icahn-chairman-of-icahn-enterprises-on-cnbcs-power-lunch-today.html.
Warren, Tom (2016), "Microsoft wasted at least $8 billion on its failed Nokia experiment," *The Verge*, May 25, at https://www.theverge.com/2016/5/25/11766540/ microsoft-nokia-acquisition-costs.
Weiss, Leonard W. (1979), "The Structure-Conduct-Performance Paradigm and Antitrust," *University of Pennsylvania Law Review*, 127 (4): 1104–1140.
Whyte, William H. (1956), *The Organization Man*, Simon & Schuster. (ウィリアム・H・ホワイト『組織のなかの人間——オーガニゼーション・マン［上・下］』岡部慶三、藤永保訳、東京創元社、1959年)
Wikipedia (n.d.), "Troubled Asset Relief Program," at https://en.wikipedia.org/wiki/Trou-bled_Asset_Relief_Program#cite_note-ProPublica-TARP-list-46.
Williams, Harold M. (1981), "The Corporation as Continuing Enterprise," address delivered to the Securities Regulation Institute, San Diego, California, January 22, at www.sec.gov/news/speech/1981/012281williams.pdf.
Williams, Winston (1986), "Carl Icahn's wild ride at TWA," *New York Times*, June 22, at http://www.nytimes.com/1986/06/22/business/carl-icahn-s-wild-ride-at-twa.html? pagewanted=all.
Winter, Jaap W. (2011), "Shareholder Engagement and Stewardship: The Realities and Illusions of Institutional Share Ownership" at https://ssrn.com/abstract=1867564.
Woo-Cumings, Meredith (ed.) (1999), *The Developmental State*, Cornell University Press.
Woodyard, Chris (2013), "GM bailout played out over five years," *USA Today*,

December 9, at https://www.usatoday.com/story/money/cars/2013/12/09/gm-bailout-timeline/3929953/.

World Wealth and Income Database (2017a), Database: United States, Top 0.1% income composition, at https://wid.world/.

World Wealth and Income Database (2017b), Database: United States, P99.9 income threshold, at http://topincomes.parisschoolofeconomics.eu/#Database.

Yardeni, Edward, Joe Abbott, and Mali Quintana (2019), Stock Market Indicators: S&P 500 Buybacks & Dividends, Yardeni Research, Inc., at https://www.yardeni.com/pub/buybackdiv.pdf

Yglesias, Matthew (2018a), "Elizabeth Warren has a plan to save capitalism," *Vox*, August 15, at https://www.vox.com/2018/8/15/17683022/elizabeth-warren-accountable-capitalism-corporations.

Yglesias, Matthew (2018b), "Top House Democrats join Elizabeth Warren's push to fundamentally change American capitalism," *Vox*, December 14, at https://www.vox.com/2018/12/14/18136142/pocan-lujan-warren-accountable-capitalism-act

原注

第1章　価値創造と価値抽出の不均衡の拡大

1　Lazonick and O'Sullivan (2000b); Lazonick (2009a). Lazonick (1994a) も参照。

2　Lazonick (2015c).

3　United States Census Bureau (2016).

4　Lazonick et al. (2019) を参照。

5　Whyte (1956).

6　Lazonick (2015c).

7　われわれの分析は、株式公開企業からの略奪に焦点を当てている。企業からの略奪におけるプライベート・エクイティの役割については、Appelbaum and Batt (2014) を参照。

8　このような新古典派の世界観を革新的企業の視点から体系的に批判したものとして、Lazonick (2015b, 2017b) を参照。

9　Jensen (1986).

10　McDonald (2017b: 42–49) を参照。

第2章　価値創造組織としての企業

1　Schumpeter (1942).

2　Chandler (1962, 1977, 1990). チャンドラーの研究については、Lazonick (2012) を参照。

3　Schumpeter (1954); Lazonick (1994b, 2002).

4　Penrose (1959).

5　非論理的な新古典派の最適化型企業の理論の詳細については、Lazonick (2015b, 2019) を参照。

6　この点を指摘してくれたジャミー・ムドゥードに感謝している。

7　例えば、Weiss (1979) を参照。

8　図2–2は、独占と完全競争の生産量および価格を、同一産業の供給曲線に沿って比較したもので、独占の方が生産量を減少させ、価格を上昇させることを示している。もちろん、この産業に完全競争が実際に存在するなら、完全競争企業の参入によって平均費用曲線の最小点の価格でその産業の均衡に達するま

で生産量が拡大し、価格がさらに低下するだろう。しかし、独占が劣っていることを示すための主張の論理は、相変わらずばかげている。1つの企業がその産業を支配できるというのに、なぜその企業の費用構造が、その産業が完全競争を特徴とする場合と同じである、と想定するのだろうか？

9 Lazonick (2017b).

10 Lazonick (2015b).

11 Lazonick (2002).

12 Lazonick (1998, 2005, 2010).

13 技術の不確実性が存在するのは、企業が革新的な投資戦略で目論んだ、より高品質の工程や製品を開発できない可能性があるためである。投資に着手する時点で新しい製品や工程を生み出す方法がすでに分かっているならば、企業はイノベーションには取り組まないだろう。市場の不確実性が存在するのは、たとえ企業が開発の試みに成功したとしても、将来的な製品価格の下落や要素価格の上昇により、投資によって生み出される収益が減少する可能性があるためである。また、革新的企業は、新技術の開発に要する固定費用を低い単位費用に変えるのに十分な広い範囲の製品市場にアクセスしなければならない。技術の変革と同様に、市場へのアクセスもイノベーション・プロセスには不可欠な要素である。革新的な戦略に資源が投じられた時点では、アクセスできる市場の範囲を確率的にさえ確信することはできない。最後に、たとえ技術や市場の不確実性を克服できたとしても、企業は依然として競争の不確実性、つまり、競合他社がさらに高品質で低コストの製品を生み出す戦略に投資している可能性に直面している。それでもやはり、企業がイノベーションを通じて利益を上げ、成長する機会を得るには、不確実性があっても投資を行わなければならない。

14 Spence (1981); Moudud (2010).

15 Christensen (1997).

16 Teece (2011, 2012) を参照。Lazonick (2018d) も参照。

17 Lazonick and Mazzucato (2013) を参照。

18 Johnson (1982).

19 Woo-Cumings (1999).

20 Block (2009); Block and Keller (2010); Lazonick and Mazzucato (2013); Hopkins and Lazonick (2014).

21 List (1885); Lazonick (2011b).

22 Chang (2002).

23 Lazonick and Mass (1995); Lazonick (2004).

24 Steinberg (1991).

25 Horwitz (1979).

26 以下の事例は、Hopkins and Lazonick (2014) を大いに参考にしている。

27 Ferleger and Lazonick (2002)、およびその参考文献。

28 Terrell (2016).

29 National Research Council (1999: 1).

30 Ferleger and Lazonick (1993, 1994).

31 Morrill Act (1862).

32 Ferleger and Lazonick (1993, 1994).

33 U.S. Department of Agriculture (2016).

34 United States Census Bureau (1976).

35 Lloyd (1936).

36 National Institutes of Health (2019).

37 Tulum and Lazonick (2019).

38 Keeper (2006). ホイットルは、1930年にまずエンジンの特許を取得し、その後の10年間で実用的な技術の開発に取り組み、1936年にはパワージェッツ社を設立した。1944年8月、パワージェッツ社が製造したホイットルエンジンがグロスターのミーティアに搭載されたが、最初にジェット機を実用化したのはドイツのメッサーシュミットMe262だったと言われている。この資料を提供してくれたマーティン・ロッターには感謝している。

39 Jones (n.d.); GE Report (2012).

40 Lazonick and Prencipe (2005).

41 Lazonick (2009a: ch. 2) を参照。

42 Riordan and Hoddeson (1997).

43 Tilton (1971).

44 Bassett (2002).

45 これらのデータの分析については、Hopkins and Lazonick (2014) を参照。

46 Hopkins and Lazonick (2014); Lazonick et al. (2017); Tulum and Lazonick (2019) を参照。

第3章　価値抽出制度としての株式市場

1 Mayer (1988). Corbett and Jenkinson (1996) も参照。

2 Allen and Gale (2001).

3 これに関する詳細な議論と参考文献については、Lazonick (2012: 361–384) を参照。

4 Navin and Sears (1955).

5 O'Sullivan (2007, 2016).

6 Carosso (1970).

7 Lazonick (1992); Lazonick and O'Sullivan (1997); O'Sullivan (2000, 2007, 2016).

8 Lazonick (1986).

9 Noble (1979); Lazonick (1986); Ferleger and Lazonick (1994).

10 Mowery and Rosenberg (1989).

11 Eisenhower (1961).

12 Penrose (1959); Chandler (1962, 1977); Lazonick (2012, 2018e).

13 Berle and Means (1932); Berle (1954); Means (1983).

14 Lazonick (2012).

15 Roe (1991: ch. 5).

16 Carpenter et al. (2003: 963–1034); Lazonick (2009a, 2009c).

17 Ripley (1927).

18 Lazonick (2009c: ch. 3). より一般的な議論については、Hopkins and Lazonick (2014) およびLazonick et al. (2014) を参照。

19 Chandler (1962).

20 Penrose (1959, 1960).

21 O'Sullivan (2000); Lazonick (2006).

22 O'Sullivan (2000).

23 1970年代末のこの問題について、より一般的には、Hayes and Abernathy (1980) を参照。

24 Merrill Lynch Advisory Services (1994).

25 Ravenscraft and Scherer (1987).

26 Scherer and Ross (1990).

27 Holland (1989).

28 Merrill Lynch Advisory Services (2002).

29 Long and Ravenscraft (1993).

30 Taggart (1988).

31 Bruck (1989).

32 Jensen (1989); Gaughan (1999).

33 Lazonick (2014c: 46–55); Lazonick (2015a, 2016b).

34 Smiley and Keehn (1988).

35 Lazonick (2009a: ch. 2).

36 Tax Foundation (2010).

37 Gompers and Lerner (2002).

38 Lerner (2002).

39 PricewaterhouseCoopers (2019).

40 Gimein (2002); Lazonick (2016a).

41 Lazonick and Sakinç (2010); Sakinç and Tulum (2012).

42 Carpenter et al. (2003); Lazonick (2006).

43 Rappaport and Sirower (1999).

44 Fortune (1970); Brooks (1973).

45 Rayburn and Powers (1991); Seligman (1995: 419–29); Wallman et al. (1999).

46 Tufano (1993); Rappaport and Sirower (1999).

47 Carpenter et al. (2003).

48 O'Reilly (2002).

49 Carpenter et al. (2003); Lazonick and March (2011).

50 Donlan (2000: 31–34).

51 Bell et al. (2014); Carpenter and Lazonick (2017).

52 Huawei Investment & Holding Co., Ltd. (2016); Li (2017: ch. 5).

53 Hopkins and Lazonick (2016).

54 Crystal (1978, 1991).

55 Lazonick (2009c).

56 Hopkins and Lazonick (2016); Lazonick (2016a).

57 Jensen and Murphy (1990).

58 Jensen (1986).

59 Lazonick and O'Sullivan (2000b); Lazonick (2014a, 2015d) を参照。

60 例として、Lazonick and Mazzucato (2013); Lazonick et al. (2016a); Lazonick et al. (2016b) を参照。

61 National Institutes of Health (2019). Lazonick and Tulum (2011) も参照。

62 Lazonick (1990, 2015c).

63 Hopkins and Lazonick (2014).

64 Jensen (1986).

65 Baldwin (1991); Christensen et al. (2008).

66 Hopkins and Lazonick (2014); Lazonick (2014c).

67 Lazonick et al. (2016b).

68 Jensen and Murphy (1990) を参照。

69 Lazonick et al. (2014); Lazonick (2015c).

70 Lazonick et al. (2014).

71 Lazonick and O'Sullivan (2000b); Lazonick (2015d).

72 Lazonick (2015e); Lazonick et al. (2016b).

73 Lazonick (2008, 2009c, 2013, 2015e).

第４章　価値抽出のインサイダー

1 Lazonick (2016a).

2 Lazonick (2014a); Hopkins and Lazonick (2016).

3 Biden (2016).

4 O'Reilly (2002).

5 Lazonick (2009a).

6 Lazonick (2009a).

7 Cassidy (2002); Gimein (2002).

8 Lazonick (2007a).

9 2015年、従業員11万800人のエマソンの時価総額は118位でほぼ変化がなかった一方、シカモアはその3年前に清算されていた。Online Investor (2015). Fortune (2016) も参照。

10 Gimein (2002).

11 Syre (2012).

12 Carpenter et al. (2003); Lazonick and March (2011). 情報通信技術産業に焦点を当てた Lazonick (2009a) も参照。バイオテクノロジー産業における製品なき《プロダクトレス》IPOの問題については、Lazonick and Tulum (2011) を参照。

13 Lazonick and March (2011).

14 Lazonick (2009a); Lazonick et al. (2016b).

15 Jacobson and Lazonick (2015); Lazonick (2015a).

16 Lazonick (2015b, 2016b).

17 Yardeni et al. (2019).

18 SEC (2000).

19 Eisinger (2014b).

20　Baldwin (2015); Dayen (2015).

21　Lazonick (2014b).

22　例えば、Birstingl (2016) を参照。

23　Lazonick (2009a).

24　Lazonick (2014a).

25　Lorsch and MacIver (1989). 取締役会に対するCEOの力、およびヘッジファンド・アクティビズムや特定の規制の変更に直面したCEOの力の低下に関する最近の議論については、Kahan and Rock (2010) を参照。こうしたCEOの力の低下とされるものは、経営トップの「株主価値最大化」へのさらなる傾倒、およびその結果としての、彼らの株式型報酬の増加に表れている。1980年代後半に顕著だった「敵対的」買収がほとんどなくなった理由は、かつて企業乗っ取り屋と呼ばれていたものと企業の経営トップの間にはもはや対立がなくなり、両者ともに自社株買いや配当を通じて株主に資金を吐き出す準備ができていたからである。株主価値イデオロギーの台頭と支配、およびそれが企業の資源配分と経営者報酬に及ぼす影響については、Lazonick (2014c) を参照。

26　第6章の議論を参照。

27　Crystal (1991); Bebchuk and Fried (2004); Martin (2011); Desai (2012); Foroohar (2014); Nocera (2014).

28　Hopkins and Lazonick (2016).

29　Williams (1981). ハロルド・ウィリアムズは、ロナルド・レーガンの大統領当選を受けて辞任する前に、SEC委員長としての最後の演説「継続事業としての企業」の中で、過剰な配当の問題を強調した。ウィリアムズは、それ以前は、企業弁護士、企業経営者、UCLAビジネススクールの学部長であった。

30　Birstingl (2016).

31　Gould (1989); Rosen (1991).

32　The World Wealth and Income Database (2017a).

33　従業員のストックオプションの行使やストックアワードの権利確定による利益のほとんどは、キャピタルゲイン税の税率ではなく、通常の所得税率で課税され、ストックオプションの行使やストックアワードの権利確定の際に、雇用主が源泉徴収する。そのため、これらの株式型報酬による利益は、「賃金、チップ、その他の報酬」の一部として計上される。内国歳入庁の個人所得税申告書、フォーム1040には、「賃金、給与、チップ等。フォームW-2を添付のこと」という項目 (No.7) がある。フォームW-2に、株式型報酬による実現利益は含まれるが、他の形態の報酬と区別して表記されない。フォームW-2の該当項目

は、(No.1)「賃金、チップ、その他の報酬」である。
34 Bakija et al. (2012). その要約からの引用。
35 Bakija et al. (2012).
36 World Wealth and Income Database (2017b).
37 Hopkins and Lazonick (2016).
38 「革新的企業」の観点から実施された一連の実証研究については、Hopkins and Lazonick (2014, 2016); Lazonick et al. (2014); Lazonick (2015b) を参照。

第5章　価値抽出のイネーブラー

1 Lazonick and O'Sullivan (2000a: 113).
2 Ott (2011: 4). 例えば、クラーク (Clark 1900) は、労働者による株式所有が、「資本家階級と労働者階級の間の古い境界線を曖昧なものにし、あるいはおそらく消滅させる」だろうと予想し、「人々に幸福をもたらすビジョンを持つことができる人間は、社会主義者だけではない」と論じた (Ott [2011：25] からの引用)。こうしたビジョンは1920年代に入っても受け継がれ、例えば1929年には、ジョン・ラスコブが『レディース・ホーム・ジャーナル』誌の記事の中で労働者階級や中流階級の資産形成のための提案を行って、「誰もが金持ちになるべきである」という有名な発言を行った (John J. Raskob papers [Accession 0473] , Hagley Museum and Library, Wilmington, DE 19807, https://findingaids.hagley.org/xtf/view?docId=ead/0473.xml)。
3 Ott (2011: 4).
4 Lazonick and O'Sullivan (2000a: 112).
5 Ellen R. McGrattan and Edward C. Prescott, "The 1929 Stock Market: Irving Fisher Was Right," Federal Reserve Bank of Minneapolis Research Department Staff Report 294 (Feb. 2003) , cited in Coates (2018: 8).
6 例えば、1868年に設定されたフォーリン・アンド・コロニアル・ガバメント・インベストメント・トラストの表明された目的は、「外国および植民地の政府債への投資リスクを軽減するにあたって、多くの異なる銘柄に投資を分散させることで、ほどほどの資力の投資家に大投資家と同様のメリットを与えること」であった (Coates 2018: 7)。
7 Blair (1995: 51). Parrish (1970); Roe (1990); U.S. Senate Committee on Banking and Currency (2009) も参照。
8 Blair (1995: 51).
9 Roe (1990: 17). マーガレット・ブレア (Blair 1995: 71) は、この規制によって、

「経営陣の承認や支持がなければ、……株主たちが連絡を取り合うことは全くもって困難」になったと指摘している。

10 Roe (1990: 12). ペコラ報告書の詳細については、U.S. Senate Committee on Banking and Currency (2009); Perino (2010) を参照。

11 Roe (1991: 1483).

12 Roe (1991: 1488). 強調 (傍点) は原文どおり。

13 これについての詳細は、Lazonick (2015c) および本書の第3章を参照。

14 Roe (1991: 1489).

15 Blair (1995: 157).

16 Drucker (1976: 83).

17 Berle and Means (1932). こうした説明に対する批判については、Pichhadze (2010, 2012) を参照。

18 大学基金のような「非営利組織」もここには含まれていない。2000年代に機関投資家の株式保有比率の伸びが明らかに鈍化したのは、主にヘッジファンドやプライベート・エクイティの爆発的な成長によるものであろう。2000年代のヘッジファンドの成長については、第6章を参照。プライベート・エクイティの成長については、例えば、McKinsey (2018) を参照。

19 McGrath (2017).

20 Bebchuk and Hirst (2018).

21 Bogle (2005: 76).

22 Craig (2013).

23 Coates (2018: 13).

24 コーツ (Coates 2018: 11) は、これを次のように説明している。「その所有の多くはインデックス型で運用されている。正確なデータはないが、外国人の所有は、国内の場合と比べて真のパッシブ型の占める割合が大きいと考えるのが妥当である。なぜなら、外国人投資家が、国内投資家よりもその国の市場に関する知識が劣る傾向にあるため、マーケットタイミングや銘柄選択を通じて市場を出し抜こうとしても失敗する、と判断するのはもっともなことだからである」。

25 コーツ (Coates 2018: 11) は、これを次のように詳述している。「アクティブファンドは、基本的にあるインデックスを保有し、若干の企業を選んでその組み入れ比率を増減させることで、運用コストを最小化するのが一般的である。これにより、インデックスファンドとの差別化が図れるが、その一方で、各投資先企業の価値を真剣に分析しようとしなくなる。アクティブファンドにおいて

パッシブ・インデックス運用戦略に従ったものとは大きく異なる部分の割合を示す「アクティブ・シェア」は一般的に、多くのファンドで50パーセントあまりだと推計されるが、その結果、市場のさらに多くの部分がインデックス型や真のパッシブ型で運用されていると正しく理解されるようになる」。

26 Coates (2018: 13).

27 コーポレートガバナンスに関する言説の進化については、Cheffins (2013) を参照。

28 Rosenberg (1999).

29 Rosenberg (1999: 83-84).

30 ローゼンバーグ (Rosenberg 1999: 80) は、モンクス自身の言葉を借りて、この決断を次のように詳述している。「モンクスは、年金の仕事に就く際、この職にとどまるのは1年間だけだと、自分自身および家族に誓った。……「信じてくれ」……と彼は妻に言った。妻にこう言ったことも覚えている……「政府内での自分の資質は分かっている。これには、1つの目論見があるんだ。キャリア公務員になりたくて、この仕事に就くのではない。企業の機能の仕方を変えようとする私の長期プロジェクトの一助になるから、この仕事に就くのだ。ここに1年以上いる余裕はない」」。

31 Rosenberg (1999: 92–93).

32 Demsetz (1995); Hansmann and Kraakman (2000); Blair (2003b); Klein and Coffee (2004); Stout (2004); Robé (2011) を参照。

33 同様に、ブレア (Blair 2003a: 57) は次のように述べている。「しかし、「所有権」というレトリックが、企業の関係者の1クラスの財産権とされているものの観点から企業の定義を微妙に修正し、それによって、企業は専ら株主の利益のために経営されるべきだという考え方に道徳的に優れている雰囲気を加えている」。

34 欠番　※原著が欠番となっており、それに合わせた。

35 Cheffins (2013: 55).

36 1975年の時点で、企業年金が米国企業株式の時価総額の13パーセントを保有していたのに対し、公的年金による保有は3パーセントだった。この数字は、1985年にはそれぞれ20パーセントと5パーセント、1994年には18パーセントと8パーセントであった (Blair 1995: 46, Table 5.1)。

37 Gelter (2013: 40).

38 Gelter (2013) を参照。

39 これに関連して、レオ・ストライン (Strine 2007: 7) は次のように述べている。

「興味深いことに、並外れて大きな投資収益に対するニーズには、公的年金基金のような、積立不足や過去の投資の失敗により〔退職給付会計における〕数理計算上のリスクに直面している機関投資家からのものもあった」。

40 Malanga (2013).

41 Gelter (2013: 39).

42 個々の行動主義的な年金基金も、それぞれ独自のリストを作成していた。例えば、カルパースは、「業績が悪化している企業50社」のリストを作成した。リストアップされた企業はその後さらに分析され、投資委員会が、およそ12の標的企業と、株主決議という形で追求することになる（標的企業ごとに）1つのコーポレートガバナンスの構造上の問題点を特定する。その株主決議〔の対象となる株主提案〕には、株主諮問委員会の設置、取締役会およびそこに設置された委員会の構成の変更、経営者報酬の再構築が含まれていた。Smith (1996) を参照。

43 Boyarsky (2007: 221). また、マーク・ウーリヒ（Uhlig 1987）は次のように述べている。「ウンルーは、財務長官としての職務上、カリフォルニア州の多くの理事会や委員会のメンバーであったため、「事実上、同州のすべての資金の調達と支出を［監督し］、何十億ドルもの公共投資や年金基金に対する影響力を確固たるものとした」」。

44 1984年にモンクスがウンルーと会い、大手機関投資家の結集の必要性について議論した際、彼は次のように言った。「良いアイディアだと思うし、機関投資家の組織を作るというアイディアには共和党の組織的な支援を惜しまないが、……それは超党派の組織とすべきである」(Rosenberg 1999: 100)。

45 CIIのウェブサイト（http://www.cii.org/）。

46 Strickland et al. (1996: 320).

47 「ユナイテッド・シェアホルダーズ・アソシエーション、ミッション完了」。1993年10月27日、投資家責任研究センター（IRRC）の、株主のマネジメントと協力に関する会議における、ラルフ・V・ホイットワースの発言。Blair (1995: 73) からの引用。

48 Rosenberg (1999: 102).

49 Rosenberg (1999: 103).

50 ローゼンバーグ（Rosenberg 1999: 117）は続けて、「モンクスは驚いた。自分の考えを見抜いている者がいたのだ。実際、彼は、ファンドのために議決権行使の業務を行う会社というアイディアを売ることに関心があった」と述べている。

51 Rosenberg (1999: 118). こうした「二重らせん」のアナロジーは、公的年金基金が社会的目的と株主価値を結び付けることを正当化する際にも見受けられる。例えば、カルパースは2000年に「二重の基本戦略」を打ち出し、自らの投資が優れた収益と優れた社会政策の両方を生み出すと主張した。

52 Rosenberg (1999: 211–214).

53 コーポレートガバナンス・ファンドは、投資先企業にコーポレートガバナンスを改善するよう圧力をかけることで、投資利回りの向上を目指すものである。

54 ISSのウェブサイト (https://www.issgovernance.com/about/about-iss/)。

55 Rosenberg (1999: 165).

56 Blair (1995: 158).

57 Blair (1995: 158).

58 SEC (2003).

59 http://www.glasslewis.com/company-overview/; https://en.wikipedia.org/wiki/Glass_Lewis.

60 Sharara and Hoke-Witherspoon (1993: 336).

61 Sharara and Hoke-Witherspoon (1993: 337).

62 Calio and Zahralddin (1994: 466).

63 SEC (1992); Sharara and Hoke-Witherspoon (1993); Bainbridge (2005).

64 本章の第1節を参照。

65 Calio and Zahralddin (1994: 466).

66 http://www.nasdaq.com/symbol/aapl/ownership-summary.

67 「リレーションシップ・インベスティング」の定義と賛否については、Blair (1995: ch. 5) を参照。

68 Briggs (2007: 687) からの引用。

69 SEC規則14a-12。

70 Briggs (2007: 689–690).

71 Lu (2016).

72 Monks (2013).

73 Monks (2015).

74 Monks (2013). 強調（傍点）は著者による。モンクスは、「資本主義は、CEOすなわち私が「経営者王」と呼ぶ者たちによって、彼らの富を増やすために運営される収奪社会《クレプトクラシー》になった。こうした経営者王の力が非常に強くなり、彼らは政府の意思を屈服させ、国家の民主主義的な制度の力を効果的に奪うようになった」とさえ主張している。

75 こうした傾向はすでに、議決権代理行使の結果によって十分に報告されている。例えば、CEOのラリー・フィンクが2015年に2600万ドルの報酬を受け取ったブラックロックは、2014年7月1日から2015年6月30日までの間、96.2パーセントの割合で企業の報酬支払いの実施に賛成票を投じた。他の大手ミューチュアルファンドも、報酬に関しては賛成票の割合が非常に高く、フィデリティでは96パーセント、バンガードでは95パーセント、パトナム・インベストメンツでは93パーセントだった。これに対して、公的年金基金は報酬方針を否認する傾向にある。2011年以降、イリノイ州立大学退職年金基金は63パーセントの割合で反対票を投じた一方、フィラデルフィア市は票を投じた報酬方針の52パーセントが否認だった。Morgenson (2016) を参照。

76 「株主民主主義」の発展と定着については、Ott (2011) を参照。

77 Birch (2009); Brennan and Hill (2014); Singh (2015) を参照。

78 Wikipedia, https://en.wikipedia.org/wiki/Compulsory_voting#Current_use_by_countries.

79 SEC (2003).

80 BlackRock (2018).

81 他の巨大機関投資家も、パッシブファンドとアクティブファンドの間で議決権行使の判断を分ける、同様の体制を維持している。

82 Loomis (2014).

83 "BlackRock Investment Stewardship: 2018 Annual Report" (https://www.blackrock.com/corporate/literature/publication/blk-annual-stewardship-report-2018.pdf).

84 Craig (2013).

85 Coates (2018: 15).

86 Rose (2007).

87 ISSのウェブサイト (https://www.issgovernance.com/about/about-iss/)

88 Rosenberg (1999: 164–178).

89 Bew and Fields (2012: 15). これに関連して、ヤープ・ウインター (Winter 2011: 10) は、機関投資家が議決権行使助言会社の推奨に従って議決権行使することは、「議決権行使が、自らは株式保有の利益を有しない議決権行使助言会社によってほぼ決定される」ため、「本質的に、空の議決権行使 (empty voting) の一形態である」と主張している。

90 Bethel and Gillan (2002: 30).

91 Iliev and Lowry (2015).

92 Briggs (2007: 692).

93 Coffee and Palia (2016: 558).

94 Strine (2005). ISSをはじめとする議決権行使助言会社が、実際どのように投票結果に影響を与えたのか、また主要な委任状争奪戦においてヘッジファンド・アクティビストとどのようにやりとりしたのかについての詳細は、Walker (2016) を参照。

95 さらなる詳細は、第6章を参照。

96 GEの場合、1パーセント未満の株式しか保有しないトライアン・パートナーズに支配権を握られた。デュポンの場合、同ファンドの株式保有比率は2パーセントだった。重要なのは、株式保有比率ではなく、ヘッジファンド・アクティビストに力を与えている、その資産、注目度、誇大宣伝、影響力、インサイダー情報である (Lazonick et al., 2016b; Lazonick 2018eを参照)。

97 Lu (2016: 778).

98 Briggs (2007: 698).

99 Becht et al. (2015).

100 例えば、自身のキャリアアップのためにエンゲージメントの機会を利用する公的年金基金の理事もいた。ロバータ・ロマーノ (Romano 1993: 822) は、多くの公的年金基金の運用者《マネージャー》が、公選職を望んでいるため、大企業の利益に反対する運動家となることで政治的評判を高めている、と述べている。「例えば、ニューヨーク市の会計監査官であり、同市の年金基金の理事でもあったエリザベス・ホルツマンは、民主党の上院議員候補者指名選挙の運動中に、自身のコーポレートガバナンスに対する積極的な取り組みを宣伝した」。また、組合年金基金が、エンゲージメントや提案を「組合に私的な利益を与えるための交渉材料」として利用していることも分かっている (Matsusaka et al. 2018)。

101 Calio and Zahralddin (1994: 522–523). 委任状勧誘規則が改正されるとすぐに、委任状争奪戦よりもエンゲージメントがよく用いられる手法になった。例えば、「1994年、教職員保険年金連合会・大学退職株式基金 (TIAA-CREF) は、株主総会シーズン中に18の株主提案を提出したが、投票前に「交渉に成功し、14の提案を取り下げた」と報告した」ほか、「1992年11月から1993年12月にかけて、機関投資家は、[委任状争奪戦を行うことなく] アメリカン・エキスプレス、ボーデン、GM、IBM、コダック、ウェスチングハウスの経営トップを交代させるのに一役買った」(Blair 1995: 171–172)。

102 Cioffi (2005: 17, fn. 12).

103 Calio and Zahralddin (1994: 522–523).

104　Benoit and Lublin (2014); La Roche (2014); Mani (2014) を参照。

第6章　価値抽出のアウトサイダー

1　Loomis (1966).「ヘッジファンド」という言葉は、1966年にジャーナリストのキャロル・ルーミスが作ったものである。2003年になってもヘッジファンドの定義について合意されたものはなかったが、専門家たちはヘッジファンドの特徴として、アクセス制限〔私募〕、成功報酬、空売りを行う能力、レバレッジをかけて投資を行う能力を指摘していた (Vaughn 2003)。2010年ドッド・フランク法第404条が、米国の金融システムの「システミック・リスク」に関するデータを収集する規定を設け、1940年投資顧問法を修正したことで、2012年以降、SECがフォームPF (private fund〔私募ファンド〕) を通じて米国の（ヘッジファンドを含む）私募ファンドの統計データを収集するようになった。フォームPFを提出しなければならないヘッジファンドは、「成功報酬」を請求する、レバレッジを利用して投資規模を拡大する、空売りを行うといった特徴を1つ以上有する私募ファンドである、と説明されている (Dodd - Frank Act 2011)。

2　ヘッジファンドの急成長期には、1960年代後半までにその数およそ200、総資産約15億ドルにまで増えたが、その後の数年間で、ファンドの破綻や投資家の撤退が相次いだ。SEC (1969)、Machan and Atlas (1994)、Loomis (1970) を参照。

3　図6-1、Ahuja (2012)、Dayen (2016) を参照。これらの推計値は、多くの場合ヘッジファンドの自主的な開示に基づいており、必ずしもすべてのファンドを網羅しているわけではないため、必ずしも確定的なものとは言えない。SECによれば、2016年の第2四半期には、およそ1700人のヘッジファンド・マネージャーが6.3兆ドルの総資産（純資産は3.4兆ドル）と8900の異なるファンドを管理していたとされる (SEC 2016a)。これでさえ、SECは主に運用資産残高1億5000万ドル以上のファンドの投資顧問に注目しているため、必ずしもすべてのヘッジファンドが追跡調査されているわけではない。いずれにしても、「平均的な」ファンドマネージャーは37億ドルもの資金を管理している可能性がある。SECに報告された9000のファンドの総運用資産は、平均6億5400万ドルにもなる。

4　Reiff (2017).

5　例えば、ルーズベルト研究所が行った米国の年金基金のヘッジファンド投資に関する最初の包括的な研究、“All That Glitters Is Not Gold (輝くもの必ずし

も金ならず)"は、米国の11の大規模な公的年金基金について、ヘッジファンドのパフォーマンスを88会計年度分(各年金基金について、それぞれ8会計年度)検証し、ヘッジファンド投資は実際には「ハイコスト・ローリターン」に終わっていると結論付けた(Parisian and Bhatti 2016)。カルパースは、2001年以降、米国の年金基金の中では先駆的にポートフォリオの一部をヘッジファンド投資に割り振っていたが、2014年には、「高コストと複雑さ」のせいでヘッジファンド投資をもはや正当化できないと発表した。シュトゥルツ(Stulz 2007)は、ヘッジファンドのパフォーマンスに関する初期の実証研究で、ヘッジファンド投資におけるアルファの持続性と大きさは、よく言っても「議論の余地がある」と結論付けた。

6　ヘッジファンドは、大型の機関投資家向け投資ファンドに適用される既存の金融規制の枠外で組成する戦略によって、概ね特徴付けられる(また、定義できる)。ヘッジファンドは、このように組成されるため、今日その規模には実質的に制限がない。ヘッジファンドの主なメリットには、「2&20」(年間管理手数料2パーセントと成功報酬20パーセント)のような成功報酬制度や、機関投資家にとってはあまりに投機的でリスクが高いと考えられる取引戦略を利用できることが含まれる。ヘッジファンドをはじめとする私募ファンドは、特定の情報開示ルールその他の規制の対象となる基準を明確に回避するよう組成されている。例えば、1933年証券法では、私募ファンド(つまり、無登録のファンド)であろうとするヘッジファンドは、公に見込み客を勧誘できない。これは、「私募」が知識と経験の豊富な投資家を集めるものであるためである。

7　〔顧客である〕投資家の総数が500人に達するか、総資産が100億ドルを超えた場合、1934年証券取引所法に基づく既存の規制によって、〔その投資ファンドは〕SECへの登録を強制されることになる。したがって実際には、全米証券市場改革法後の環境が、ヘッジファンドの「境界線」と、投資家の人数を499人以下の機関投資家や超富裕層に抑える動機を生み出した。

8　Dayen (2016).

9　Preqin (2016).

10　The National Association of College and University Business Officers (http://www.nacubo.org/Research/Research_News/2013_Endowment_Study_Final_Report_Released.html).

11　「イベントドリブン」資産に「ディストレスト/リストラクチャリング」資産と「リスク・アービトラージ/マージャー・アービトラージ」資産を含めるSECの慣例(SEC 2017)に倣い、〔図6-2では〕BarclayHedgeのデータの「イベン

トドリブン」資産、「ディストレスト」資産、「マージャー・アービトラージ」資産を足し合わせて、アクティビスト・ヘッジファンドの運用資産残高を推計した。すると、その数字は、「イベントドリブン」資産全体の規模を4300億ドル〔2015年第2四半期〕としているSECの数字と同じくらいになる。Marriage (2013)、Foley and Johnson (2014)、Chandler (2016)、Foley (2016) も、アクティビストの資産をイベントドリブン戦略に当てられた資産全体と等しいものと見なしている。

12 例えば、投資家は、経営陣の交代、自社株買いや特別配当、取締役の椅子などを要求しているか否かを開示する必要がある。一方、投資家は、上場企業の5パーセント以上の受動的な株式保有を引き受ける場合、様式13Gを提出する。

13 SECは、企業株式の購入者に対して、その持ち株比率が5パーセントの基準を超えた日から10日以内にフォーム13Dを提出することを義務付けている。このフォームでは、株式取得の意図の開示が義務付けられている。

14 Laide (2014).

15 Securities and Exchange Commission (2017). 2015年第4四半期の数字。CTAはCommodity Trading Adviser (商品投資顧問) の略である。

16 第5章第3節の議論を参照。

17 Bruck (1989); Noked (2014).

18 詳細は第5章第3節を参照。

19 Williams (1986); Stevens (1993); Chandler (1994); Grant (2006).

20 Lazonick et al. (2016a).

21 Solomon (2015).

22 Gandel (2015).

23 Schwartz (2014).

24 Relational Investors and CalSTRS (2013).

25 Denning (2014); Orol (2014); Schwartz (2014).

26 Berger (2014).

27 Loomis (2014).

28 Foley and Thomas (2013).

29 Owusu (2015).

30 Mundy (2016).

31 Fujikawa and Narioka (2016).

32 Ando (2015).

33 Quinn (2017).

34 Sterling (2017).

35 Stewart (2017).

36 McGee (2018).

37 プロのトレーダーが規則10b-18の「ゼロ・プラス・ティック要件」を利用してどのように自社株買いが行われる日を判断できるかに関する証拠については、Ramsay (2018) を参照。インベスターズ・エクスチェンジLLCのチーフ・マーケット・ポリシー・オフィサーであるジャック・ラムジーは、「規則10b-18改正のためのルール作りの請願」に関するこのSECへの書簡の中で、「ゼロ・プラス・ティック要件」が、「企業の自社株買いの注文を予測可能で、察知しやすく、悪用しやすいものにしているため、こうした注文をうまく利用して短期的な利益を上げるチャンスを短期トレーダーに与えている」と主張した。ラムジーは続けて、次のように述べた。「この問題は、業界ではよく知られており、株式の発行者である企業やその企業のために行動するブローカーが、発覚を最小限に抑えて最良の実勢価格で株式を効率的に購入する取引戦略を適切に構築する能力を損なっている。ある大手資産運用会社のトレーディング部門のグローバルヘッドが言っているように、「自社株買いの取り扱いに関して痛いほど明らかなのは、それが市場で最も悪用されやすい注文だろうということである。自社株買いのアルゴリズムの流れを追跡すれば、他の市場参加者はそのアルゴリズムがどのように反応するかを容易に感知し、その前に取引を試みることができる」」。McCrank (2018) も参照。

38 Israel (2017).

39 Eisinger (2014a); Pollack and Tavernise (2015).

40 Benoit (2016).

41 Stevenson (2017).

42 Goldstein and Stevenson (2017).

43 Stevens (1993); Carlisle (2014).

44 Stevens (1993: 44).

45 Business Week (1979).

46 Stevens (1993: 57).

47 Wall Street Journal (1982a; 1982b). アンカーホッキングに対するアイカーンの攻撃がどのようにして同社の金融化を引き起こし、1905年以来同社が本拠地としていたオハイオ州ランカスターに大打撃を与えたかについては、Alexander (2017: ch. 3) および Lazonick (2017a) を参照。

48 Securities and Exchange Commission (1983). われわれが見つけた中で、「グ

リーンメール」という言葉が最初に報道機関で使われたのは、SECの「提言に関する報告書」に言及したCook（1983）であった。「提言に関する報告書」の用語集の一部を転載したChristian Science Monitor（1983）も参照。1980年代の「企業買収《ディール》の10年」を受けて、多くの国がグリーンメールを違法とした。Noked（2014）を参照。

49 Stevens（1993: 59）.

50 Stevens（1993: xi）.

51 Stevens（1993: 41）. スティーブンスの著書の中で、アイカーンの「軍資金」は8回言及されている。

52 Wall Street Journal（1982c）.

53 Stevens（1993: 98）.

54 Stevens（1993: 108）.

55 Stevens（1993）.

56 Stevens（1993）.

57 Loomis（2013）.

58 Stevens（1993）.

59 Stevens（1993）.

60 Potts（1985）.

61 Quint（1989）.

62 Stevens（1993）.

63 Kroll and Dolan（2018）.

64 Isa（1996）.

65 Serwer and Woods（1997）.

66 Lazonick et al.（2016a）.

67 アップルの株価と株数はすべて、2014年6月2日を基準日とする1対7の株式分割を反映するように調整されている。

68 以下の説明は、Lazonick et al.（2016a）に基づいている。アップルのバックグラウンドについては、Lazonick et al.（2013）を参照。

69 Sherr and Benoit（2013）.

70 Wapner（2016）.

71 1990年代初頭までのアイカーンのキャリアについては、Stevens（1993）を参照。

72 アイカーンのツイッターアカウント（https://twitter.com/Carl_C_Icahn）を参照。

73 アイカーンの書簡については、http://carlicahn.com/letters/page/2/ を参照。

74 Icahn（2013）.

75 Icahn (2014a).

76 Apple Inc. (2014).

77 Wakabayashi (2014).

78 Icahn (2014a).

79 アップルは、2018年度に727億ドルの自社株買いを行い、その記録を更新することになる。Lazonick (2018b) を参照。

80 Icahn (2014b). Lazonick (2014e) を参照。

81 Lee (2014).

82 Icahn (2015a).

83 Icahn (2015b).

84 Lamkin (2016); Jones et al. (2017).

85 Lazonick (2014a).

86 Morrell (2016).

87 Lazonick et al. (2013).

88 Lazonick et al. (2013: 262-263).

89 Foroohar (2016).

90 Lazonick (2014b). ラゾニックは、アップルのCEOティム・クックに宛てた公開書簡を『ハーバード・ビジネス・レビュー』のブログで公表したが、現在までアップルからの回答を受け取っていない。

第7章　革新的企業がエージェンシー問題を解決する

1 第3章第4節を参照。

2 Jensen and Murphy (1990).

3 Fuller and Jensen (2002).

4 Fuller and Jensen (2002: 44). ノーテルの事例については、Carpenter et al. (2003); Lazonick and March (2011) を参照。

5 Bebchuk and Fried (2004).

6 Bebchuk and Fried (2004: 216).

7 Bebchuk and Fried (2004: 179, 251). 彼らはFried (1988, 2000, 2001) を引用している。

8 Bebchuk and Fried (2004: 184).

9 第4章の議論を参照。

10 Bebchuk et al. (2015).

11 Bebchuk et al. (2015).

12 Lipton (2013). アップルのビジネスモデルと「株主価値」の追求については、Lazonick et al. (2013); Lazonick (2014b ; 2018b); Lazonick et al. (2016b) を参照。

13 Lipton (2013).

14 Lipton (2013).

15 第4章を参照。

16 Bebchuk et al. (2015: 1094, note 22).

17 Bebchuk et al. (2015: 1088–1089). 株主行動主義が長期的な価値を創造するという理論について、彼らはBebchuk (2013) を引用している。

18 Bebchuk et al. (2015: 1104).

19 Bebchuk et al. (2015). ここでも、企業買収が消失の大部分の原因であることを立証するためにベブチャックらが調査を行ったのか、それともこの記述が単なる主張なのか明確でない。

20 第6章の議論を参照。

21 こうした研究の多くは、新経済思考研究所 (https://www.ineteconomics.org/research/experts/wlazonick)、および産学研究ネットワーク (www.theAIRnet.org) のウェブサイトで見ることができる。

22 Lazonick (1992).

23 この話は、多少不正確ではあるがMcDonald (2017a, 2017b: 376–378) で述べられている。

24 Fried and Wang (2017).

25 読者は、ジェシー・フリードとチャールズ・ワンの“Short-Termism and Capital Flows (短期主義と資本フロー)”に対するラゾニックの批判が、本章では終わらないことに注意すべきである。発表の経緯を少し整理しておこう。2017年10月初め、新経済思考研究所 (INET) は、本章「革新的企業がエージェンシー問題を解決する (Innovative Enterprise Solves the Agency Problem)」の旧バージョンを、同じ題名のワーキングペーパーとして、ウェブサイト (www.ineteconomics.org/research/research-papers/innovative-enterprise-solves-the-agency-problem) で公開し、〔『フィナンシャル・タイムズ』紙で〕ラナ・フォルーハーによって報道された (Foroohar 2017)。ラゾニックのワーキングペーパーは、2017年12月に社会科学研究ネットワーク (SSRN) のウェブサイト (papers.ssrn.com/sol3/papers.cfm?abstract_id=3081556) にも掲載された。ラゾニックのINETのワーキングペーパーは、フリードとワンのワーキングペーパーを批判したものだが、後者は最初“Short-Termism and Shareholder

Payouts: Getting Corporate Capital Flows Right (短期主義と株主還元——企業の資本フローを正しく理解する)"として2017年1月8日に登場し、その後同年2月9日に"Short-Termism and Capital Flows"として改訂されたもので、両バージョンともハーバード・ビジネススクールのワーキングペーパー17-062に指定された。それから1年以上が経過した2018年2月21日、フリードとワンはワーキングペーパー17-062の再改訂版を発表したが、そのタイトルはやはり"Short-Termism and Capital Flows"で、ラゾニックが2014年に『ハーバード・ビジネス・レビュー』誌で発表した論文"Profits Without Prosperity (繁栄なき利益)"に対する批判が引き続き中心となっている。しかし、この2018年改訂版では、ラゾニックのINETのワーキングペーパー「革新的企業がエージェンシー問題を解決する」が2017年10月から公開されていたにもかかわらず、フリードとワンはこれに一切触れていない。また、フリード＝ワンの2018年改訂版では、ラゾニックが2017年のINETのワーキングペーパーで批判した、彼らの2017年版中の最もひどい主張のいくつかが省略されている。例えば、フリードとワンは、2017年版で企業はイノベーションや賃金引き上げを賄うために債務を発行することができると主張しているが、2018年版ではこの主張を省略している。これはおそらく、2017年に発表されたラゾニックのINETのワーキングペーパーで、米国企業が自社株買いを実施するために債務を発行している証拠が示されていたからだろう。フリード＝ワンのワーキングペーパーの第3版〔2018年版〕は、彼らの『ハーバード・ビジネス・レビュー』誌の論文"Are Buybacks Really Shortchanging Investment? What the Case Against Stock Repurchases Gets Wrong (自社株買いは本当に投資をないがしろにしているのか? 自社株買い反対論の誤り)" (*Harvard Business Review*, March-April 2018, pp. 2-9) の基礎となっているようであり、ラゾニックの2014年の論文"Profits Without Prosperity"を再び標的にしている。彼らの2018年版のワーキングペーパーや『ハーバード・ビジネス・レビュー』誌の論文は、ラゾニックの2017年のINETのワーキングペーパーに反応しておらず、その主張を否定もしていないため、われわれは、当初の予定どおり「革新的企業がエージェンシー問題を解決する」を本書の1つの章〔第7章〕として出版することにした。一方、ラゾニックは、マット・ホプキンズ、ムスタファ・アーデム・サキンスと共同で、フリード＝ワンの2018年の『ハーバード・ビジネス・レビュー』誌の論文とその基礎となる最新版のワーキングペーパーに対する批判を具体的に書いている。

26 Fried and Wang (2017, Abstract).

27 Lazonick and O'Sullivan (2000b).

28 https://www.ineteconomics.org/research/experts/wlazonickに掲載されている最近の研究を参照。

29 Modigliani and Miller (1958).

30 エージェンシー理論を通じて新古典派経済理論の不合理が経営学の領域に入り込んできた1980年代以前は、米国のビジネススクールでは、こうした賢明な企業金融の考え方が一般的であった。例えば、Donaldson (1961) を参照。

31 同様の趣旨で、Kaplan (2017) を参照。

32 Johnson and Ablan (2013); Rodrigues (2014); Lahart (2016); Mackenzie and Platt (2016); Melvin (2016); Linnane (2017).

33 Lazonick (2011a).

34 Citizens for Tax Justice (2016).

35 SEC (2016b: 58).

36 シスコは、1990年代後半に企業買収を通じた成長戦略で知られるようになった企業であり、1993年から2004年までは、結合のための通貨として自社株を利用してほぼすべての買収を行っていたが、その後、買収には現金を利用するようになった。Carpenter et al. (2003); Bell et al. (2014) を参照。

37 Smiley and Keehn (1988).

38 Carpenter et al. (2003); Lazonick and March (2011).

39 Lazonick (2008).

40 Lazonick (2008).

41 Lazonick (2008).

42 Lazonick (2008).

43 Kashkari (2008).

44 Wikipedia (n.d.).

45 SEC (2008, p. 45).

46 Lazonick and Hopkins (2015).

47 Woodyard (2013).

48 Morrow and Keenan (2015).

49 Lazonick and Hopkins (2015).

50 SEC (2011).

51 Lazonick (2009a).

52 Spector and Lublin (2015).

53 Lazonick and Hopkins (2015).

54 Baldwin and Kim (2010).

55 Beech (2014); Higgins et al. (2013).

56 Lazonick and Hopkins (2015).

57 Burton (2003).

58 フリードとワンは、次のような脚注 (Fried and Wang, 2017, note16) を付している。「自社株買いは、従業員の株式報酬制度に株式を提供するために必要ではない。理論上、企業は新規に発行した株式のみを従業員への報酬支払いに利用することが可能であり、会社定款に定められた授権株式数の上限に達した場合には、その上限を引き上げるよう株主の承認を求めることができる (Fried, 2005)。しかし、さまざまな理由から、企業は一般的に、従業員に与えられる株式の少なくとも一部を取得するために、自社株買いを利用することになる」。

59 Lazonick et al. (2014: 34) を参照。もちろん、フリードとワンは「高賃金」の主張を行うにあたり、これまでの注で挙げた研究を参照することができたはずだが、彼らの問題の扱い方を見る限り、それを行った形跡はない。

60 Lazonick (2009a).

61 本書の第3章、および Lazonick (2009a: ch. 2) を参照。

62 Lazonick (2015d).

63 Fried and Wang (2017: 4).

64 米国経済における研究開発費について、より一般的には、Hopkins and Lazonick (2014) を参照。

65 Lazonick (2018c) を参照。

66 Fried and Wang (2017: 4).

67 Carpenter and Lazonick (2017).

68 Bell et al. (2014) "Cisco's Evolving Business Model."

69 Bell et al. (2014); Carpenter and Lazonick (2017).

70 HP Press Release (2011).

71 Armstrong and Kirk (2013).

72 Microsoft Press Release (2013); Tellis (2013).

73 Keizer (2015); Warren (2016).

74 Fried and Wang (2017: 4–5).

75 Lazonick (2009b, 2009c); Lazonick and Tulum (2011); 本書の第3章。

76 Business Week (1960).

77 Lazonick (2009a: ch. 2).

78　本書の第3章の議論、およびGompers and Lerner (2002) を参照。

79　Cassidy (2002); Gimein (2002).

80　Lazonick and Tulum (2011); Lazonick et al. (2017); Tulum and Lazonick (2019).

81　1985年にスティーブ・ジョブズが去った後の10年間にアップルの経営幹部が「株主価値最大化」に取り憑かれてしまったことで、アップルに何が起こったかに関するわれわれの研究を参照。Lazonick et al. (2013).

82　第6章の議論を参照。

83　第4章の議論を参照。

84　Lazonick (1990, 1991, 1998, 2003, 2007b, 2009a, 2010, 2015e); Lippert et al. (2014) を参照。

85　Jensen (1993).

86　Jensen (1993: 833).

87　Schumpeter (1942: 81–85).

88　第2章の議論を参照。

89　第4章の議論を参照。

第8章　略奪的価値抽出を覆す

1　Vise and Coll (1991); Jacobson and Lazonick (2019).

2　Hudson (1982).

3　Vise and Coll (1991); Jacobson and Lazonick (2019).

4　SECのウェブサイト (https://www.investor.gov/Introduction-investing/basics/role-sec)

5　例えば、Pearlstein (2018); Helmore (2018) を参照。

6　Lazonick (2013: 886–887).

7　Jensen (1986).

8　Yardeni et al. (2019).

9　2018年3月、タミー・ボールドウィン上院議員 (民主党、ウィスコンシン州選出) が、規則10b-18の廃止によって公開市場での自社株買いを相場操縦罪の対象とし、労働者の代表に企業の取締役会の椅子を割り当てる“Reward Work Act (労働に報いる法律)” (法案番号S. 2605) を議会に提出した (Baldwin, 2018)。Reward Work Actは、2019年3月に法案番号S. 915として再提出された (Baldwin, 2019)。2018年8月には、エリザベス・ウォーレン上院議員 (民主党、マサチューセッツ州選出) が、年商10億ドル以上の企業を対

象に、労働者の代表を企業の取締役会に配置し、経営者の株式型報酬による実現利益を抑制することで、Reward Work Actを補完する“Accountable Capitalism Act（責任ある資本主義法）”（法案番号S. 3348）を提出した（Yglesias 2018a）。2018年12月には、5人の民主党下院議員が下院にAccountable Capitalism Actの下院バージョンを提出した（Yglesias 2018b）。

10 Lazonick（2003, 2017b）.

11 Lazonick（2018a）.

12 Lazonick（2015e）.

13 Lazonick（2009a: chs. 2–5）.

14 Lazonick（2009a: ch. 5; 2015e）.

著者紹介

ウィリアム・ラゾニック（William Lazonick）

経済学者。マサチューセッツ大学ローウェル校経済学名誉教授、産学研究ネットワーク会長。専門は、イノベーションの社会的条件、社会経済的な流動性、雇用機会、所得分配、先進国および新興国における経済発展。「革新的企業の理論」の提唱者として知られる。2010年のシュンペーター賞を受賞した*Sustainable Prosperity in the New Economy?: Business Organization and High-Tech Employment in the United States*（2009年）等、著書多数。

ヤン-ソプ・シン（Jang-Sup Shin）

経済学者。シンガポール国立大学経済学部教授。専門は東アジアの経済成長、金融危機とリストラクチャリング、テクノロジーとイノベーション、競争戦略、企業組織。14年間ジャーナリストとして活動し、韓国の有力経済紙である毎日経済新聞社の論説委員等を歴任。1995年にケンブリッジ大学で博士号取得。2008年から09年まで、韓国企画財政部長官の非常勤経済顧問を務めた。著書に、*The Global Financial Crisis and the Korean Economy*（2013年）等がある。

訳者紹介

鈴木正徳（すずき まさのり）

1964年生まれ。1987年、早稲田大学法学部卒業。第一勧業銀行等、複数の金融系企業勤務を経て、翻訳家。主な訳書にL・ランダル・レイ『MMT現代貨幣理論入門』（東洋経済新報社）、同『ミンスキーと〈不安定性〉の経済学』（白水社）、ウィリアム・ミッチェル&トマス・ファシ『ポスト新自由主義と「国家」の再生』（白水社）がある。

解説者紹介

中野剛志（なかの たけし）

評論家。1971年、神奈川県生まれ。元・京都大学大学院工学研究科准教授。専門は政治経済思想。1996年、東京大学教養学部（国際関係論）卒業後、通商産業省（現・経済産業省）に入省。2000年よりエディンバラ大学大学院に留学し、政治思想を専攻。2001年に同大学院より優等修士号、2005年に博士号を取得。2003年、論文“Theorising Economic Nationalism”（Nations and Nationalism）でNations and Nationalism Prizeを受賞。著書に山本七平賞奨励賞を受賞した『日本思想史新論』（ちくま新書）、『TPP亡国論』（集英社新書）、『国力論』（以文社）、『富国と強兵——地政経済学序説』（東洋経済新報社）、『変異する資本主義』（ダイヤモンド社）等がある。

略奪される企業価値
「株主価値最大化」がイノベーションを衰退させる

2024年10月1日発行

著　者――ウィリアム・ラゾニック／ヤン–ソプ・シン
解説者――中野剛志
訳　者――鈴木正徳
発行者――田北浩章
発行所――東洋経済新報社
〒103-8345　東京都中央区日本橋本石町1-2-1
電話＝東洋経済コールセンター　03(6386)1040
https://toyokeizai.net/

装　丁………秦　浩司
ＤＴＰ………アイランドコレクション
印　刷………TOPPANクロレ
編集協力……パプリカ商店
編集担当……渡辺智顕
Printed in Japan　　ISBN 978-4-492-44483-2